Research on the Law
of Network Political Ideology Communication

网络政治意识形态
传播规律研究

张爱军 ◎著

天津出版传媒集团
天津人民出版社

图书在版编目（ＣＩＰ）数据

网络政治意识形态传播规律研究 / 张爱军著. -- 天
津：天津人民出版社，2024.11
ISBN 978-7-201-19709-8

Ⅰ．①网… Ⅱ．①张… Ⅲ．①互联网络－应用－思想
政治教育－研究－中国 Ⅳ．①D64-39

中国国家版本馆 CIP 数据核字(2023)第 157710 号

网络政治意识形态传播规律研究
WANGLUO ZHENGZHI YISHI XINGTAI CHUANBO GUILV YANJIU

出　　版	天津人民出版社
出 版 人	刘锦泉
地　　址	天津市和平区西康路35号康岳大厦
邮政编码	300051
邮购电话	(022)23332469
电子信箱	reader@tjrmcbs.com
责任编辑	佐　拉
装帧设计	汤　磊
印　　刷	天津新华印务有限公司
经　　销	新华书店
开　　本	710毫米×1000毫米 1/16
印　　张	14
插　　页	1
字　　数	260千字
版次印次	2024年11月第1版　2024年11月第1次印刷
定　　价	89.00元

目 录

第一章　"后时代"：
网络政治意识形态传播的环境

　　网络政治意识形态传播环境从宏观上而言，由"后真相""后微博"与"后政治传播"共同构筑，三者之间是相互交织的关系。"后真相"是"后微博"与"后政治传播"共同的时代特征，即"后真相"伴随着"后微博"与"后政治传播"的信息交流过程；"后政治传播"是与前网络时代的政治传播相较而言出现的新的政治传播过程，在这个意义上，"后微博"是"后政治传播"时代的一个阶段性过程。尽管三者是相互交织的关系，但不同概念所表达的政治意义存在差异。"后真相"强调真相与情感二者之间的优先性问题。"后真相"时代的政治传播突出了政治情感在政治传播中对政治事实的优先性，政治情感成为主导政治传播的内在驱动因素，始终贯穿在纵向与横向的政治传播过程中。就纵向而言，从情感出发的政治传播成为主流意识形态自上而下形塑政治认同与政治共识的方式，也是网民在自下而上的传播过程中影响政治过程的驱动因素。就横向而言，情感传播是网民在网络社交中进行选择性接触与传播信息的影响机制。"后微博"强调政治传播场域内多元化主体与信息传播的变化机制。"后微博"时代的政治传播表现出主流意识形态主体与非主流意识形态主体在微博平台上的博弈，不同的意识形态主体借助微博平台传播各自意识形态立场的价值观，微博成为意识形态价值观激荡与撕裂的场域。"后政治传播"则侧重于政治传播从单向性、控制性、灌输性向碎片性、互动性、民主性的过程转变，凸显的是传播权力的垄断被打破，底层传播者逐渐在政治传播中发挥越来越重要的作用，解构了传统的政治传播权力。由"后真相""后微博""后政治传播"构筑的网络环境使得政治意识形态传播存在复杂性与规律性，新的社会政治心理和政治认同逐渐生成，因此也为意识形态传播带来了新机遇和新挑战。

一、"后真相"时代的网络政治意识形态传播

　　网络政治意识形态是现实政治意识形态在网络空间的延伸与发展，与现实政治意识形态具有相同性和差异性。其相同性在于网络政治意识形态

与现实政治意识形态一样，都具有相应的政治立场诉求与政治价值标准，是不同政治群体进行政治活动的思想指导。其差异性在于网络政治意识形态在网络空间中的传播特征与现实政治意识形态的传播特征具有差异性。依据不同的划分标准，网络政治意识形态可分为不同的类型。从价值观的核心政治诉求延伸来看，网络政治意识形态分为网络民族主义、网络民粹主义、网络社会主义、网络犬儒主义、网络相对主义、网络娱乐主义、网络保守主义与各种极端政治思潮；按照权力主体划分，网络政治意识形态包括由公共权力塑造的网络政治主流意识形态和网民取舍与构建的网络政治非主流意识形态。①网络政治意识形态对现实政治意识形态的延伸并不意味着两者在存在样态与传播特征上完全保持同一性，换言之，相较于现实政治意识形态，网络政治意识形态的存在样态及其传播更具有不确定性、变化性和复杂性。

"后真相"的网络政治传播特征加剧了网络政治意识形态传播的不确定性和复杂性。从"后真相"传播的本质来看，情感优先于事实真相是网络传播的突出特征，网络政治情感、政治信念、政治道德与政治正确日益成为网络政治意识形态传播的影响因素。结合网络空间的虚拟性特征，网络政治意识形态传播具有勾连复杂且难以监测整合的传播特征。"后真相"时代的网络政治传播主体也在情感的支配下实现了不同于现实生活中的传播行为，并在政治情感传播与意识形态传播的复杂网络环境中养成了影响网络政治发展与意识形态传播的网络政治道德，"后真相"传播加剧了网络政治道德的复杂性。

（一）从众性与欺骗性：网络政治意识形态传播主体的情感特性

在"后真相"时代，多元化的网络传播渠道和信息整合方式、多样性的情感诉求、不断反转的信息认知、圈层化与个性化的情感传播、操纵性和虚假性的传播环境等多重因素，导致了网络政治意识形态传播主体的情感特征具有从众性与欺骗性。

1."后真相"时代的网民具有情感盲从性

"后真相"时代的意识形态传播主体受情感传播的影响，在传播过程中出现主体情感跟随的现象，主要表现为两种情况。一是公权力形塑的意识形态传播必须掌握"后真相"时代网民的政治情感和政治信念状态，调整意

---

① 参见张爱军、秦小琪：《网络政治意识形态传播的动力、特性及其规制》，《湘潭大学学报》（哲学社会科学版），2019 年第 1 期。

识形态的传播方式，以喜闻乐见的大众传播普及主流政治意识形态传播，同时还要在跟随网民政治情感与政治信念变化的过程中时刻监测和规制非理性政治情绪的蔓延，积极引导和传播正向的网络政治情感，构建有利于主流政治意识形态传播的网络环境。二是网民在对网络政治意识形态进行取舍与建构的过程中受到自身性格、年龄、生活的社会境况、受教育程度等影响对其进行情感偏好的选择。对选择性接触的意识形态的认识是根据自身的直接经验得出来的，这就使得网民的意识形态传播建立在自身的情感偏好，在网络社交中根据情感共鸣形成意识形态群体，这种意识形态情感群体中的网民在情感的相互暗示与感染中失去个体理智，形成非理性的意识形态群氓，失去对相异事物的理解、分析和判断能力，其网络行为往往产生于对网络事件的表象认知。

2."后真相"时代网民的情感具有反复变化性

"后真相"政治是"后真相"时代一系列新的政治现象、政治关系和政治秩序的概称，多元化、多样性、差异性的网络信息及扁平化、碎片化和不确定性的传播方式，是"后真相"时代的显著特征，"后真相"政治以价值先于事实，真相让位情感，大众政治兴盛、"后政治心理"生成等为逻辑。"后真相"政治时代，政治事实被政治情感裹挟，人们急于表达和宣泄情感而忽视事件背后的真相，随着事件信息的不断反转传播，网民在事件反转的过程中不断改变态度，情感反复。非理性情感的宣泄是网民情感反复变化的原因。政治情感是形成政治态度的心理基础，网民情感的反复变化影响网民政治态度的稳定性，不确定性的政治态度难以稳固政治意识形态的有效传播。在"后真相"政治环境中，政治信息的碎片化生产和碎片化传播无法兼顾政治意识形态信息传播的时效性和完整性，网民对碎片化的政治意识形态信息的接触造成了信息模糊，网民对特殊事件或某一群体的刻板印象将直接影响网民的政治态度。现代智能传播媒介的广泛使用使得网民的情感能够被快速捕捉，不同的政治意识形态将在网民情感识别的基础上开展个性化的意识形态传播，个性化与圈层化的信息传播阻碍多元意识形态的交流，造成意识形态的认知壁垒，导致主流政治意识形态传播渗漏，主流政治权威悬置。

3."后真相"时代网民的情感具有欺骗性

"后真相"时代，网民的政治情感走向随着信息传播状态而变化，不断反转的信息传播牵引着网民的政治情感，消解了网络政治情感的现实基础，使得政治情感建基于信息传播形式之中，成为无根的政治情感。政治情感是人们在政治生活中基于政治事实对政治系统及其运行的心理反应。

"后真相"时代的政治情感具有虚假性,这是因为网民的网络政治情感的产生与传播在很大程度上受到信息传播方式的影响,而信息内容对网民政治情感的影响相对较小,也即马歇尔·麦克卢汉所说的"媒介即讯息"的意义。自媒体、社交媒体、大数据、智能算法、人工智能等媒介形式能聚集网络空间中的情绪,对情绪进行开发利用,通过媒介技术优势引导网民的情感,换言之,网民的政治情感不是基于自身的事实判断而产生的。此外,网民政治情感的欺骗性还受到信息表达环境的影响。"后真相"时代,网络暴力盛行,意见对立和撕裂现象随处可见,部分网民害怕坚持自己的看法而被孤立,或者想体现自己在某个群体中的价值而标新立异,从而做出特别支持或极力反对的一些可能与真实情感不符的举动,使自己的情感体现出欺骗性。网民政治情感的欺骗性损害了网络主流政治意识形态传播的社会基础,这是因为具有欺骗性的政治情感能够在某种程度上遮蔽了意识形态传播的有效性,从意识形态的接收端造成客体认同的虚假性。因而网络主流政治意识形态的有效传播必须对网络政治情感进行理性疏导,为自由表达和真实情感构建以现实生活为基础的理性的传播环境。

(二)政治情感与政治信念:网络政治意识形态的传播动力

网络政治情感与网络政治信念是网络政治意识形态传播的心理基础,同时也是"后真相"时代推动网络政治意识形态传播的动力。其中,网络政治情感是网络政治意识形态传播的根本动力,网络政治主体的政治意识形态接纳建立在政治情感偏好之上,网络政治情感的偏好变化影响网络政治意识形态的传播效果,会对不同政治主体的意识形态传播方式和策略产生影响。网络政治信念是网络政治意识形态传播的基本动力,它对网络政治意识形态传播具有选择、内控与驱动作用。网络政治信念对网络政治意识形态的选择取决于网络政治信念的选择;网络政治信念对网络政治意识形态传播的内控作用,在政治信念与政治意识形态的社会化与内化过程是相辅相成的;网络政治信念对网络政治意识形态的驱动在于政治信念向政治信仰的实践转化。从政治情感到政治信念心理发展,"后真相"的情感传播深入其中,对"后真相"时代的网络政治意识形态传播的优化,需要对"后真相"传播中的消极因素进行规制,才是促进政治稳定发展的可能性策略。

1.政治情感是网络政治意识形态传播的根本动力

政治情感是政治生活中的政治主体对政治客体,包括政治制度、政治政策、政治价值、政治人物、政治过程及政治事件所产生的内心体验和感受。从这个意义上讲,政治情感作为人们政治心理的过程与过程要素,是内在驱动因素，人们的政治行为受政治情感的支配，而人们的政治情感承载了政治价值观念，受政治情感支配的政治行为是政治价值观念的外在呈现，进而政治情感从根本上推动了政治意识形态的传播。网络政治情感是现实政治情感在网络空间中的延伸、发展与变异，"后真相"时代下的网络政治情感更具有感染性、传播性、极端性和非理性等特征。网络政治情感对网络政治意识形态的传播起到了根本性的推动作用，原因在于网络政治情感的具体"流动性"，这主要表现在网络政治情感的主体、网络政治情感的表达两方面。

网络政治情感的主体构成与现实政治情感的主体构成具有相似性，也存在差异性。从政治情感的主体立场来看，网络政治主体与现实政治主体一样，主要包含了主流政治情感主体和非主流政治情感主体。主流政治情感主体的范围包括但不限于国家和政府，还包括了坚持和拥护社会主流价值观的公众；非主流政治情感主体是除了主流政治情感主体之外的群体。但是需要注意的是，现实中的主流政治情感主体构成与非主流政治情感主体构成具有稳定性，而网络空间中的主流政治情感主体具有流动性，这是因为在虚拟的网络空间中，信息表达自由与技术治理的交互作用使得非主流政治情感主体的政治表达具有隐匿性、随意性或沉默性，这就导致网络政治情感的主体构成存在非主流政治情感主体向主流政治情感主体进行立场与态度隐匿，引致两种主体之间的立场界限模糊化。从政治情感的主体影响力来看，网络政治情感主体与现实政治情感主体均包含了意见领袖和普通公众。但是不同之处在于现实政治情感传播中的意见领袖往往是具有特殊才能、具备某一领域专业素养与优秀演讲能力的少数人，这些意见领袖的影响力与情感感召力受到时间、空间等物理界限的限制，其效果往往局限于地缘范围，并且现实政治生活中情感领袖的地位相对比较稳定，变动性不大。而网络空间中情感领袖的出现、选择与确立并不要求一定要具备现实政治生活的情感领袖的要素，只要某个个体或群体能够在网络空间中制造话题并掌握一定的话语权，懂得简易的网络传播规则就能产生巨大的情感影响力。网络信息传播的便捷性、社会交流的圈层性、情感传播的非理性与社会交往的低门槛，导致了网络政治生活中情感领袖的流动性，人人都可能在政治情感的引导与传播中成为思想领袖。网络政治情感传播中意见领袖的流动性造成的后果是网络政治生活中的话语权分化，社会舆论分裂，社会意见往往具有激进极端色彩，不断增加社会政治价值共识的整合难度。

"后真相"时代的网络政治情感表达具有凝聚力和感染力。网络政治情感的表达方式是网络政治意识形态传播的外在表现形式。网络空间中的政治情感传播基于网民的圈层化的语言符号和生活范式,带有显著的圈层认同特质。具有圈层认同特质的网络政治情感能让具有相似生活背景、价值立场与利益诉求的网络民众"抱团取暖",在政治情感的群体感染中激发、维持和重塑网络群体生活和群体价值。具有不同生活背景、价值立场和利益诉求的网络民众形成不同的网络圈层,传播不同的政治意识形态。"后真相"时代的政治情感传播的流动性增强了网络政治意识形态传播的复杂性。一是因为在"后真相"时代,网民在海量信息中容易出现注意力的流动,网络不仅更偏向自己的信息喜好选择信息,还会受外界因素的影响,尤其是在网络空间中已经产生或正在产生较大影响的信息或舆论进行关注,在好奇、观望心理的驱使下逐渐出现情感盲从,成为舆论造势的成员。二是因为"后真相"时代,政治情感指向的社会议题具有流动性,大多数网民不会就一个议题进行自始至终的关注,而是随着情感偏好去追逐新鲜的社会议题。网络政治情感的流动性导致网民对社会政治议题的关注难以持久,政治选择盲从、政治态度摇摆,使得网络政治意识形态的传播随网络政治情感的流动不断进行调整和跟随。表现为主流政治意识形态需要了解网络政治情感特征,并对网络政治生活进行价值引导,以确立正确的政治价值观念、促进有效的政治参与、形成自由且有序的政治表达,遵循政治正确的行为准则。非主流政治意识形态则会迎合网民的政治情感,将网民政治情感作为谋求非主流政治诉求的工具,以情感接入的方式在某种程度上影响主流政治意识形态的传播。

2.政治信念是网络政治意识形态传播的基本动力

政治信念是政治情感的深层次的发展,是政治情感基础对政治系统坚定的政治信心、政治态度与政治信任的结合,往更高层次发展即为政治信仰。网络政治信念是政治主体对政治系统的认知、态度、信任等在网络空间的再现。网络政治信念对网络政治意识形态的选择、内控和驱动是网络政治意识形态传播的基本动力。[①]

网络政治信念的倾向性选择过程对网络政治意识形态传播具有选择性作用。政治信念决定政治选择,政治选择具有倾向性。政治信念具有一定的价值立场,有什么样的价值立场就会养成什么样的政治信念,在政治信念引导下的政治选择实质就是对政治意识形态做出选择与判断。"后真相"

---

① 参见张爱军、秦小琪:《网络政治意识形态传播的动力、特性及其规制》,《湘潭大学学报》(哲学社会科学版),2019年第1期。

时代情感先行的传播特征强化了网络政治信念的情感基础和价值立场,在网络政治信念引导下的网络政治意识形态选择与判断取决于网民政治信念的情感偏好程度,原有政治信念的情感基础得以强化后的网民更倾向于选择和坚持原来的政治意识形态,原有政治信念的情感基础受到冲击后的网民更倾向于改变原来的政治意识形态。也就是说,当网络政治传播的内容符合网民的政治信念时,人们就会主动接受由这种政治传播所塑造的意识形态,并使之成为日后政治生活追求的方向;当网络政治传播的内容不符合网民的政治信念时,人们要么被动接受这种政治传播所塑造的意识形态,要么主动背离这种政治传播所塑造的意识形态,不论被动或主动,不符合网民政治信念倾向的政治传播都会在一定程度上削弱政治意识形态传播的政治社会化效果。

网络政治信念在社会化与内化过程中的自我调节对网络政治意识形态传播具有内控作用。网络政治信念的社会化效果取决于网络政治传播社会涵化效果,这与网络政治意识形态的社会化传播是相辅相成的。网络政治意识形态的社会化传播的涵化效果的强弱在于网络政治意识形态的社会接受度和认同度, 社会对政治意识形态传播的接受度和认同度越高,民众的政治信念越坚定,政治信念越坚定,政治意识形态的作用与意义就越显著。网民政治信念的社会化与内化过程具有自我调节性,这种自我调节建立在政治情感的基础上。"后真相"时代,网络政治信念在情感的自我调节过程中对网络政治意识形态的内控作用体现在两个方面。一方面是在政治情感与政治信念强化的接触上内化所持有的意识形态立场,这种意识形态立场有主流的政治意识形态立场, 也有非主流的政治意识形态立场;另一方面,网民在政治意识形态内化的过程中强化政治信念,形成政治信仰以反向塑造意识形态共识。

网络政治信念在网络政治实践过程中对网络政治意识形态传播具有驱动作用。政治信仰是政治行为与政治活动的内驱力,政治信念对政治意识形态传播的驱动必须转化为政治主体对政治意识形态的信仰,政治信念到政治信仰的转化必须且只能在政治实践的过程中实现。"一种意识形态成为社会主流意识形态,是因为信奉这种意识形态的政党或集团执掌国家政权,并使这种意识形态在全社会传播,被社会大多数人接受和信奉。"[①]不断加强政治信仰的实践转化,才能用行动提升信仰的力量,才能最大化发

---

① 朱兆中:《意识形态的传播与接受问题研究:兼论中国马克思主义的传播与接受》,《上海行政学院学报》,2007 年第 4 期。

挥政治意识形态的传播效果。"后真相"时代的政治行为与政治实践深受网络政治情感的影响，这种影响既有积极正向的影响又有消极反面的影响，网络政治信念向网络政治信仰的实践转化必要消弭消极负面的网络政治情绪的传播对政治实践的影响，最大程度地发挥积极正向的网络政治情感，夯实网络政治信念的认知、态度与信任基础，优化政治信仰的培养环境，促进网络政治意识形态的传播。

（三）不确定性与复杂性：网络政治意识形态传播规律特性

"后真相"时代的意识形态传播具有多元性与去中心化、虚拟性与非理性、平面性与互动性、碎片性与变异性等多重并存性特性，使得网络政治意识形态传播充满了不确定性和复杂性。

1.多元性与去中心化

网络政治意识形态的多元性是现实政治意识形态多元性的延伸，现实生活中有多少意识形态，网络空间就有多少政治意识形态。多元性与去中心化是网络政治意识形态传播的显著特征，多元性与去中心化相互交叠，使得网络政治空间中的意识形态在主流政治意识形态的一元引领下呈现多元传播。网络政治意识形态的多元性体现为主流政治意识形态传播与非主流政治意识形态传播的并存。主流政治意识形态以中国特色社会主义理论与主流政治价值观，非主流政治意识形态则包含了自由主义与新自由主义、保守主义与新保守主义、民粹主义、民族主义、左派及新左派、右派及新右派等。网络政治意识形态的多元化传播对网络政治生活的影响具有双重效益。从积极的角度来看，网络政治意识形态的多元性可以促进不同政治意识形态之间的交流，开拓多元化的政治表达，促进公众政治思想交流；从消极的角度来看，多元化的网络政治意识形态传播将导致不同政治意识形态对网络话语权的争夺，容易引发意识形态冲突，在"后真相"传播的网络政治环境中，非理性的情感冲击将强化持有不同意识形态立场的群体在网络空间中的相互攻击，不仅扰乱网络空间秩序，还可能引发网络群体性事件，甚至会将网络意识形态情绪延伸至现实政治生活中，影响现实政治的发展。

网络政治意识形态传播的多元性特征关涉意识形态传播的中心性问题。网络政治传播一改传统政治传播的单向控制性和中心性过程，是多项互动和去中心性的传播过程。网络意识形态传播去中心性主要包括三个方面，即网络政治"主流意识形态去非主流意识形态中心化，非主流意识形态去主流意识形态中心化,非主流意识形态之间互去中心化"①。网络政治意识形态的去中心化传播对网络政治生活的影响同样具有双重意义。从积极的角度来看,网络政治意识形态的去中心化传播能避免某种意识形态的极端化传播,能够在多元化的传播竞争中平衡意识形态话语,使得不同的政治意识形态在去中心化的传播过程中实现自我净化,以提高政治意识形态传播的社会接受度和认同度。但是从消极的角度来看,去中心化的政治意识形态传播格局的形成会导致各种意识形态相互对立的态势,这会在一定程度上挤占主流政治意识形态的生存空间, 对主流政治意识形态的引领力、凝聚力和影响力提出了更高的要求,带来了更大的挑战。主流政治意识形态与非主流政治意识形态、非主流政治意识形态之间的传播在多元性和去中心化的相互交叠的影响下会生成新的政治意识形态,这些新的政治意识形态在传播的过程中吸纳了符合原本意识形态立场的价值要素,对原来的政治意识形态进行部分解构和重构,这就增加了意识形态治理的识别难度,主流政治意识形态的价值整合也将面临非主流政治意识形态的价值解构,这就极易引发多元政治意识形态之间的相互冲突,加剧不同社会思潮之间的敌对状态,导致社会撕扯。

2.虚拟性与非理性

网络政治意识形态传播的虚拟性与非理性具有逻辑上的关联。网络政治意识形态传播的虚拟性具有两重含义。一是网络政治意识形态传播的空间是虚拟的, 虚拟的意识形态传播环境延展了意识形态传播的时空范围。二是网络政治意识形态传播主体的身份在某种程度上也具有虚拟性。网民在网络空间中既是具有现实意识形态的人, 也是具有虚拟意识形态的人。现实意识形态的人受到现实政治制度、宪法法律的严格约束,政治意识形态的传播行为具有严格的边界认知, 政治正确是网络政治传播行为的底线。虚拟意识形态的人的政治意识形态传播行为游走在主流政治与非主流政治的选择之间,不一定具有良好政治道德与遵循政治正确的认知,非理性的意识形态传播也就成为虚拟环境与虚拟身份下的一种趋势。网络政治意识形态的非理性体现为网络政治意识形态传播的情感化、流言化、戏谑化。

网络政治意识形态传播的情感化是指在网络政治意识形态的传播过程中,意识形态话语传播取代政治事实真相传播的特征。在"后真相"时代,情感不仅成为影响网络主流政治意识形态传播的内在因素,也是影响网络

---

① 张爱军、秦小琪:《网络意识形态去中心化及其治理》,《理论与改革》,2018 年第 1 期。

非主流政治意识形态传播的内在因素。"后真相"时代下的网络政治意识形态情感化使得网民将意识形态立场视为事件真相，在意识形态建构的情感幻想中寻求个人的情感需求、信念需求与价值需求。以情感幻想为主导的政治意识形态极易唤起网络共鸣，引发意识形态情感浪潮。网络政治意识形态传播的情感化凸显了情感要素在政治传播中的重要性。一方面，政治意识形态的主体可以通过与网民进行意识形态的情感传播与情感交流，以提高政治意识形态的话语权、影响力、引导力和舆论控制力。但是另一方面，网络政治意识形态传播的情感幻想可能会滋生意识形态泡沫，阻碍网络主流政治意识形态传播的健康生态。

网络政治意识形态传播的流言化是网络政治意识形态传播过程中意识形态流言盛行的特征。网络政治意识形态传播的流言化主要表现为非主流意识形态对主流政治意识形态的拆解，片面解读主流政治价值或主流意识形态，使得主流意识形态的传播缺失文化根基和理论系统性。网络主流政治意识形态的传播要防止主流政治价值或意识形态被拆解和片面解读而存在于流言传播的现象，让主流政治意识形态传播回归理性和正确性。用主流政治意识形态的正确性矫正非主流政治意识形态对主流政治意识形态的流言传播，规制网络政治意识形态传播行为，限制非主流政治意识形态传播的边界蔓延，规避网络政治意识形态传播冲突。

网络政治意识形态传播戏谑化是指在网络政治意识形态传播过程中，主流政治意识形态的严肃性、严谨性和庄严性不断受到网络情感与网络流量获取的冲击，使得网络主流政治意识形态传播不断遭受夸张、戏谑、娱乐等方式的改造。网络政治意识形态传播戏谑化是主流政治意识形态被动遭受戏谑化的过程，对其进行戏谑化传播的行为主体包括两类：一类是在意识形态与主流政治意识形态相对立的政治主体，这类主体对主流政治意识形态的戏谑化传播在于消极主流政治意识形态的社会意义，借助碎片化的主流意识形态价值的片面解读与传播介入自我意识形态立场，宣称非主流甚至是反主流的意识形态；另一类主体是对社会现状不满的社会公众将愤懑情绪投入对主流政治意识形态的不满之中，在网络空间中以戏谑化的方式表达自己愤世嫉俗的态度，割裂主流政治意识形态的理论背景、时代背景、意义内涵，将之变成具有"暴力性、血腥性、煽动性、极端性的语言"[①]，从而达到破坏网络政治主流意识形态目的。

---

① 张爱军、王伟辰：《微博政治文化功能及其构建》，《湘潭大学学报》（哲学社会科学版），2013 年第 5 期。

3.平面性与互动性

政治意识形态的传播依赖于政治传播环境，网络政治传播的平面性和互动性带来了网络政治意识形态传播的平面性与互动性。传统政治传播是由政治经验主导的、自上而下的、单向且缺乏反馈互动的传播过程，换言之，传统政治意识形态的传播具有垂直性和单向控制性。在网络政治传播中，政治精英不再处于完全主导传播的地位，大众从传播金字塔的底层解放出来，已经成为影响网络政治传播的重要力量，网络政治传播成为自下而上与自上而下共存的传播过程，单向垂直的意识形态传播模式转变为多向平面的互动传播模式。

网络政治意识形态传播的平面性主要是指由灌输性传播向平面性传播的转变。这一转变的关键在于网络环境中人的身份状况的转变。在网络空间，所有的人摆脱了现实身份的限制，成为平等交流的网民，网络身份的平等带来了传播地位的转变，也带来了网民政治思想交流上的平等。这是因为"一个宏大思想，以思想碎片的方式传播出去，也会以思想碎片的方式凝聚在一起，并在传播中发挥着巨大的思想力量。思想成为碎片，碎片成为'平'的思想。不同的思想碎片是平等的，任何思想碎片都失去高居于其他碎片之上的可能性"[①]。网络政治传播的平面性对政治意识形态传播的影响是双重的。一方面，网络政治传播的平面性既体现了政治意识形态渐趋平等的传播交流趋势，也体现了新的传播模式对传统传播模式弊端的改进和完善，从而能有效促进主流政治意识形态的社会化传播。另一方面，网络政治传播的平面性必然意味着传播的多元性和去中心化，具有这种特质的网络政治意识形态的平面性传播将使得网络主流政治意识形态传播面临着失去主导性，面临着主流政治意识形态宰制力、凝聚力、影响力的削弱，主流政治意识形态权威性遭到消减等威胁。

网络政治意识形态传播的互动性是指在政治意识形态传播的过程中，意识形态主客体之间的互动，具体而言主要是指网络主流政治意识形态主体与社会大众之间的互动、网络主流政治意识形态主体与非主流政治意识形态主体之间的互动，以及非主流政治意识形态主体之间的互动。前一种政治意识形态主客体之间的互动是建立在网络传播主体的地位与力量转变的基础上的，是对传统政治意识形态传播的灌输性与控制性的改变。后两种政治意识形态传播的互动依赖于开放的网络政治空间，是对传统政治

---

① 张爱军、王伟辰：《微博政治文化功能及其构建》，《湘潭大学学报》（哲学社会科学版），2013 年第 5 期。

意识形态传播的封闭性的转变。网络政治意识形态传播的互动性在于追求网络政治的协商民主化。网络政治意识形态是网络民主政治发展的重要环节，网络政治的协商民主化体现在意识形态领域就是理性沟通、协商共赢。"后真相"时代的网络政治意识形态传播的互动性更多地体现为非理性的情感互动，理性沟通仍然是意识形态领域需要加强建设的环节，为此，应该对"后真相"的政治传播环节进行理性规制。

4.碎片性与变异性

网络政治意识形态传播的多元性、虚拟性、平面性必然带来网络政治意识形态传播的碎片性与变异性。在网络空间中，政治意识形态的碎片化传播伴随着传播的扭曲与变异，这取决于传播环节的复杂性，传播主体的多元性和传播信息的冗杂性。碎片性表现为政治意识形态内容传播的碎片性、政治意识形态传播形态的去中心化与政治意识形态传播样态的变异性三个方面。

网络政治意识形态内容传播的碎片性的形成在于意识形态传播过程的碎片性。从网络政治意识形态传播的源头来看，网络政治意识形态传播的主体不再局限于政治精英，社会公众也成了网络政治意识形态传播的重要主体构成的一部分。政治意识形态的传播目的在于培养相应的政治价值观，凝聚社会政治共识为政治发展提供思想指导和精神引领，进而用以维护现有的政治秩序，要想达到这一目的，政治意识形态的传播就必须采取能为社会大众在最大程度上理解和接受并产生认同的传播方式，这就决定了政治意识形态的传播不可能以理论性、系统性和严谨性的方式进行意识形态内容传播，而是需要对政治意识形态的内容进行凝练的概括和表达，将宏观系统的政治意识形态内容体系进行简化，以核心词的形式进行社会传播。这种简化且凝练的传播方式抽空了意识形态内容的背景和含义，极易形成意识形态内容体系的碎片化传播和碎片化理解。政治精英在网络空间中的政治意识形态传播将其内容的碎片化程度进一步强化。"后真相"时代的政治传播强调情感的感染力，越具有通俗性质的内容越能引起人们的情感共鸣，这就引导政治精英的意识形态传播必须在原有的已经高度凝练了的意识形态内容上再次进行通俗碎片化的传播，才能在网络空间中占据意识形态话语高地。作为意识形态传播客体的网民，对意识形态内容的选择、接收、理解和传播都是碎片化的。海量的网络政治信息、"后真相"的情感偏好共同决定了网民对政治意识形态内容的选择、接收是碎片化的。网民对海量的政治意识形态内容难以进行理性判别与理性思考，对高度凝练表达的意识形态内容理解不深刻及对其内涵断章取义，并在意义扭曲的基础上进行转发和传播,这在某种程度上也强化了网络政治意识形态传播的碎片化。

网络政治意识形态传播形态的去中心化表现为网络政治意识形态的分散性。由公权力塑造的网络政治意识形态的内容发布主要以弘扬国家主流意识形态为基本要求,其意识形态内容传播相对集中,传播的中心化程度较强。但是由网民取舍与构建的网络政治意识形态的内容传播则体现出无中心化传播的特征。网民进行的政治意识形态的内容传播大多不集中于同一政治意识形态议题,对政治意识形态的关注与传播多以情感偏好为主,缺乏整体性和逻辑性,对政治意识形态的取舍和构建具有分散性。

网络政治意识形态传播样态的变异性体现为意识形态内容传播的变异性与意识形态传播方式的变异性两个方面。就网络政治意识形态内容传播的变异性而言,不论是网络主流政治意识形态,还是网络非主流政治意识形态,在网络空间经过无数次裂变式传播后都会在不同程度上进行组合与重构,这就造成了意识形态内容的偏颇。政治意识形态并不完全以真理为基础,也不代表所有真相,网络政治意识形态的传播常常伴随着非理性的网络情绪和网络流言。不同的意识形态有不同的利益诉求,利益分化导致意识形态分化,分化了的意识形态经过网络空间的发酵更加容易出现意识形态传播变异,使得原本就多元化的网络政治意识形态更为复杂多变。"后真相"时代的网络空间是利益感知博弈的空间,多元化的政治意识形态在网络传播中不断变异,经过"后真相"的情绪感染赋予变异的意识形态认知具有煽动性、蔑视性与仇恨性。基于对现实生活社会利益失衡感知在网络空间的蔓延,意识形态共识在变异的情感传播中愈加难以弥合。

网络政治意识形态传播方式的变异主要表现在意识形态传播的隐匿性。网络政治意识形态的隐匿性传播与网络空间的政治治理存在紧密的正相关关系。一般而言,网络空间的政治治理程度越高,网络非主流政治意识形态传播的隐匿程度就越高,网络空间的政治治理程度越低,网络非主流政治意识形态传播的隐匿程度就越低。网络空间的政治治理程度的高低有赖于网络技术的运用,智能技术的运用越多层次、多方位,网络空间的政治治理范围就更广,程度则更深。网络政治意识形态的隐匿传播往往以网络非主流政治意识形态,也就是以网民取舍和构建的意识形态为隐匿内容,通常借助网络漫画、网络表情包、网络语言、社交点赞、政治图片、历史故事等进行政治隐喻式的传播。需要强调的是,网络政治意识形态传播的变异性更多地伴随着重大公共卫生事件的出现而产生,因而网络政治意识形态传播在具有变异性的同时也具有突发性。突发的重大事件往往是难以预测和难以控制的,这会加速网络政治意识形态在社会中的极速传播,进一步导致意识形态变异传播的节点和机制难以掌握。网络政治意识形态传播与"后真相"结合在一起呈现出复杂性,给探索和研究网络政治意识形态传播的基本规律带来了困境。

(四)多维性与后真相:网络政治意识形态传播主体的道德归因

"后真相"的政治传播环境对网络政治意识形态传播的主体、传播动力及其传播特性的改变,使得网络政治人生成了不同于现实政治道德的网络政治道德。网络政治道德是网络空间中政治心理、政治关系、政治观念、政治制度与政治文化等多种因素的综合体,它是现实政治道德在网络空间的延伸,也是现实政治道德的组成部分,从这个角度看,网络政治道德对现实政治道德具有依存性,现实政治道德是网络政治道德的外生基础。同时,网络政治道德又具有自身的特性,因而具备自生性与内因性。①故而,网络政治道德具备多维性。网络政治道德是网络政治人,以及网络政治意识形态传播主体在"后真相"时代养成的新型政治道德,"后真相"时代深化了网络政治道德的复杂性,为网络政治道德的优育带来机遇的同时,也使其面临新的挑战。

1.自因性网络政治道德

确立网络政治人的主体性是自因性网络政治道德的核心。网络政治参与的是政治人的真实参与,网络政治参与的形式与内容的真实性是网络政治人追求网络政治共同体生活的可能性与现实性。确立网络政治人的主体性才能保证政治生活的本性。网络政治生活具有政治本性,网络政治道德由政治本性确立,体现了人性展示的"幽暗意识",虚拟的网络社会增加了网络政治道德结构的复杂性,确立网络政治人的道德主体性才能使网络政治道德按照以下逻辑展开:

(1)自因性网络政治道德侧重"人怎样看自己的政治本性"②,持人性善的观点的人假设强调政治人格的完善,进而强调对政治共同体的完善。修身、齐家、治国、平天下的第一个政治道德链条是修身。持人性恶的观点的人强调外在约束对政治人格的完善,进而强调对政治共同体的外在约束。人性假设不同,决定了人们对"人怎样看自己的政治本性"存在着明显的差异,甚至根本对立。

---

① 张爱军、秦小琪:《网络政治道德的构建与"后真相"的救治》,《江淮论坛》,2018 年第 3 期。

② 李建华:《新时代政治伦理学研究的问题域》,《光明日报》,2017 年 12 月 11 日。

（2）自因性网络政治道德的政治目的是合作。罗尔斯认为，人的关系具有社会本性，只有体现社会本性，"作为自由的个人，他们都把自己视为具有通过理性，也就是通过作为其自律之表现的合理且理性的原则，来规导他们所有的其他利益、甚至是根本性最高利益的人"。"自由的个人能为他们的利益和目的负责。他们能够控制并修正他们的各种要求和欲望，并根据环境的要求，为这种行动承担责任"。①网络政治道德的前提也必须是道德自由的人，自由的人才会对其言论负责任，才会超越自己的个人利益和诉求，并为自己的言论负责。

（3）政治合作必须签订政治契约。人必须通过签订政治契约的方式，政治主体才具有外在的约束。霍布斯、卢梭、洛克、康德都是契约论的典型代表。罗尔斯继承了契约论思想后，又在更高的层次提升了契约理论。作为政治人，人不但具有公共政治理性，而且还要具有政治伦理道德。互惠是政治契约的基本目的，"贵人行为理应高尚"。网络政治道德只有建立在网络政治契约的前提下，才会使网民逐渐形成有政治道德的人，否则就会隐入"群众社会"和"乌合之众"的状态之下。

（4）政治契约的目的是约束"网络政治人"。作为政治动物的特点之一是："在另一些我们无知的领域，我们不敢说三道四，而在政治领域，我们却受到鼓励去说三道四。"②但这并不是压制网络自由平等道德的理由。只要遵守法制契约，对说三道四进行外在的约束，使网民成为"网络政治人"，人们就会在网络上进行合作，形成网络道德共同体。

2.内生性网络政治道德

内生性网络政治道德是伦理价值冲突的产物。内生性网络政治道德表现为不同网络政治道德内在的矛盾和冲突，以及多元政治道德之间的矛盾和冲突两种。多元化的网络意识形态、网络价值观念、网络思想的观念矛盾和冲突可以从三个层面展开。

（1）多元政治道德的内在逻辑冲突。政治过程中的手段与目的、品质与行为、忠诚与背叛、承诺与失信等具有内在的逻辑冲突，在政治运行中极易产生矛盾和冲突。网络政治生活要善于用政治目的平衡政治手段，用政治品质平衡政治行为，用政治忠诚批判政治背叛，用政治承诺批判政治失信，从而防止政治在失去道德制约的前提下变成单纯的统治术。各种不同的意

---

① ［美］罗尔斯:《政治自由主义》,万俊人译,译林出版社,2011年,第297页。

② ［美］萨托利:《民主新论》,冯克利、阎克文译,21世纪出版集团、上海人民出版社,2009年,第122页。

识形态也存在内在矛盾。

（2）中国特色社会主义主流政治道德与非主流政治道德之间的冲突。这对矛盾和冲突表现在五个方面。一是与极端民族主义政治道德的矛盾和冲突。极端民族主义在表达爱国政治情感的同时,把民族主义政治情感推向极端,民族主义的极端非理性也让公共权力及其意识形态难以驾驭。二是与极端民粹主义政治道德产生的矛盾和冲突。极端民粹主义是彻底反精英的,推崇人民的至上作用。三是与极端保守主义政治道德产生的矛盾和冲突。中国极端保守主义的特征在于,把传统文化推向极端,由传统文化推向政治王权,推向好人政治。四是与极端自由主义政治道德产生的矛盾和冲突。极端自由主义者无条件地推行自由主义意识形态,把自由极端化。五是与极端左派政治道德产生的矛盾和冲突。在他们看来,越左越道德,推崇左的"道德主义"。

（3）非主流政治道德之间的矛盾和冲突。网络政治情感主要体现为集体主义情感与个人主义情感的矛盾和冲突。其外在集中表现就是民族主义、民粹主义、中国传统文化保守主义政治情感与自由主义情感的矛盾和冲突。民族主义强调民族整体政治情感与自由主义的个体政治情感的矛盾和冲突。民粹主义强调人民道德的纯洁性与自由主义强调道德幽暗性的矛盾和冲突。中国传统文化保守主义情感与自由主义主张的是普世主义情感的矛盾和冲突。网络的底线正义感也会面临着矛盾和冲突。这主要表现在:正义感之间的矛盾和冲突,正义感不同层面的矛盾和冲突,正义感和非正义感的矛盾和冲突。

3.外生性网络政治道德

外生性网络政治道德与政治社会的道德与否存在紧密关联,即政治社会的道德状态决定了网络政治道德的状态,政治制度、政治规则、政治主体是道德的,网络政治就是道德的政治。外生性网络政治道德将网络政治道德与政治制度作为两个基本内容,两者的关系表现为:作为网络政治道德的背景,政治制度的运行与变迁决定网络政治道德的内容与发展方向,政治制度是网络政治道德生成的外在驱动力;作为网络政治道德的维护核心,网络政治道德的变化与发展影响政治制度的变迁方向。外生性网络政治道德的产生有以下五方面的原因:

（1）外生性网络政治道德是社会主要矛盾转化的必然结果。民主、法治、公平、正义、安全、环境这些社会问题,尤其是正义、安全、环境靠自身的努力不能解决或难以解决时,这些问题就会从原问题背景转化为政治性问题,转变为政治领域的问题,通过政治性转变来达到解决问题的目的。社会问题的政治性解决超越了原问题的资源需求，不仅需要在制度层面的资源，还需要政治道德资源，以政治领域的公平正义解决经济文化领域的公平正义问题。因而政治道德资源越丰富，解决社会问题的效率就越高。

（2）外生性网络政治道德往往是社会问题直接导致的结果。现实社会中的贫富分化、社会资源分配不公、阶层流通阻隔、社会相对剥夺感增强等各种社会问题在网络群体性事件中被激活，这些问题如果不能得到及时有效地解决，社会问题会转化为政治问题。社会主要矛盾的转化不仅需要政治制度、政治规则、政治参与、政治监督等实在因素的有效建设，更需要政治道德建设的进一步发展，如果政治道德构建与网络社会发展脱节，就会使得现实政治道德落后与网络政治道德诉求过高的矛盾，抑或产生政治道德缺失对政治行为的指导与规范作用，致使网络政治发展与网络政治道德建设脱节。

（3）外生性网络政治道德与解决社会问题的整体性有关。网络社会的发展改变并强化了集体行动的逻辑。在网络空间中，政治、经济、文化的各社会领域之间的界限已渐趋消融，任何现实社会中的问题在网络空间的延伸，在经过群体发酵后，产生社会领域的溢出效益，从单一领域的问题变成多领域的问题，从局部性问题变成整体性问题。社会问题的解决需要具备政治性思维，以减少因为非政治性的社会问题蔓延至政治领域而产生多米诺骨牌效应、马太效应、蝴蝶效应、黑天鹅效应等影响社会的整体发展。征用土地、强制拆迁、暴力驱赶外来务工人员和社会底层服务人员等，这表面上是一个小概率事件，却会引起整体性社会道德情感变化，最后把社会情感变化传播和扩散到网络中去，不仅把小概率事件放大，而且把社会道德放大，并把社会道德转化为政治道德。社会问题引发的道德思考经过发酵，进而转变为政治问题，引发人们对政治道德的思考。因此，在社会道德政治化、政治道德社会化的相互影响与转化问题中，政治道德成为社会道德进步与否的决定性条件。政治道德培育及其建设行为不及时跟进，次生政治道德就会产生，经过网络社会的无限放大，就会导致政治道德淹没于社会道德之中。

（4）外生性网络政治道德与解决社会问题的复杂性有关。社会问题的复杂化，引发政治解决社会问题的复杂化。政治在解决社会问题时采用一刀切的方式，非但没有解决社会的复杂性问题，反而以几何级增长的方式增加了复杂性，同时也增加了外生性网络政治道德的复杂性。中国政治道德具有规范性、单一性、榜样性、示范性和自上而下的灌输性，中国政治道德与网络政治道德的多样性、多元性、平等性、互动性发生矛盾，增加了外生性网络政治道德渗透和教化的艰巨性和不可确定性。

(5)外生性网络政治道德与解决社会问题的梯度性有关。梯度是自上而下和从大到小的。社会问题可以从不同的梯度进行划分。从性质上来说，包括本质问题和非本质问题。从规模上来说，社会问题包括宏观问题、中观问题、微观问题。从重要性上来说，包括重大问题和非重大问题。从战略上来说，包括眼前问题、中期问题、长期问题。解决社会问题理应从重大问题着手，比如，发展就是硬道理，稳定压倒一切，把握新时代中国特色社会主义主要矛盾的转化，建立和建设好重大民生工程。但从个体和社会阶层的角度来说，如果是财富转移和利益重新分配，而不是做大蛋糕并公平分配，那么人们仍然会从社会道德转向政治道德，从政治道德层面看社会道德。

4.依存性网络政治道德

从道德看政治是依存性网络政治道德的核心要点。依存性网络政治道德是基于政治与道德的同构或依存所产生的道德问题。网络政治道德是实然与应然、现实与理性、经验与理性的统一。网络自由、网络民主、网络政治参与、网络政治发展、网络协商等，这些内容与社会主义民主、社会主义核心价值观、社会主义道德的基本要求具有同构性和依存性。就同构性而言，社会主义民主、以德治国和依法治国相结合。社会主义核心价值观、社会主义道德包含的政治道德就是网络政治道德，或者说网络政治道德就是社会主义民主、社会主义核心价值观、社会主义道德包含的政治道德。就依存性而言，网络政治道德依存于政治发展，为政治发展服务，具有工具理性的价值意义，依存性网络政治道德与个人主义是直接或间接相对的，具有集体主义特征的依存性网络政治道德的功能有以下三个方面：

(1)用伦理约束政治。从古至今，从中到外，以道德约束政治具有历史性。亚里士多德认为城邦的核心是实现政治美德，柏拉图认为政治就是实现正义，孔子提出的"政者，正也""为政以德"、仁者爱人等都是从道德看政治的基本表达。罗尔斯是从道德伦理和政治伦理看政治的典型代表，只有成为道德人和理性人，才能让政治进入一个良序社会，否则就难以构建和实践良序社会和良序政治。萨托利从政治道德的应然、理想、理性三个政治道德视角改造现实政治。网络政治道德是政治生活构建的重要组成部分，用网络政治道德对网络政治生活进行伦理约束，让网络政治生活在道德伦理指导下满足网络政治人的政治诉求。

(2)净化政治生活。对政治的伦理道德净化方式主要以批评、批判、质疑、讽刺、挖苦等负面评论为主，所针对的是诸如懒政、庸政、滥政、腐败等问题，迫使政治对道德的负面评价进行回应与修正，让政治具有"忠诚老实、公道正派、实事求是、清正廉洁"的政治品格,使国家政治与执政政治都体现伦理道德的最高要求。与此同时,网民通过参与政治,增加主人翁责任感和自豪感,明晰法治、理性与道德的限度,防止自身超越法治与道德的边界,防止理性的滥用,防止非理性道德的蔓延。

（3）塑造德性政治。依存性网络政治道德的目的是让政治成为有道德、有德性的政治。在西方的保守主义看来,国家并不是也不应当是一个价值中立的机构,国家作为一个政治共同体应当具备诸如正义、公平这样的德行。国家负有道德使命,政治要有道德。"道德学说的最高原则是:要按同时能够成为普遍法则的准则去行动。凡是不符合这一条件的准则都是违背道德的。"国家是正义的化身和实现者,以德治国是社会主义意义的表述。网络政治道德也同样要求国家成为伦理道德的国家,政治变成伦理道德的政治,并以网络的方式让政治道德成为国家的核心组成部分。

5."后真相"加剧网络政治道德的复杂性

"后真相"是一枚硬币的两面,悲观与乐观并存。就"坏的主观性"来说,"后真相"使外生性网络政治道德具有复杂多变性,以个人情感与个人信念为基调,对政治道德进行解构和重组,取代或无视现实政治事实真相,无视政治道德范式。网络政治道德构建是理性客观的,"后真相"时代不但把网络政治道德变成道德主观,而且引发诸多"道德愤怒"。这主要表现在以下四个方面:

（1）"后真相"使"网络政治人"转化成"网络政治狂人"。"网络政治狂人"是非理性、非道德的。"网络政治狂人"只会进入人人为敌的野蛮社会,使政治人的逻辑难以展开,使政治契约难以达成,使政治合作成为不可能。"网络政治狂人"一旦失去约束,政治语言暴力盛行,政治恐惧加剧。声音决定力量,粉丝数量成为绝对优势,少数人被迫失声和禁言,政治主体性成为非主体性。

（2）"后真相"使多元政治道德走向个人相对主义道德。加强网络伦理道德建设,提高网民的道德自律能力。多元政治道德难以转变成多元政治理性道德。网络多元道德的矛盾和冲突,其理想结果是形成理性多元政治道德,形成政治道德理性共识,化解多元政治道德的紧张与焦虑,在多元政治道德共识中获得稳定感和安全感。"后真相"以个人情感和个人信念为中心的特性,不但增加了多元理性政治建设的难度,还使多元政治道德退回到个人政治道德。政治道德失去了客观标准,相对主义取代了客观标准,个人成为相对主义的唯一主观标准。道德的客观事实真相被抹杀或无视。

（3）"后真相"把社会主义主要矛盾的集体主义性转化为个体主义个体

性之间的矛盾和冲突,把社会问题转化为个体问题,把社会整体性道德转化为个体性道德,把社会复杂性道德简化为个人单一式道德,把社会梯度式社会矛盾和冲突简化为个人平化式道德矛盾和冲突,从而使社会原子化并与社会隔绝。

(4)"后真相"使现实政治道德与网络政治道德互不协调。现实政治道德与网络政治道德具有同一性和同构性,二者的政治道德建设具有一致性。"后真相"时代把现实政治道德与网络政治道德相隔离,在使现实政治道德跟不上网络政治道德建设步伐的同时,还使网络政治的个人主义政治道德诉求与现实政治道德的整体性产生巨大的裂变和数字鸿沟,使网络政治道德产生裂变,产生难以统计的纷繁复杂的准政治道德、亚政治道德、碎片化政治道德,从而失去了对政治道德的整合能力。

二、后微博时代的网络政治意识形态传播的机遇与挑战

"后微博时代"是微博时代后的一个发展状态,与微博时代相比,后微博时代有几个方面的显著特征:一是网络意见领袖的引领能力相对较低,二是形成了微博与微信并存的信息传播场域,三是意识形态的"小圈子化"特征凸显。"后微博时代"的概念强调的是政治传播或意识形态传播的场域转移与功能变化。后微博时代的网络政治意识形态传播被微信社交媒体分流,意识形态传播逐渐转移至微信平台,但是微博的意识形态传播功能仍然不容忽视,"后微博时代"的网络政治意识形态传播作用,如果发挥不好,就会起到消极作用。而如果发挥得当,则对于加强微博主流意识形态建设,维护政治经济社会稳定,提高微博主流意识形态的传播力、引导力、影响力、公信力,具有重要意义。①

(一)后微博时代网络主流政治意识形态发展的新机遇

鉴于微博的社交媒体属性,这一场域内的网络政治意识形态传播具有明显的平等性与互动性、多元性与去中心性、虚拟性与自由性、碎片性与变异性等多重并存性特征,基于这些特征,后微博时代的网络政治意识形态传播与发展的主题体现在五个方面:

---

① 张爱军:《后微博时代视域下主流意识形态发展的机遇、挑战与改进》,《天津行政学院学报》,2020 年第 4 期。

1.微博成为网络主流政治意识形态传播的重要平台

后微博时代的显著特征之一是微博与微信等社交媒体的共存、共筑了网络政治意识形态传播的融媒体平台。也就是说，微博不再是唯一的网络政治意识形态传播的核心网络平台，微博与微信等社交媒体的共存、交融与勾连传播为网络政治意识形态的传播拓宽了社会传播的范围、增强了网络政治意识形态传播的交流深度。后微博时代的网络政治意识形态传播，同样涵盖了网络主流政治意识形态传播与网络非主流政治意识形态的传播。后微博时代的多元传播平台的交融不仅为主流政治意识形态的传播带来发展机遇，同样也为非主流政治意识形态传播带来了机会。后微博时代的媒体交融使得网络主流政治意识形态的传播具有叠加、累积、扩散等新效益。社会主流政治价值观、中国特色社会主义思想体系、优秀的传统文化等意识形态内容在微博与微信的平台联动中得以广泛传播与扩散。微博与微信中的意识形态传播的主要优势在于意识形态的传播适应了网络社会的信息传播习惯，短小精悍的故事、生动形象的图像等都符合当代网民的信息交流与接受模式，通过与网民信息接触相适应的传播形式，"后微博时代"的主流政治意识形态得到了快速传播。

2.微博多元意识形态的传播增强主流政治意识形态的包容度

后微博时代的主流政治意识形态传播的根本要求，在于主流意识形态应该不受空间变化的影响，必须在现实社会和网络社会中，占据意识形态传播的主导地位，发挥引领、包容与推进社会意识形态传播的和谐格局。以"短平快"为基本特征的微博平台在推动网络主流政治意识形态传播速度的同时，也在不断地丰富主流政治意识形态内容的传播层次，提高主流政治意识形态传播的水平，提升主流政治意识形态传播的品质，增强主流政治意识形态传播的社会包容度。微博对主流政治意识形态的引领、包容与推进功能的促进在于微博非主流政治意识形态的传播，主要原因在于微博的开放式信息传播场域既消弭了信息传播的界限，也构筑了信息传播的意识形态壁垒。相较于微信，微博的信息传播具有"广场式"社交特征，任何人、任何信息、任何意识形态都能在这个开放式的场域中进行相互交流与对话，这就使得多元意识形态之间的交流与对话的概率得以大幅提升，开放式的交流也使主流政治意识形态传播必须在维持主导地位的前提下，采取开放包容的姿态与各种非主流政治意识形态之间开展交流，如果采取非包容的态度对待非主流政治意识形态，既不现实也不可能。此外，微博信息传播主体多元且异质，不同个体会在开放的场域中寻找价值观、利用诉求、情感偏好相似的人组成小的群体，这就为政治意识形态的传播构筑了"小圈子"的传播限制,使得网民对"小圈子"外的意识形态传播包容度得到提升。需要指出的是,微博非主流意识形态对主流意识形态开放包容的功能促进是以宪法和法治为前提的。

3.微博中的多元政治意识形态同筑核心软实力

从权力的角度来看,微博平台中的政治意识形态包括由公共权力形塑的主流政治意识形态和由网民取舍构建的非主流政治意识形态两种。这两种政治意识形态在价值观念上并非不可调和的零和博弈关系,两者在目标追求上的一致性或同构性使其能够建立正和博弈关系,共同建构国家意识形态软实力。微博平台具体推动平等、自由、民主等政治价值的作用。而自由、平等、民主等价值观念不仅是主流政治意识形态的核心内容,也是非主流政治意识形态追求的重要内容。在微博平台中的爱国主义的价值倡导更是主流政治意识与非主流政治意识形态具有一致性的显著体现。主流政治意识形态与非主流政治意识形态在核心价值观念上的共同建构,能够不断深化社会核心价值观念的传播,进行提升社会主义核心价值观的社会凝聚力,有利于提升社会主义核心价值观的影响力和号召力。微博非主流意识形态与主流意识形态构建核心软实力,具有维护国家政治安全与社会稳定、推动经济发展和社会进步的功能。

4.微博非主流意识形态使微博主流意识形态时代化

后微博时代的非主流意识形态传播具有显著的时代特征,非主流意识形态的传播往往紧随网络社会的发展而转变传播的方式。微博时代的非主流意识形态传播,对主流政治意识形态传播产生消解和损毁的负面影响。在后微博时代,微博的非主流意识形态能推动主流意识形态的传播,这种促进作用的产生基于微博的公开性和开放性的信息传播特征,使得微博的非主流意识形态在传播的过程中成为反映主流意识形态传播的风向标,进而能在一定程度上促进主流政治意识形态有效地调节自身以适应时代的变化。

5.后微博时代促进主流意识形态的大众化传播

后微博时代的微博自媒体与微信等社交媒体共存,信息传播平台更加多元化,微博政治意识形态传播在自媒体与社交媒体的勾连传播中实现了更广泛意义上的大众化传播。从单一的微博平台到微博与微信并存的融合平台,意味着意识形态传播从开放走向开放与半开放并存的模式,这种转变也增加了微博意识形态的传播功能。后微博时代的意识形态传播依靠媒体融合,不但能使主流意识形态见微知著、深入浅出地传播,也能将主流意识形态的精神力量不断转化为实践力量。意识形态微博化的核心是"微",

其功能是以"微"促大、以"微"见大、以"微"见精。只有主流意识形态进入微博，才能真正实现大众化，才能逐渐变成人们的思维方式和行为模式。

（二）后微博时代网络主流政治意识形态传播面临的挑战

1.心理趋同效应导致意识形态极化

心理趋同是指，人们在某一环境下受到某一因素的刺激，从而对某一事件或现象产生情感、认知或态度渐趋一致的心理现象。在后微博时代，网民的心理趋同效应更加显著，这是由于微博自媒体与微信社交媒体信息的虚拟性、自由性、平等性更加高速地聚合了网民对社会问题与社会现象的情感、认知与态度状况，在圈层化传播机制中极易形成心理趋同。后微博时代的意识形态传播具有流动性、突发性、平等性和互动性。微博非主流意识形态的局部价值或内容只要在微博中得到大多数网民的认可，便会形成相应的意识形态群体，这种群体在强化某种非主流意识形态的同时，就会反对与该群体意识形态立场相异的群体，更有甚者会借助主流政治意识形态的价值概念或政治正确的行为选择来建构非主流政治意识形态的权威。鉴于这种情况的存在，微博平台中的非理性的革命心理、群体极化与极端思潮就会不断地涌现，从而对主流政治意识形态的传播及其主导地位产生冲击，在群体极化与对立的心理行为博弈中导致非主流政治意识形态的极化、主流政治意识形态与非主流政治意识形态的对立。

2.后微博时代政治意识形态传播的变异风险

后微博时代政治意识形态传播的变异风险包括主流政治意识形态传播变异与非主流政治意识形态传播变异两种类型，具体表现为政治意识形态的碎片化、非理性化和极化传播。后微博时代的政治意识形态的碎片化传播是由人们的网络快餐式阅读习惯与心理、海量的网络信息共同造就的。意识形态的碎片化传播、非理性传播与极化传播具有逻辑关联性。碎片化的意识形态缺失完整性和严谨性，因而网民对主流政治意识形态与非主流政治意识形态的理解和接收具有片面性，在网络情绪的加持下，容易出现意识形态的非理性传播，再加之后微博时代的圈层传播机制的作用，进一步引发了意识形态的极化传播。微博主流意识形态与非主流意识形态的碎片化导致其变异性。微博主流意识形态发生变异会破坏主流意识形态的权威性和严肃性。微博非主流意识形态在这种情况下，既会攻击主流意识形态，也会攻击非主流意识形态，从而严重破坏微博意识形态之间的均衡状态。

3.主流政治意识形态意见领袖的影响力日渐式微

微博意见领袖的影响力日渐式微的重要原因是网络治理力度的提升，迫使微博意见领袖从微博平台转移到微信平台，其在微博的影响力虽然有所下降，但是其意见引导能力和意识形态传播能力仍然存在。意见领袖的信息传播意义在于实现信息过滤，引导普通民众的信息认知与态度行为，影响甚至形塑民众的价值观与意识形态立场。后微博时代的意见领袖的信息能力被多样化的传播平台分化，且不同传播平台的意见领袖的影响范围、方式存在差异。微博时代的意见领袖活跃于开放式的信息环境中，对某一事件的意识形态传播能力较广。微信平台的意见领袖寄存于熟人社交，其意识形态能力的群体性与圈层性更为显著。意见领袖的信息获取与解构传播能够有效吸引网民的注意力，他们在对网络热点事件进行解读与传播的过程中注入自我立场的意识形态，或者采用政治隐喻的传播方式夸大、解构甚至扭曲网络事件，来强化网络情感及其隐含的意识形态，聚集一批因网络情感偏好、认知偏好一致的网民形成一个个具有意识形态色彩的网络群体，普通网民群体传播中有意识甚至无意识地成了意见领袖扩大意识形态宣传的工具。后微博时代，意见领袖的影响力分化，在网络开放的环境中，西方意识形态具有渗透的可能性与现实性，主流政治意识形态意见领袖的影响力需要进一步提升，使其成为主流政治意识形态传播的一股推动力量。

三、后政治传播时代网络主体的心理特征

后政治传播是网络传播技术逻辑与后现代身份政治交合而成的政治传播转向，与传统政治传播相比，后政治传播在传播主体、传播空间、传播内容、传播载体和传播效果等方面出现了新的变化。从传播主体来看，后政治传播主体一改传统政治传播的垄断性，呈现出多元化和碎片化特征；从传播空间来看，传统政治传播或受到物理空间的限制或局限于传统大众媒体渠道内，因而传播空间相对封闭。后政治传播不仅摆脱了物理时空的限制，还整合了当下新兴的媒介形态，具有开放性、流动性与虚拟性等空间特征；从传播内容来看，传统政治传播的内容是经过筛选与把关后具有预设性和系统性的信息，后政治传播的内容由于主体和渠道多元，传播内容纷繁复杂，不仅具有碎片化的特点还具有隐喻化、冲突化的特点；从传播效果来看，传统政治传播着眼于培养社会政治认知的整体性和同质性，以建立稳定理性的政治情感和政治态度维持政治稳定。后政治传播在主体特征、

传播空间、传播内容和传播载体等变化下打破了理性同质性的政治认知,使之充满不确定性、多元差异、去中心化、去权威化等显著的后现代特征。①

后政治传播是与网络社交媒体的出现紧密相关的概念,是以社交媒体为核心传播平台,以网络空间为传播范围的新的政治传播模式,是社交媒体时代网络政治及其传播环境变迁对现实政治及其传播模式的某种解构与重构。政治传播环境的变迁带来的是政治传播逻辑的变化,其对政治生活与政治发展的影响在于对人们的政治心理产生不可忽视的影响。后政治传播时代的到来催生了有别于传统政治心理的"后政治心理"与"后政治认同"。"后政治心理"与"后政治认同"是网络政治人在社交媒体的政治传播环境中对政治生活的自发心理反映,具有显著的心理特征。从传播效果而言,"后政治心理"在网络空间的蔓延会给网络政治生活带来相应的政治风险。

(一)"后政治心理"特征与风险

1."后政治心理"的生成特征

"后政治传播"催生"后政治心理",建基于社交媒体时代的政治传播不再受到地理空间与物理时间的限制,政治新型的传播能在极短的时间内实现社会化甚至全球化传播,新政治传播模式对政治人的政治自主性、选择性和立场性产生的影响共同推动了"后政治心理"的形成并具有以下特征:

(1)底层化与碎片化的心理主体

政治人是政治心理的主体,网络政治人是"后政治心理"的主体,网络政治人是政治人的网络延伸,"后政治心理"的底层化是指在后政治传播环境中原本处于传播金字塔底层的普通大众开始成为政治心理的自我塑造者,而传统政治传播秩序下的政治精英已经失去政治传播的优势地位,其对社会大众的政治心理的塑造能力降低。后政治传播秩序是自下而上的传播与自上而下的传播并存的格局,其中自下而上的传播秩序对自上而下的传播过程具有牵引作用,也就是说传统政治精英在后政治传播时代的政治传播策略,更需结合底层民众的信息需求和心理需求,来制定并进行调整,使其政治传播适应底层政治发展,以获取更大的传播效益。底层政治及其传播环境的建构使得自我诉求明确,政治意识凸显的底层政治人,在政治生活与政治传播过程中,成为影响社会重大政治议题建构的重要力

---

① 参见张爱军:《后政治传播时代政治认同的特征、趋势与建构困境》,《湖南师范大学社会科学学报》,2021 年第 2 期。

量。①底层政治的发展及其传播环境的变化成为倒逼精英政治选择与调适的机制,政治主体的传播地位与政治影响力的变化致使政治心理的塑造力量出现底层化倾向。在后政治传播时代,底层群体形塑"后政治心理"的重要机制是底层情绪对底层认同的强化。底层认同在社交媒体的情绪比较中得以强化。社交媒体时代的信息传播弥补了前社交媒体时代横向传播范围有限的不足,社交媒体中的横向传播扩宽了不同阶层之间的社会比较范围,阶层差异越大,社交媒体中的底层情绪共鸣越强烈,阶层比较带来的相对剥夺感致使民众产生社会弱势心理,对社会资本乃至政治资本认知失衡,更助长了民众的弱势心理,致使底层认同出现泛化。

网络政治人的底层身份与认同具有流变性,使得"后政治心理"主体具备碎片化的特征。"后政治心理"的碎片化是指"后政治心理"的主体构成既不具有稳定的结构特征,也不具有完整的阶层构成。碎片化主体形成的原因在于两点:一是社交媒体环境中的身份构成具有某种程度的虚拟性,它与现实生活的身份建构不同,不是建立在以经济基础、文化背景、政治地位等硬性划分标准之上,而更多的是基于虚拟环境的情感建构引发的底层认知,因而网络政治人的身份构成不具有稳定性;二是网络政治人的阶层流动性更强,也就是说,在现实生活中处于社会优势地位的人在虚拟的网络空间中不一定仍然占据社会优势地位,这是由网络的自由性和虚拟性决定的。因而网络政治人不具备完整的阶层构成。

(2)反理性与反权威的政治认知

政治认知、政治情绪、政治态度与政治行为是政治心理的结构性因素。"后政治心理"生成的基础性逻辑是社交媒体对政治认知环境的改变。政治认知作为政治心理的基础性结构因素,是政治认知主体、政治认知环境与政治认知客体三者互动的结果。社交媒体时代的政治认知不同于现实生活的政治认知,现实生活的政治认知是政治人基于知识积累与经济人理性的立场对政治系统与政治现象的体认,是一种对政治生活的较为理智的判断,对社会主流政治意识形态的认知具有同一性和稳定性。社交媒体对政治传播环境的改变影响了网络政治人的认知情境,社交媒体通过政治意义关系化传播、去中心化传播与主流媒体主体性"矮化"等方面造就了网络政治人反理性与反权威的认知倾向。

社交媒体对政治意义的关系化传播以网络政治情感为基础,消解了网

---

① 参见张爱军、孙玉寻:《社交媒体时代"后政治心理"的特征、风险与优化》,《现代传播》(中国传媒大学学报),2020年第12期。

络社群的认知理性。"内容"与"关系"是社交媒体政治意义关系传播的双重维度,社交媒体的信息传播与社交机制将具有相同情感诉求与利益诉求的个体聚集在一起形成具有情感基础的政治关系群体。这种网络政治群体的形成影响群体内部成员的政治信息选择性行为与政治判断,这会延伸到现实生活中,关系到传播的网络社群互动中,基于情感偏好的政治交流与沟通遭受网络政治人的平面化解读,政治认知因而失去了理性基础。社交媒体去中心化的传播模式对主流政治传播的消解与背离意味着对权威的抗拒与否定。去中心化的政治传播使政治传播的主流政治话语权经受平民化、平面化与开放式话语的冲击,进而对主流政治及其意识形态传播的一元主导模式下的理性、逻辑性与统一性进行了解构,单一主流政治及其意识形态的权威被多元化的非主流政治传播削弱,其网络生存空间被挤占。这种情况进一步发展的后果是,主流政治媒体在社交媒体的政治传播中的主体性被矮化,显著的表现特征是主流媒体的主导与垄断地位缺失,主流政治话语权威被边缘化。

(3)极端化与裂变化的政治情绪

政治情绪与政治情感不同,政治情绪在政治心理的结构性过程中是较低层次的心理反应,而政治情感则是较高层次的心理状态。后政治传播时代的政治情绪凸显的是网络政治人在政治心理形塑中的流变性和不稳定性。社交媒体政治传播具有显著的平面互动性、虚拟自由性与情绪聚焦性等特征,这些特征是"后政治心理"政治情绪极端化发展的传播机制。网络政治人的政治情绪是政治人对现实政治发展与政治运行的低层次心理在社交媒体平台中的再现、聚合、发展与变异。社交媒体政治传播特有的传播特质使得现实社会落差感在情绪互动传播中存在更具波动性与流变性的可能性与现实性。社交媒体的关系化传播使社会关系的联结度得以强固,社交媒体的平面化传播扩宽了社会比较的范围,个人境况在社交媒体空间中被放大,剥夺感得以强化,致使网络政治人的心理失衡并有极端化蔓延的趋势。

"后政治心理"的政治情绪的裂变性是由情绪传播的合理化及同意弱者的舆论风暴共同造就的。社交媒体空间的社会交往并非一片和谐,政治传播也并非总是在主流政治的主导之下,网民的政治心理也并非总是积极健康的。社交媒体的社会交流是现实社会交流的组成部分,现实社会中的情绪立场、政治心理同样会在社交媒体空间中呈现,且可能被放大、扭曲和极端化。比如,现实生活中的仇富、仇官等憎恨心理在社交媒体空间中的大肆传播极易在不良舆论的推波助澜下产生报复与革命心理,这不仅会影响网络社会的秩序,也会影响现实生活的稳定。网络政治人的憎恨情绪会导致公共权力与公民权利的关系紧张,使受到憎恨心理支配的网民对权力主体产生疏离。情绪裂变成为社交媒体政治传播风险产生的重要动员机制。网民所释放和宣泄的情绪在网络空间持续发酵为"情绪流",在虚拟空间肆意"流动",成为引发网络群体事件、网络抗争事件等社会风险的催化剂。

(4)主流化与去政治化的政治行为

政治心理变化最终要通过政治行为呈现出来才会对政治发展产生实质性影响。"后政治心理"主体的底层化与碎片化、政治认知的反理性与反权威、政治情绪的极端化与裂变化对主流政治及其意识形态的传播带来了冲击。因而也就引发了主流政治对网络政治传播及其行为的政治治理。"后政治心理"的政治行为的主流化与去政治化就是网络政治人为确保政治安全,规避与政治治理要求的正面冲突,将自身的政治诉求的表达从直接正面的方式转为隐藏的方式。

主流化的政治行为选择是指"后政治心理"的主体,即网络政治人以符合主流政治价值要求和行为准则的方式进行政治表达的方式,主要表现为网络政治人对主流政治及其意识形态进阶局部性的严肃拆解,简化主流政治价值的内涵,在自我诉求表达的过程中借助已经被拆解的主流政治的价值元素来重塑自己的话语权,其目的是规避主流政治的技术治理。网络政治人的主流化行为调适是在网络政治治理的界限范围内的意识形态隐藏,以解构主流来获得政治表达自由。网络底层政治是各种极端政治意识形态的生存空间,因为底层缺乏理智的政治判断,其政治认知、政治情绪与政治态度容易受到非主流政治意识形态的形塑与引导,因而会影响底层政治稳定与主流政治发展。网络政治强势治理的对象是影响甚至危害政治稳定的极端政治思潮,极端政治主体为了免于被治理会选择与其自身立场相一致或相关联的网络事件来突出或强化主流政治价值的社会实践效果的现实差异性,以对公共权力和主流政治展开具有针对性的批评与具备合理性的质疑。去政治化的行为调适是另一种规避网络政治治理的行为选择,指的是网络政治人的政治行为具有非政治性。有研究指出互联网具有"去政治化"的功能,它反映着民众互联网利用中更低的政治倾向性、更高的娱乐导向性的特征。①去政治化的行为就是网络政治人从娱乐、经济、文化等非政治的方式来隐藏自己的政治态度。去政治化不是不参与政治、不关心政治,

---

① 参见孟天广、宁晶:《互联网"去政治化"的政治后果——基于广义倾向值匹配的实证研究》,《探索》,2018年第3期。

而是以变相间接的方式参与政治，是以矛盾转移的方式影响政治。

2."后政治心理"的风险

"后政治心理"可能产生的政治风险与其特征具有逻辑关联，其风险样态表现为四个方面：

（1）"后政治心理"导致群体区隔，破坏社会共同体建设"后政治心理"主体的底层化显著特征，形成的网络底层群体及其群体认同对网络社会共同体形塑产生的破坏作用是基础性的，在此基础上形成了不同的群体区隔形式。

首先，精英群体与底层群体的区隔。从心理角度来看，社会不公平感是破坏精英群体与底层群体认同的社会心理基础。社交媒体时代的政治传播能让现实政治生活的境况在网络空间得以放大，现实政治生活中处于劣势地位的群体在社交媒体平台上容易成为对政治社会充满愤懑的群体，这种来源于对现实政治资本感知失衡的心理极易被转化为对政治优势群体的仇恨，这就导致了政治资本认知比较中的两类群体的认知差异，精英群体在网络空间的政治意识形态传播极易成为底层群体的心理刺激因素，不仅会加剧两个群体的分裂，还会消解政治意识形态的传播效果。网络社会的底层政治表面上受到政治心理的驱动，实际上是受到社会利益失衡的根本性造就的。经济利益失衡导致政治利益失衡，网络底层群体对社会经济利益失衡的心理认知会激发群体抗争意识，对经济利益的抗争会转化对政治利益的平衡追求，这种转化的关键性中介是对政治领袖的追随，以求政治利益的平等诉求得到集中代表与表达。政治利益平等诉求若得不到满足，将加深底层群体与精英群体的区隔。

其次，底层群体之间的区隔。"后政治心理"的主体碎片性意味着底层群体并不是一个稳定的阶层，政治认知的差异同样使得底层群体之间产生差异化的价值认知区隔。不同的底层群体因不同的利益诉求而聚合，也因不同的政治认知而分化。社交媒体时代的底层政治传播以非理性传播为主要特征，由非理性传播形成的底层群体认同受到社交媒体圈层传播机制的影响形成底层群体认识闭合，在群体传播的非理性暗示与感染中极易形成群体认知极化，这就造就了底层群体之间的认知态度与行为区隔。底层群体之间的区隔不仅会影响网络社会的底层政治整合，还会影响底层政治的健康发展。

最后，主流政治群体与非主流政治群体的区隔。"后政治心理"下的政治传播容易导致意识形态之间的差异，主流政治群体与非主流政治群体区隔的特殊性在于，它既包含了底层群体与精英群体的区隔，也涵盖了底层群体间的区隔,此外还突出了不同区隔在意识形态领域的呈现表征。"后政治心理"基础上的意识形态传播及其引导下的政治行为会以极端化的、隐藏式的方式冲击主流意识形态的地位与传播效果。非主流意识形态群体通过对网络焦点事件的舆论极化,利用底层群体的仇恨心理、非理性的情感传播、政治平等诉求表达来变相质疑主流政治及其意识形态,这种质疑具有个人质疑向集体质疑转化的趋势,进而导致政治信任异化。

（2）"后政治心理"勾连"后真相"政治破坏政治稳定。"后政治心理"主体的政治情感、政治认知与政治行为的特征尽管表现不同,但是究其根本都能归结到"非理性"这一情感表现上。"后政治心理"主体的非理性心理引发了政治认知的反权威性、政治情绪的极端性及网络政治治理下政治行为的隐蔽性。非理性的"后政治心理"与"后真相"传播具有情感同构性,二者都将理性置于情感之后,质疑心理是二者在信息传播过程中的主要心理体现。"后真相"政治是政治情感压倒政治理性的政治,"后政治心理"与"后真相"政治的勾连影响政治社会的稳定。

首先,"后政治心理"勾连"后真相"政治导致政治理性坍塌。底层政治环境是"后真相"政治生根发芽的空间,底层主体的"后政治心理"导致底层群体与精英群体区隔,"后真相"传播淡化现代政治中的精英色彩,二者共同催生的"后真相"政治遵循价值先于事实,情感优于理性的基本逻辑,引发建基于理性人假设基础上的政治理性判断陷落。政治理性的发挥在很大程度上由政治精英主导,政治理性的塌陷意味着政治精英的议题引导与建构能力降低。

其次,"后政治心理"勾连"后真相"导致相对主义盛行。当非理性情感成为人们评价与衡量政治效果的认知标准时,政治认知就开始立场化、碎片化和相对主义化。非理性政治传播主推政治情感与政治判断的一致性判读,符合人们情感认知倾向的政治传播被认为是有效的、有意义的,不符合人们情感认知倾向的政治传播则是不合理的、无效的。换言之,政治传播的认知合意性被碎片化,社会认同的认知共享视角被瓦解,取而代之的是认知的多元化,认知视角分化下的客观世界没有统一,只有相对。

最后,"后政治心理"勾连"后真相"滋生极端民粹思潮,破坏主流政治意识形态权威。如前所述,"后政治心理"勾连"后真相"导致的政治理性坍塌与相对主义盛行,成为社交媒体时代政治传播中极端民粹思潮产生的因素。极端民粹主义思潮与"后政治心理"具有底层主体同构性、认知逻辑自洽性与心理后果倾向性等关联。"后政治心理"的底层主体是极端民粹主体必须借助生存的物质载体,是极端民粹主义思潮进行社会抗争的心理武器。反理性与反权威的底层政治认知与极端民粹主义的反主流、反建制、反精英的根本特性具有一致性,这是极端民粹主义建构民粹主义意识形态认同的机制。极端化与裂变性的"后政治心理"情绪是极端民粹主义的社会心理基础,建构在社会不良情绪基础上的民粹主义通过利用特殊语境和情景煽动不良情绪在社交空间蔓延,使之发酵为一种具有批判性的、偏激的社会话语,更有甚者会利用公共情绪影响公共议题造成公共舆论极化,严重影响政治稳定。

(3)"后政治心理"勾连"后真相"产生后社会舆论破坏政治传播秩序。"后政治心理"与"后真相"传播影响下的社会舆论更加凸显与舆论情感第一的原则,反理性与反权威的政治认知解构了公共舆论的公共性和理性,使之较为明显地显示出与传统社会时代舆论的不同特征,严重破坏了政治传播秩序。

首先,后公共舆论的个体立场性凸显。"后政治心理"与"后真相"传播影响下的社会舆论强调个人情感的立场性,公共舆论的产生与传播最初始于情感立场鲜明的个体在社交媒体平台上的情绪渲染,社会舆论个体情感立场的强化消减了社会舆论的公共性,增加了社会舆论传播及其影响的不确定性。社会舆论个体情感立场的强化表明舆论主体对权利的诉求更加强烈,对公共权力的要求愈发严格。社会公共舆论是涉及公共权力的舆论,基于"后政治心理"生成的网络群体性舆论、政治抗争性舆论是对现实公共舆论的解构、聚焦、重构与转化,此类公共舆论的传播对网络政治的回应性、公权力运行与舆论话语引导提出挑战。

其次,社会舆论机会主义化。社会舆论机会主义化是指公共舆论与社会舆论间的机会主义转化。社会舆论与公共舆论存在差别,从范围上讲,社会舆论涵盖了公共舆论。从舆论指向上看,社会舆论更强调社会问题的解决,公共舆论更具有政治指向性,指向政治权力的运作、政治系统的运行与政治制度的建设等方面,兼具"后政治心理"与"后真相"传播特征的底层主体是社会舆论与公共舆论机会主义转化的推动机制。当底层政治人的政治感知极具变动时,公共舆论极易形成,公权力介入社会舆论就会使之转化为公共舆论。社会舆论的社会性体现在舆论的社会痛点激化,关键社会问题得不到有效解决,社会问题就会转化为政治问题,公共舆论激化可能引发社会对政治的制度性思考和质疑。

最后,公共舆论出现次生裂变。公共舆论的次生裂变延伸了公共舆论的政治影响范围与传播涟漪效益。公共次生舆论裂变化聚焦特殊群体的具体利益,国家利益认同基础遭受动摇,瓦解网络社会整体公共情感和信念认知,扭曲政治事实建构想象的政治,并排斥主流权威,游离于政治之外,通过各种消极政治态度对公共权力和公共政治舆论进行调侃、讽刺、嘲弄、挖苦。

(4)"后政治心理"勾选"后真相"产生消极政治态度,消解主流政治价值共识。"后真相"的政治传播推动了网络政治治理的进一步强化,主流化与去政治化的"后政治心理"行为也被"后真相"传播推向新的高度,在网络政治治理强化的背景下,网络政治人产生各种消极的政治态度,这在一定程度上消解了主流政治价值共识。

首先,产生政治焦虑破坏政治价值。政治焦虑程度与政治治理程度成正相关关系,当政治治理的程度越高时政治焦虑感就越高,当政治治理程度越低时政治焦虑感越低。"后政治心理"勾连"后真相"建构的政治环境对政治传播秩序具有破坏作用,严重影响主流政治传播及其政治生活的有序发展,维护政治生活的秩序需要借助高效的政治治理。强化了的价值心理诉求与网络强势治理之间的张力加剧了民众的价值迷失感。价值迷失感反向促成了网络社会中多元政治思潮的传播。主流化与去政治化行为的政治偏好与政治意图不易察觉,表达了特定主体的政治期望。政治表达和价值期望与现实的落差越大越容易产生政治焦虑。以非理性化、群体化的方式表现出来的政治焦虑往往会引发群体性事件、降低政府公信力。

其次,产生政治冷淡导致政治疏离。政治冷淡是无效政治产生的前奏。去政治化的政治行为使得"后政治心理"主体产生政治冷淡。政治冷淡意味着低效能的政治参与,政治介入的程度、所产生政治影响的大小及对政治过程的认知等方面形塑了民众的政治冷淡态度。政治冷淡态度的生成将阻碍底层政治参与加剧精英与大众的疏离,体制内与体制外疏离增加政治发展的不可预测性。

最后,产生政治犬儒致使政治信仰缺失。政治犬儒主义的明显特征是政治参与者的政治信念感缺失,政治犬儒主义是对政治宏大叙事与整体性意识形态的颠覆,以玩世不恭的姿态完全否定现代政治的价值意义,拒绝参与政治、批判政治。"后政治心理"下的政治犬儒主义将戏谑政治、调侃政治、游戏政治、嘲讽政治、表演政治视为政治常态。

(二)"后政治认同"的特征与建构困境

"后政治认同"是后政治传播时代政治认同的新特征。后政治传播时代的政治认同建构着眼于政治身份的形塑,政治认同的新特征是其建构困境的基础。

1."后政治认同"的特征

社交媒体时代的后政治传播的多元化传播、虚拟流动、去中心化与反权威化等传播特征与后现代差异政治的解构性、冲突性、复杂性、虚拟流变性等特征耦合，后现代政治传播特征与后现代差异政治特征生成"后政治认同"，使其呈现以下特征。

（1）多元化。多元化是后政治认同的基础性特征。后政治传播环境下的政治认同建构处于政治身份差异显著的开放式空间，政治认同主体的差异性和特殊性得以凸显。"后政治认同"的形塑与传统政治认同的形塑过程相比，后政治传播的多元化认同解构了传统政治传播的一元化认同。在传统的政治传播过程中，政治认同的建构主体仅局限于政治精英的意识形态传播，这种政治认同的建构过程由国家意识形态主导，突出国家共同体的集体认同。后政治认同的建构过程则是具有多元化差异身份主体来分化建构的，政治认同受到多元主体立场的影响，呈现出碎片化趋势，复合主体的开放立场致使认同主体在复杂的网络关系中变动立场，主体被嵌入复杂的网络关系和网络群体中，拥有不同的立场和不同的集体认同。

（2）流变性。后政治认同的流动性由网络虚拟主体身份的流变性与虚拟群体身份的流变性两部分构成。网络虚拟主体的身份流变性是指网络政治人的网络身份与现实身份既有重合也有分化。网络政治身份与现实政治身份的重合表明"后政治认同"在网络虚拟空间与现实社会具有同一性，现实社会中的政治认同是什么样的，网络虚拟空间中的政治认同就是什么样的。网络政治身份与现实政治身份的分化意味着"后政治认同"在网络虚拟空间中与现实社会中具有变化性，也就是说，现实社会中的政治认同与网络虚拟空间的政治认同并不总是一样的。同理，网络政治人的虚拟群体身份的流变性也存在空间身份的重合与分化。网络虚拟主体与虚拟群体的流变性意味着主体与主体之间，群体与群体之间的关系面临着解构与重构的过程，身份认同不断被定义和再造。

（3）离散性。后政治认同的离散性在多元性、碎片性与流变性等基础上生成，离散意味着对中心的分化、对权威的背离、对一元的解构。离散性的后政治认同加深了政治认同的多元性与不确定性、关系性与建构性。离散性认同的核心表现是多元碎片化的认同主体在富余的价值选择与判别中对政治主流价值认同的离散；社会转型发展引致的社会不公平感在网络多元化主体的话题聚焦讨论与参与中从心理失衡上升为对社会制度质疑与思考的离散性认知，以及在此基础上导致主体认知分化下主流权威的悬置。

（4）重叠性。"后政治认同"的重叠性是指政治主体的认同存在传统性认同与现代性认同的历时性重叠、本土性认同与西方式认同的共时性认同。传统性认同与现代性认同的历时性重叠是指传统政治资源与现代政治资源在网络社会的共存,由此形成的政治认同既包含了对传统政治资源的认同,也包含了对现代政治资源的认同。本土式政治认同与西方式政治认同强调的是政治认同的国家属性。本土性政治认同是在传统政治资源基础上形成的政治认同,西方式政治认同侧重于对西方政治价值体系甚至是意识形态的认同。后政治传播时代的政治资源存续不论是历时性的还是共时性的,都具有碎片化、残片化的特征。残片化价值建构残片化的概念世界,残片化的历时性重叠形塑了顺从与对抗、等级与平等的冲突。残片化的共时性重叠导致认同主体对西方价值的断章取义,也导致认同主体对本土价值与西方价值在实践与观念上的差异化甚至呈反向性比较。

(5)失衡性。"后政治认同"的失衡性是影响政治意识形态与政治发展的核心因素。失衡性政治认同是指主体的认同基础在经济、政治与文化等结构性认同上的失衡,失衡性认同导致主体情感重心的转移。政治认同与利益存在紧密联系,经济利益是社会生活开展的物质基础,经济发展所导致的社会利益分配失衡在网络空间中得以围观、聚焦、放大和激化传播,引致认同主体的怨恨、偏私、抱怨等失衡社会心态。在利益获得感的失衡心理下,政治平衡机制也会失衡。以效率为核心的经济功能理性与政治领域的公平正义、完全参与的价值主张和文化领域的人文关怀及自我实现的价值倡导出现平衡断裂,民众的经济利益失衡感会蔓延至对政治权威的质疑以及与之相关的文化精神幸福感的情感重心转移,增加了整合社会政治认同难度。

(6)互动性。"后政治认同"的互动性是在后政治传播的横向传播结构中形成的。横向的政治传播建构具有互动性的政治认同,这是自发政治认同到自觉政治认同的转变过程。横向政治认同关涉的是差异性群体之间的关系状态。如果差异性政治群体之间具有良好的政治互动,就会促进纵向政治认同的形成,这又取决于网络政治的良法善治。良法善治决定了差异性群体的互动边界,在良法善治之下,即使存在群体差异认同,也难以因群体差异而产生群体极化,群体差异存在范围,不至于无边界蔓延,产生对纵向政治认同的威胁。

(7)虚拟性。"后政治认同"的虚拟性是公民权利公共权力影响下的新特征,指的是公民权利与公共权力都受到资本的影响或支配,资本可以通过关闭网络账号而使虚拟公民权利或公共权力"死亡"。这直接导致网络政治认同处于"休眠"状态,公共权力对网络的服务与管理或处于悬置状态,或处于运转失灵空转状态。公共权力为了增加网络政治认同度而采取的制度措施、政策措施、法治措施、意识形态灌输措施因为"休眠"而进入"无人区"。公共权力的虚拟性具有与资本权力的相似性，公共权力对网络公民权利销号，同样导致虚拟公民"死亡"，这样做一方面可以维护现实社会和政治的稳定，防止网络舆论极化；另一方面，虚拟公民的"死亡"反而使舆论更具有极化的可能性与现实性，导致现实社会和网络社会的风险。"唇亡齿寒"效应、间接受害效应、寒蝉效应都会相应而至，导致网络政治认同度降低。

2."后政治认同"的建构困境

社交媒体时代的政治传播主体身份在虚拟网络空间的层次化与趋利化、虚拟性与流动性、隐匿性与社会化等行为特征从不同方面导致了"后政治认同"发展建构的三种困境。

（1）"后政治认同"主体身份的层次化与趋利化导致政治认同建构的越级化困境

政治认同从高到低，从具体到抽象的结构层次是政策认同、政党认同、制度认同、国家认同与价值认同。"后政治认同"的越级化建构是指政治主体对政治客体的认同并不是按照从底层次到高层次、从具体到抽象的次序进行，而表现为直接对高层次的抽象的制度认同、国家认同与价值认同进行建构。"后政治认同"建构的越级化是网络政治人对现实利益失衡感知的结果。网络社会对政治人的身份建构更具有层次性，这种层次性的网络身份不仅是现实利益失衡感知的体现，也是网络社交媒介建构的结果。"后政治认同"主体身份的层次化及其利益失衡感知在网络社交媒体环境的演绎下引发政治认同，从政治身份意识到政治行为再到政治价值呈现的相应危机。

首先是网络多元身份意识挑战制度认同。身份意识受到社会环境的影响，政治身份意识受到政治环境的影响。网络身份政治及其意识建构是现实社会政治关系的不平等结构、社会资源分配不公平、权力关系不对等所产生的群体性身份的不平等差异认知在网络社会的极化呈现。政治认同是社会政治意义与政治经验的来源，这是因为涉及政治自我建构的社会过程更具稳定性。网络社会的政治意义建构是在跨时空的政治自我维系下的原初认同，这种原初认同就是构造了他者认同。"后政治认同"主体的利益失衡感知及其指引下的政治行为在多元化的网络政治意识形态的作用下，产生不同于既有政治制度认同的"对抗性认同"。这种"对抗性认同"从差异多元的身份建构"边缘——中心"非主流政治意识对抗主流政治意识，建构差异化政治的发展趋势，这将挑战既有的社会制度，引发人们对制度的合理性与合法性质疑。

其次是网络对抗政治破坏国家认同。反权威、反正统、反特权是对抗政治的核心特征，是对现代政治的中心化、标准化、价值唯一性和至高权威的解构，是边缘对中心、非主流对主流的反抗。在"后政治认同"生成的后政治传播时代，网络个人主义盛行致使多元利益群体演进为利益性的对抗群体；网络媒介对族群认同的反向塑造。抗争性族群意识的建构是边缘弱势群体在主流政治压力下对现行规则秩序的反抗，追求政治关系与社会地位平等化的政治尊严的自发性心理反应。

最后是网络价值极化撕裂社会共识。"后政治认同"建基于多元异质、情感与欲望的心理基础上，与理性政治价值的同一共识、公共利益等存在认知张力，存在网络政治价值极化的可能性与现实性。网络政治价值极化表现为社会共识分化、特殊群体的诉求超越公共利益追求等。"后政治认同"与现代政治价值理念的认知张力存在的重要原因是现代媒介技术的升级与超域化发展。媒介技术升级带来了多元政治的话语张力，主流权威构建共识的话语优势丧失。现代媒介技术的超域化发展削弱了身份认同的历史文化基础，使得政治身份建构在现实空间与网络空间的交叠共存中消解国家认同的社会同构性基础，引致政治的碎片化发展。

（2）"后政治认同"主体身份的差异身份认同对契约政治的消解

现代政治是契约政治，政治认同建构与立宪民主的核心契约具有一致性。契约政治以立宪民主为基础促进整体性的政治认同，政治认同主体在政治生活中是权利与义务的统一体。"后政治认同"主体身份的虚拟性和流动性使契约政治中公民身份的权利与义务相统一的关系变得模糊。换言之，"后政治认同"主体身份的虚拟性与流变性在一定程度上是对现代契约政治的消解。

首先是"后政治认同"主体的公民身份意识扭曲。在契约政治中，公民身份不仅是政治权利的体现，还是人权的集中表达从宪政层面得以阐释和保障。现代公民身份由法律规定，通过法律契约赋予不同身份的人以共同体名义，从权利与义务辩证统一的角度探讨个人与社会的关系。"'公民身份'强调不同种族、性别、阶级和生活方式的所有人，拥有一致的国家认同和政治信念，承担平等的政治责任和社会义务。"[①]后政治传播时代认同主体"自我"身份意识在网络媒介具有的民主想象和权利赋予，政治参与权利意识提升，个人权利行使在虚拟和流动的空间失去社会和法律约束而变

---

① 庞金友：《身份、差异与认同：当代多元文化主义的公民观》，《教学与研究》，2010年第2期。

得随意。主体在随意行使权利的同时侵犯了他人权利,致使虚拟空间充斥着嬉笑怒骂、人身攻击、人肉搜索、道德审判等不尊重权利与义务的行为。

其次是"后政治认同"的非主流身份对主流身份的"平等"排斥。非主流身份对主流身份的"平等"排斥是指,非主流群体在身份意识不断提升的过程中将政治平等作为基本诉求来寻求政治尊严与政治认可,激进的平等诉求将自我身份平等置于中心, 将主流群体的平等权利和诉求视为与己无关,排斥在自我政治诉求之外。"这样的诉求常呈现为寻求高人一等地承认得到'特大激情',边缘群体成为人们关注的主要人群,而主流群体反倒成为人们申斥的对象。"①非主流身份对主流身份的"平等"排斥是非主流群体通过群体意识放大对"平等"价值的情感,是其政治诉求排他性、圈群化与伪善性等心理表现,在以自我为中心的圈群认同建构中强化与主流政治身份平等地位与权利的心理, 并在心理诉求表达的过程中排斥主流群体,赋予主流群体非平等的话语状态。

最后是私群利益对公共利益的超越。公共利益指向是现代政治契约建立的合法性基础。政治传播时代的身份意识建构不以公共利益为指向,而将个性化的群体利益作为群体情感与行为动员的宗旨,即使是人数上占大多数的群体因利益谋和暂时结合为共同体,其所表达的政治诉求也只是基于特殊利益的诉求,即成为卢梭口中的"众意"与托克维尔所指的"公众中传播的舆论",私群利益超过了社会共同体的利益,削弱立宪民主之根基。

(3)"后政治认同"主体的主体性沦丧引致政治认同宰制化

"后政治认同"主体的身份具有隐匿性和社会化的特征。主体身份隐匿性指主体的意识行为是主体的意识形态隐匿,主体的社会化是指政治认同主体与现实社会中的一样,都是处于一定社会关系中的主体,但是网络社会化身份让主体的认知、情感、态度与立场等具有跟随性。"后政治认同"的主体性沦丧是主体隐匿身份与网络社会化身份的结果,政治认同宰制化有三种表征。

首先是身份宰制。身份宰制首先是在后政治传播时代网络社会中的多重身份使主体能在身份流变的过程中破坏现实社会中政治人行为的权利与义务规定性的平衡,模糊了作为公民"自我"的存在,容易在少数特殊的意识支配中陷入对公民"自我"身份的无方向迷茫中。网络身份的隐匿流变是不同政治诉求的变相表现, 这为既有政治系统识别政治诉求造成了困难,社会共识整合增加,政治主体之间的政治反馈与政治互动的效率降低。

---

① 任剑涛:《在契约与身份之间:身份政治及其出路》,《当代美国评论》,2019 年第 2 期。

网络主体的政治身份及其行为成为一种虚拟的符号代码,这意味着网络空间中关系与价值对主体的束缚减弱,主体的存在强化了工具理性倾向,对于少数特殊"自我"利益的强烈诉求高过了社会公共利益。

其次是信息宰制。政治信息成为身份建构的隐匿性力量,社会民众政治认同形塑过程中受到网络政治信息宰制体现为两点:一是受主体信息选择性接触与媒介信息推介机制影响,政治认同表现出"自我"信息宰制特征;二是受信息圈层传播影响,政治认同的群体信息宰制显著。群体信息的传播、接受与内化构筑群体心理,个体"自我"在群体关系中异于隐藏真实意见与立场,成为"沉默的大多数"。

最后是价值宰制,"后政治认同"身份宰制和信息宰制是主体价值宰制的浅层表征。价值宰制是认同主体的价值认同在多元意识形态的博弈下态度与行为受到牵制的影响状态。从政治认同建构的传播环境来看,在主流价值处于绝对传播优势的情况下,社会政治化的同质性培养同质性价值认同,认同主体的价值受到主流价值观的引导。然而后政治传播时代社交媒体弱化了主流政治价值的引导力,社会价值认同的异质化趋势显著。强调异质群体身份政治实施社会动员的着力点在于,突出主流群体与边缘化群体之间政治身份的不平等性导致压迫与被压迫的关系。非主流价值之间的不可调和性增强了异质群体价值认同的张力,社会价值认同出现媒介化迁移。媒介化社会民众的注意力随媒介事件转移,非主流价值主体通过赋予媒介事件以道德正义感唤起民众集体记忆,并以合理化自身的价值号召,排斥和消解异质价值的传播。

第二章　网络技术：
网络政治意识形态传播的重要方式

自媒体、社交媒体、大数据、智能算法、人工智能等技术建构了以技术特性为基础的政治意识形态传播环境，重塑了政治意识形态传播的复杂生态。就网络技术与网络政治意识形态的关系来看，二者的关系是网络技术为政治意识形态的传播研究提供了平台和视角。从研究成果来看，网络技术与网络政治意识形态传播规律的研究主要基于各项网络技术的特征，可从四个关系角度展开。

一是从媒介功能的关系角度分析不同网络技术在不同主体的意识附加与权力运用下对网络政治意识形态传播所具有的效益与风险。具体表现为主流政治主体、非主流政治主体、社会公众主体与资本主体等借助网络技术所诉诸的利益与目标指向之间的差异对网络政治意识形态产生的多维度、多领域和多层级的影响。

二是从技术理性的关系角度分析网络技术的自主发展与工具理性追求会如何影响网络政治意识形态的发展。这部分研究着重分析网络技术对网络政治生活与现实政治生活所产生的工具理性意义，比如，拓展了网络时代的政治参与、促进了网络政治的民主发展、提高了政治运行的有效性、强化了政治意识形态传播的社会化、增强了权力运行的社会渗透性等。但同时也指明了网络技术的自主发展有摆脱人的意识与控制的趋势，存在对社会群体、个人的技术规训风险，将导致人的权利向技术权力让渡，技术权力集中与制约失衡的风险。

三是从价值伦理的关系角度分析网络技术的运用对政治民主与政治正义的价值研究，探讨网络技术对政治生活中的价值伦理构建所具有的技术优势和意识形态风险。这一关系视角下的研究着重分析在网络技术的运用下现实中的政治民主与网络中的政治民主、现实中的政治正义与网络中的政治正义关系之间所出现的新特征与新变化，由此分析网络技术对政治价值的构建意义与消解影响。

四是从技术治理的关系角度分析国家抑或政府在政治实践与政治观念双重维度中的网络技术使用能为国家（政府）治理带来的积极意义与消

极影响。技术治理关系的研究关涉"国家－社会"的关系变化，主要分析国家的网络技术治理对不同主体间的关系产生的影响，其研究面涉及以上三种关系视角的研究，是网络技术运用下的宏观研究与微观研究、实践研究与意识形态研究的结合。简言之，网络技术对网络政治意识形态传播的关系研究围绕技术特性，对网络技术所具有的政治媒介功能、政治建构功能与政治发展功能进行研究，同时也在此基础上分析其具有的技术弊端、消极影响与政治风险。

作为政治意识形态传播规律的前提研究，自媒体、社交媒体、大数据、算法、人工智能等网络技术的发展建构了政治意识形态传播的政治环境。大数据、算法和人工智能等技术以技术特性搭建了政治意识形态传播的技术网络，围绕技术特性具有相应的政治媒介功能、政治建构功能、政治发展功能。以自媒体、社交媒体、大数据、算法和人工智能为技术基础的网络政治意识形态传播具有以下表现。

一、自媒体是网络政治意识形态传播的重要渠道

作为网络时代的重要产物，自媒体具有不以人的意志为转移的网络技术的客观必然性。自媒体在网络空间发挥着舆论制造、传播、扩散的重要作用，并在此过程中实现了制造、传播、扩散意识形态的功能内嵌，成为网络政治意识形态传播的重要渠道。自媒体的不同使用偏向使得自媒体既为网络政治意识形态的传播创造了积极的条件，也产生了相应的消极影响。

（一）自媒体在政治意识形态传播中的积极功能

自媒体具有的多元、包容、平等的技术特性为政治意识形态的传播创造了利好条件，自媒体在政治意识形态传播中的积极功能表现在以下三个方面。

1.自媒体传播意识形态的积极功能

在网络空间中，多元意识形态力量并存且互相博弈，这些多元意识形态力量主要分为两大类：主流意识形态和非主流意识形态。就政治功能而言，主流意识形态以实现经济文化发展、政治社会稳定为主要目的；而非主流政治意识形态的政治功能则具有双面性，既对维护现有政治社会稳定具有积极作用，也可能带来破坏政权的可能性风险。

（1）自媒体具有传播多元意识形态的功能。自媒体平等、包容、多元的技术特性赋予其传播多元意识形态的功能，自媒体既传播主流意识形态，也传播非主流意识形态。主流意识形态主要包括马克思主义、列宁主义、毛

泽东思想、邓小平理论、"三个代表"重要思想、科学发展观、习近平新时代中国特色社会主义思想等，尤其是党的十八大以来一系列新时代社会主义新思想、新理论、新观点。网络非主流意识形态包括民族主义、民粹主义、自由主义、民主主义及各种思潮派别。网络非主流意识形态具有不依人的意志为转移的客观必然性，是社会主义市场经济发展的必然产物，是社会各阶层、各种利益意识形态诉求在网络上的反映和延伸。① 不同于传统媒体，自媒体有着不同的政治立场，并传播着符合自我政治意识形态取向的政治内容，带来意识形态的多元传播，打破了单一意识形态传播带来的意识形态"肥大症"和意识形态偏狭。

（2）自媒体传播意识形态具有叠加功能。具有不同意识形态立场的自媒体于同一网络空间进行着意识形态的传播博弈，带来意识形态传播的叠加功能。自媒体传播意识形态的叠加功能主要表现为，单一自媒体的意识形态功能叠加和多个自媒体之间形成的意识形态传播叠加。单一自媒体意识形态功能的叠加是指这一自媒体既传播主流意识形态也传播非主流意识形态；多个自媒体意识形态功能叠加是指不同自媒体传播在同一场域不同的意识形态内容，既有传播主流和非主流的意识形态内容的自媒体，也有传播不同性质的非主流意识形态的自媒体。自媒体传播意识形态的叠加功能使得不同意识形态在同一场域形成"对流"，避免极化意识形态的形成。同时，主流意识形态的叠加传播有利于在网络空间形成一种共鸣和累积效应，既有利于提升主流意识形态传播的致效率，又有利于使社会朝着良性的方向发展，使制度朝着良性的方向转变。

（3）自媒体传播意识形态具有平衡功能。主流和非主流的意识形态被同一或不同自媒体在相同场域的传播带来不同意识形态间的碰撞与交流，使得主流意识形态的追随者了解到非主流意识形态的内容，同时也为非主流意识形态的拥护者创造了接触主流意识形态内容的机会和可能，带来主流意识形态和非主流意识形态之间的互动平衡。同时，自媒体传播非主流意识形态的平面式、互动式、集散式传播特点也在不同性质的非主流意识形态内部形成"涟漪效应"和"差序格局"，这如同从不同角度和节点向水中扔进多个石头，分别形成不同的由中心向外扩散的涟漪，涟漪之间相互碰撞，并在相撞之后趋于稳定和平衡。②不同性质的非主流意识形态在同一自媒体场域碰撞之后便达到一种新的平衡，这也在很大程度上为实现网络民

①②　参见张爱军：《自媒体传播意识形态的外控与内律》，《渤海大学学报》（哲学社会科学版），2019 年第 4 期。

主协商、构建网络共识社会创造了有利条件。

2.自媒体对网络主权发展具有积极功能

自媒体和网络主权都是互联网发展的产物,两者具有内在共生的逻辑关系。自媒体是个人借助互联网技术平台通过点对点或点对面的方式将信息进行采集、过滤、加工并传播给他人的个人化媒体。自媒体全方位地影响着人们的经济、政治、文化、社会、法治、伦理、娱乐等方面的生活。[①]"网络主权是一个国家自主进行互联网内部治理与独立开展互联网国际合作的资格和能力,是传统主权在网络空间的自然延伸,也是现实主权在网络虚拟空间符合逻辑的映射。"[②]自媒体对网络主权的发展具有积极功能,主要表现在以下三个方面。

(1)自媒体对网络主权具有环境监测功能。正如阿尔温·托夫勒所认为的,"谁掌握了信息,谁控制了网络,谁就拥有了整个世界"[③]。作为信息生产和传播的重要主体,自媒体在很大程度上掌握着网络世界的主权。同时,自媒体传播具有打破时空边界的特点,丰富了网络主权的内涵、边界与外延,开辟了海、陆、空、天之后的"第五空间",将主权的国家研究对象由领陆、领海、领空领域进一步拓展到了"网络空间领域"。同时,这几个领域也呈现出虚实交织的特点,领陆、领海、领空等领域作为现实的物理空间,具有明显的物理分割边界,而自媒体凭借其虚拟性和全方位的传播特性打破了时空界限,其信息生产和传达活动不仅对现实的海、陆、空、天等领域造成影响,同时也对网络主权领域产生更直接的作用。

(2)自媒体对网络主权具有解释与规定功能。自媒体与网络主权的逻辑同构性使得两者间呈现出一定的关联,自媒体通过告知、解释和规定实现其对网络主权的功能扩张。首先,自媒体的形式、内容与功能的实现均在网络主权的范畴之内,自媒体的话语及传播行为影响着网络主权的权威性建构,因而必须承担向普通网民进行网络主权告知的功能。其次,自媒体还具有对网络主权进行解释的功能。作为解释,自媒体解释和厘清网络主权的内涵、外延、功能、意义,强调维护国家主权和网络主权的意义。作为自媒体的形式,自媒体的自由形式影响到国家现实主权和网络主权。作为自媒体的内容,自媒体主要涉及的是观念形态和软实力的主权。作为自媒体的

---

① 参见张爱军、刘姝红:《自媒体的政治传播功能研究》,《现代传播》(中国传媒大学学报),2017年第12期。

② 支振锋:《网络主权保障网络权利》,《法制日报》,2015年12月25日。

③ [美]阿尔温·托夫勒:《创造一个新的文明——第三次浪潮的政治》,陈峰译,生活·读书·新知三联书店,1996年,第31页。

功能,自媒体只有捍卫国家主权才具有存在的必要性和现实性。①

（3）自媒体对网络主权具有文化功能。文化传统作为一个国家的根本传承,具有独特性、发展性、传承性和价值性,其本身也带有主权的含义。"文化主权是对民族文化传统的继承与认同。文化主权是一个国家、一个民族的立身之本,国家的根本利益所在。国家文化主权维护和发展,往往以文化话语权为主要标志,在交流碰撞和融合中维护国家的文化话语权至关重要。"②文化主权与国家主权存在相互建构的关系,"国家文化主权是国家主权的文化形态,是国家主权在文化领域的集中展现。如果说,国家主权的价值基点在于最大限度地维护和促进国家利益,那么,最大限度地维护和促进国家文化利益就是国家文化主权的价值归依"③。自媒体凭借其多元、开放、包容技术特性在文化的传承和文化主权的捍卫方面发挥了积极的效用,并在传承文化和捍卫文化主权的过程中实现了对网络主权的文化转化。

3.自媒体对公平正义具有积极作用

自媒体具有传播公平正义之责。自媒体与制度、观念、利益在公平正义方面具有互动性。一方面,制度决定自媒体公平正义的价值取向和行为走向、公平正义观念不断向自媒体渗透、利益成为自媒体追求公平正义的内在动力。另一方面,自媒体传播推进制度公平正义化、观念公平正义现代化、利益公平正义差序化。④

（1）自媒体推进公平正义制度化。自媒体在生产、传播政治信息和舆论引导方面发挥着重要作用,其对公平正义观念的传播促使了公平正义的制度化调整,主要表现为自媒体的平等性和互动性强化了公平正义与政治参与、社会治理的互动。就政治参与而言,自媒体打破了以往政治参与的时空界限,降低了以往政治参与的经济成本,各种新政务传播渠道的开辟为普通民众的公平正义诉求创设了新的发声空间,使普通民众对公平正义的政治诉求被纳入制度完善的考量范畴之内。就社会治理而言,自媒体在舆论引导方面具有显著作用,而舆论作为政治社会的晴雨表和风向标在一定程度上反映了民众的政治诉求,自媒体通过对舆论的监测和引导将普通网民对公平正义的政治诉求纳入新的制度建设轨道,有利于协商民主的进一步

①　参见张爱军、秦小琪:《自媒体对网络主权的功能性扩张与规制》,《现代传播》（中国传媒大学学报）,2018年第10期。

②　王京生:《国家文化主权的城市担当》,《中国文化报》,2014年6月25日。

③　张林:《中国国家文化主权及其战略构建论要》,《理论导刊》,2017年第9期。

④　参见张爱军、秦小琪:《自媒体传播与公平正义演化》,《党政研究》,2019年第1期。

实现。同时,自媒体搭建的公共领域也为公民权利与公共权力的博弈搭建了场域，公民通过舆论监督倒逼主流政治方完善制度建设回应网民关切,进一步强化了公平正义的制度化建设。

（2）自媒体推进公平正义观念现代化。自媒体的开放包容性也使得其传播的公平正义带有不同的意识形态属性,既有主流意识形态的公平正义观,也有非主流意识形态的公平正义观。自媒体使得不同意识形态阵营的公平正义观在同一网络场域发生交流和碰撞,有利于防止主流意识形态公平正义观的僵化和固化,并在不同意识形态公平正义观的碰撞过程中集各家之所长,完成观念的现代化升维。同时,自媒体具有一定的议程设置功能,其可通过一定的信息安排影响普通民众的公平正义观念感知,如当下一些社会性群体事件的爆发便是由于民众对公平正义的感知出现偏差所致,自媒体则可通过强化主流公平正义观念的传播力度,强化民众对公平正义的正向感知,推进现代化公平正义观念的普及。

（3）自媒体推进公平正义利益差序性。改革开放带来中国社会繁荣发展的同时,也促使了多元利益格局的形成。"中国从一个分配均等化程度很高的国家,转变成一个在国际比较中收入差距很大的国家"①,与此相伴的是一部分民众对利益分配的不公感和不满,这种感觉经由长期积累形成一种结构性怨恨,表现为仇官、仇富等非常态社会心态的形成。自媒体可通过对主流公平正义观的价值内嵌进行利益分配观念的输出和引导,帮助普通民众认识当下多元的利益分配格局。具体而言,自媒体可通过把抽象利益具化,把宏观利益细化,把集体利益个人化等措施来贴近普通民众的利益认知,进而实现将利益冲突转变为公平正义诉求的目的。

（二）自媒体在政治意识形态传播中的消极影响

自媒体在政治意识形态传播中的消极影响是与其积极影响相对应的,具体表现为自媒体具有传播非主流政治意识形态的消极影响、对网络主权发展具有消极影响,以及对"差序公平正义"具有消极影响三个方面。

1.自媒体传播网络非主流政治意识形态的消极影响

自媒体传播非主流意识形态具有双面性,既能对非主流意识形态的传播带来积极影响,也能产生消极影响。自媒体传播非主流意识形态的积极功能与消极功能的存在恰如一枚硬币的正反两面,但两者间也存在相互转化的可能性,二者间的"度"是促使其相互转化的关键,而一旦失去对"度"

---

① 任剑涛:《群体或阶层:中产的中国问题》,《中央社会主义学院学报》,2018年第2期。

的把控，自媒体传播网络非主流意识形态将造成意识形态谣言传播、极端非主流意识形态传播等极具破坏性的消极影响。

（1）自媒体助长意识形态谣言传播。后真相时代，情绪先于理性，态度胜过立场，人们往往基于情感和信仰来代替事实真相。只要网络信息符合人们的情感与信仰，不管其真实与否，网民会选择有利于自己情感或信仰的信息，主动屏蔽不利于自己情感和信仰的信息，构建自己的情感和信仰体系。[①]由于把关人的缺失，自媒体传播的信息泥沙俱下，真假难辨，网民在通过共同情感和政治倾向的分享得以在网络中汇聚为临时共同体，并在共同体内部建构自己的意识形态信仰，导致不同意识形态圈层间冲突频发，部分群体甚至借助自媒体的力量对异己的意识形态进行造谣诋毁，使得各种意识形态谣言纷起。古斯塔夫·勒庞在《乌合之众》中指出，煽动信众的三个方法为"断言、重复、传染"[②]。意识形态谣言被不同自媒体制造和传播既挤压了主流意识形态的传播空间，又解构了主流意识形态的主导性地位。除此之外，意识形态谣言是因为普通民众的意识形态的正向建构造成了消极影响。

（2）自媒体传播极端非主流意识形态。在自媒体场域，情绪是促使意识形态传播的重要动力。一些自媒体往往通过社会情绪的唤醒传播极端化的非主流意识形态，其常用手段便是放大贫富差距制造社会矛盾，话语行为煽动激化社会冲突，通过对民众怨恨、气愤、不公、不安等负面情绪煽动制造社会群体性事件。如在现实生活中，一些涉及公权力滥用及人民内部矛盾的事件经由自媒体传播至公共领域引发广泛关注，而在事件的发酵过程中，这些事件也被一些自媒体以意识形态的方式进行解构、传播、扩散，使得事件在传播中内嵌着意识形态的传播。在此过程中自媒体也通过极端情绪的唤起达到了传播极端化非主流意识形态的目的，并促使了极端化非主流意识形态向极端化社会行动的转化，影响了社会发展、政治稳定局面的形成。

2.自媒体对网络主权发展具有消极影响

自媒体对网络主权功能利弊共存于一身，两者恰如一枚硬币的双面，在掌握"度"的前提下，自媒体对网络主权的负面功能存在向正向功能转变的可能，而一旦超越了两者间的限度，正向功能便会朝着负向功能转化，使

---

① 张爱军：《"后真相"时代的网络意识形态诉求与纷争》，《学海》，2018 年第 2 期。

② 杨妍：《自媒体时代政府如何应对微博传播中的"塔西佗陷阱"》，《中国行政管理》，2012 年第 5 期。

得自媒体对网络主权的发展造成消极影响。

（1）自媒体具有破坏网络疆域主权功能。在自媒体搭建的网络空间，信息战成为一种新的主权争夺模式，它将战争理解为一场争夺精英和社会群体思想控制权的信息斗争，主要目的是通过控制和操纵信息趋势，散布虚假消息，来颠覆对手的政治力量，这些信息趋势决定了精英阶层的行动，特别是公众舆论。[1]由于匿名性和可伪造性，自媒体成为各国实行信息战的一个重要路径，其采用的手段主要可分为两大类：一是外部渗透，即通过网络监听、黑客攻击、挑唆网络恐怖主义直接侵犯他国的网络疆域主权；二是内部渗透，主要通过对他国内部的一些自媒体意见领袖进行贿赂和操控，使其在他国内部帮助进行信息窃取、意识形态宣传等活动，从内部侵蚀他国的网络疆域主权根基。同时，"网络国防不同于传统的海陆空天国防概念，呈现出活动软性化、边境弹性化、手段多样化、范畴全域化和力量多元化的特征"[2]。这在很大程度上增加了网络管理及控制的难度，进一步增大其对网络疆域主权破坏力度和广度。

（2）自媒体具有破坏网络管辖权和独立权的功能。自媒体多元、自由的发展逻辑与网络管辖权的自由限制逻辑形成内生性矛盾，使得自媒体具有破坏网络管辖权和独立权的功能。"管辖权指的是主权国家对本国境内的网络建设、运营、维护和使用进行监督管理的权力，有权基于本国情况制定自己的网络法律和政策。独立权是指一国完全独立自主地行使权力，排除外来干涉。"[3]自媒体的匿名性和全球传播性虽在一定程度上扩大了自媒体传播的自由性，但其也带来对网络管辖权和独立权的破坏。一方面，即使在我国当前的技术限制条件下，仍有一些自媒体通过"翻墙"软件进行跨国内容传播，打破国际边界；另一方面，"互联网的跨国性和虚拟性可能导致单一国家网络治理效果的外溢，继而侵犯别国主权"[4]。同时，这也使得本国的网络管辖权和网络独立权面临失效的尴尬境地。

（3）自媒体具有破坏网络文化主权功能。作为文化传播的载体，自媒体的多元性带来文化传播的多元性。"多元文化的客观存在与自媒体传播，必

---

① 胡海娜：《后真相、党派斗争与信息战》，《读书》，2020 年第 10 期。

② 秦安：《论网络国防与国家大安全观》，《中国信息安全》，2014 年第 1 期。

③ 张爱军、秦小琪：《自媒体对网络主权的功能性扩张与规制》，《现代传播》（中国传媒大学学报），2018 年第 10 期。

④ 高奇琦、陈建林：《中美网络主权观念的认知差异及竞合关系》，《国际论坛》，2016 年第 5 期。

然对文化主权带来碎片性的挑战,影响文化主权安全。"①由于缺乏整体性为文化传播调控和系统性战略,自媒体承载的文化传播带有解构、重组的性质,并不能承载其中华优秀传统文化的宏大内涵,反而容易引发文化误读和误解。自媒体对文化的恣意解构与重组行为反而造成了对文化主权的侵蚀。

3.自媒体传播对公平正义具有消极影响

自媒体的技术和传播特性使得自媒体有了解构和建构公平正义观念的力量。作为一种意识形态的分支和价值判断标准,公平正义观念多元并存,既有主流意识形态的公平正义观,也有非主流意识形态的公平正义观。自媒体强大的传播力和建构力既能给公平正义带来积极影响,也可能对公平正义产生消极影响。具体而言,自媒体传播公平正义的消极影响主要表现在以下三个方面:

(1)自媒体传播公平正义具有制度偏失。自媒体不同的意识形态立场决定了自媒体有着不同的公平正义诉求。一些自媒体试图通过将自身的公平正义诉求推入制度建设轨道,以保证自身诉求的合法性实现。自媒体的公平正义诉求大都源于自身的利益取向,其公平正义观念缺乏一种宏观性和整体规划性。换言之,自媒体在追求某一层面的制度"公平正义"时,可能会与其他层面的制度"公平正义"产生不可调和的冲突。同时,自媒体从业者的人文素质参差不齐,其传播的公平正义观念大有向平均主义发展的态势,试图通过非理性的社会动员实现符合其个体利益取向的极端化公平正义,这无疑打破了"效率与公平"的均衡,不仅造成对原有公平正义的冲击,使其陷入混乱局面,使得正常的政治功能实践受阻,其极端化的公平正义观念还可能带来使制度变迁向坏的方向发展的风险和可能。

(2)自媒体传播公平正义具有观念偏失。后真相时代自媒体的内容传播往往伴随着强烈的情绪煽动和非理性特点,使得其公平正义诉求往往带有一定的极端化、排外性和非理性色彩,更多是出于对自我个体及相关群体利益的综合考量。自媒体传播的价值观念不仅是历史传统、社会文化、制度建构的产物,还是思想市场竞争的结果。在思想市场多元观念分布非均衡和思想观念整体非理性的状态下,民族主义和民粹主义很容易占领道德和"政治正确"的制高点,支配、引领甚至打压其他思想观点,使其他思想观

---

① 张爱军、李文娟:《"无根之根":网络政治社会的变异与矫治》,《河南师范大学学报》(哲学社会科学版),2018 年第 2 期。

点边缘化,造成公平正义的观念偏失。①就目前中国的现状而言,不同意识形态的自媒体间相互攻讦的情况频发,民粹主义、女权主义、极端民族主义等自媒体之间纷争不断,且大有越演越烈的趋势。如不重视并加以引导这些极端化的思想观念和价值思潮,将导致自媒体公平正义观念的失衡,使得非主流公平正义观念挤压了主流公平正义的生存空间,从而导致价值和意识形态的断裂。

(3)自媒体传播公平正义具有利益偏失。改革开放以来,我国多元利益格局形成,一些改革开放过程中的结构性矛盾也逐渐显现,如贫富差距过大、利益分配不均、城乡发展不协调等。利益形态公平正义的实现已成为一个迫切问题,其关键在于实现不同利益间的平衡,通过找到不同利益间的最大公约数来兼顾所有利益,保护不同利益群体的公平正义感知。自媒体恰为不同利益主体的公平正义诉求表达提供发声渠道,为利益冲突双方的直接对话提供技术平台,也为利益受损群体的利益维护和追回创造了可能,但自媒体的技术局限性和逐利本能也为这些功能的实现蒙上了一定的理想化色彩,反而导致利益形态公平正义的进一步偏失。如微博、抖音、快手等社交媒体平台,虽然使用这些平台的每一个用户都是自媒体,拥有话语主导权,但其话语的影响力和可见度却并不一样,往往拥有更多经济实力和更高社会阶层的人员掌握了更多的发声渠道,并通过资本的摄入控制着信息的流转空间,使得普通个体的利益诉求只可被言说而不能被听见,一些自媒体甚至直接成为资本的发言人,宣扬资本方的公平正义诉求,导致利益形态的公平正义进一步偏失。

二、社交媒体是政治意识形态传播的重要平台

微博、微信等社交媒体的兴起为信息传播和人际交往提供了一种新的技术支持,微博广场和微信朋友圈改变了以往的信息传播和社会交往生态,兼具政治属性和技术属性的社交媒体已成为促进网络政治发展的关键性平台和政治意识形态传播的重要平台。一方面,社交媒体的媒介技术特性打通了普通民众与宏观政治间的交流壁垒,搭建了一个更为自由、平等、便捷的政治互动场域,强化了普通民众的政治感知;另一方面,社交媒体自由、开放、包容的发展属性不仅为多元意识形态的并存、交流和碰撞提供了

---

① 参见张爱军、魏毅娜:《自媒体"差序公平正义"传播的双重性及其治理》,《社会主义研究》,2020年第5期。

空间,也带来了各种意识形态冲突爆发的可能性。简言之,就网络意识形态传播功能而言,社交媒体平台既有推动作用,也有阻碍作用,这与社交媒体本身所内嵌的政治属性和政治效能存在共生性关联。

(一)社交媒体的政治属性与政治效能

社交媒体凭借自身的媒介属性和技术属性搭建新的社会空间,并按照媒介和技术逻辑对社交媒体空间秩序进行重塑。社交空间作为现实空间的网络延伸,其空间秩序的新构也造成对现实政治秩序的反噬,而这也主要基于媒介的政治属性和政治效能两个方面。

1.社交媒体的政治属性

社交媒体作为一种媒介与政治具有天然的交互关系。社交媒体即时、便捷、去中心化的媒介属性使其成为政治传播、政治参与、政治互动的重要平台,也使得社交媒体具有了政治传播的渠道属性、政治参与和政治互动的平台属性。就政治传播属性而言,随着社交媒体影响力的发展,主流政治方纷纷入驻微博、微信等社交媒体平台,积极开辟新的舆论阵地,社交媒体俨然已成为政治传播和舆论引导的重要场域。就政治参与和政治互动的平台属性而言,各种政务微博的开办使得民众的政治话语权得到更充分的实践,普通民众的政治诉求得以通过社交媒体纳入主流政治方制度建设的考量范畴之内。除政治参与、政治传播与政治互动的属性外,社交媒体通过扩宽政治参与和政治互动的场域,以及随之而来的自由表达和平等沟通的政治互动氛围,更是赋予了民众关于"电子乌托邦"的政治想象。

社交媒体具有影响政治认知和政治行为的属性。"麦克卢汉提出'媒介即信息'的著名论断,从技术本质出发突出和强调了不同形态的媒介技术对人们的社会交往行为、交往方式与思维习惯的影响。波兹曼认为,电视媒介是偏重视觉的媒介,电视媒介与政治联姻导致公众对政治的认知出现了从重视政治能力向关注政治形象的转变。"[①]不同于电视媒介时代,社交媒体时代民众的政治认知出现了一种新的转向——情感转向。与社交媒体伴随而来的是信息的爆炸式增长,信息真假不一、良莠不齐,人们面对海量信息措手不及造就了其"态度胜于事实,立场优于观点"的后真相政治心理,情感和立场成为影响普通民众政治认知和政治行为的关键性因素,这也诱发了迎合公众情绪和情感的政治行为的发生。

---

① 张爱军、孙玉寻:《社交媒体的政治伦理边界》,《理论与改革》,2020 年第 6 期。

2.社交媒体的政治效能

社交媒体的政治效应具有两面性。社交媒体既能培养政治共识,也会撕裂价值认同。一方面,政治主体利用社交媒体建造信息环境的能力,改造和趋同政治倾向,形成主流政治意识,凝聚和强化社会共识。另一方面,社交媒体基于圈层化社交关系的内容获取也带来了政治观点的区隔,造成价值认同的撕裂。社交媒体的过滤性气泡及群体内部构筑的回音壁加强了群体间政治观点区隔和群体内部观点极化的可能性,从而进一步导致政治生态的两极分化。在内容推荐同质化的网络平台上,不良信息的同质化传播可能会动摇政权与民族信仰,危及主流价值观和意识形态的传播。同时,群体间的区隔也使得群体间关系紧张、易撕裂,使得群体更容易被挑唆、煽动,这也就可能导致反对分子通过民意煽动实现对政治的隐形操控,从而达到干涉国家内政的目的,造成政治共同体内部的价值撕裂。

社交媒体既促进参与民主与削弱民主的潜力。一方面,社交媒体“去中心化”打破了信息垄断,政治精英权威消解的同时使得社会公众主体地位凸显;社交媒体拓宽了民众政治参与的途径、降低政治参与的门槛、提高公众参与的致效率,并由此创造了新的政治决策模式,推进了参与民主进程的发展。另一方面,社交媒体虽在一定程度上赋权了受众,但主要话语权力仍掌握在少数人手里。随着商业金融力量、媒介集团甚至跨国资本经济势力不断渗入我国互联网空间,形成对互联网的集中控制态势,互联网的公共话语空间的功能正被侵蚀,政治讨论和政治表达被裹挟着大量的经济和商业目标,网络水军、有偿评论等产业不断兴起,使得政治参与蒙上了虚假外衣,这种反向、虚假的政治参与不但背离了原有的初衷,还会在一定程度上影响政治决策和民主进程。

(二)社交媒体政治伦理风险的生成逻辑与样态

社交媒体本身所具有的政治属性和政治效能使得社交媒体内嵌于政治发展。社交媒体既能促进政治发展进程,也能阻碍政治发展进程,造成政治伦理风险。社交媒体的政治伦理风险与其风险生成逻辑具有内在关联性,即技术自生逻辑导致政治伦理价值失衡风险,关联性逻辑导致政治伦理规范失控风险,现实性逻辑引发政治伦理行为异化风险。[①]

1.社交媒体政治伦理风险的生成逻辑

社交媒体政治伦理风险的生成逻辑主要有如下三种:

---

① 参见张爱军、孙玉寻:《社交媒体的政治伦理边界》,《理论与改革》,2020年第6期。

一是自生性逻辑。作为不以人意志为转移的客观存在,社交媒体技术主体性的突出使得工具理性在政治活动中的重要性凸显,重构了以往政治主体与政治客体的政治认知和政治互动状态,带来政治主体权威的中心失落和政治客体主动性的提升,这也对以往的政治生态造成了颠覆性影响,社交媒体成为政治客体进行政治认知和政治行为的重要中介。

二是关联性逻辑。社交媒体搭建的网络空间是现实空间的网络延伸,两者高度融合,具有强关联性。"现实社会问题与矛盾在社交空间的呈现与交织会激发和极化政治伦理风险。现实社会中的一些极易引发网民集体记忆的如贫富分化、分配不公、阶层固化等问题,在社交媒体的信息环境中极易发展为群体性政治事件。"①社交媒体虚拟与现实关联的逻辑打破了现实社会问题与矛盾爆发的空间界限,放大了政治伦理风险的生成可能,使得现实社会问题与矛盾的整体解决状况与网络社交空间的政治价值诉求呈现失衡或脱节现象。

三是现实性逻辑,即社交媒体搭建的政治"拟态环境"影响着普通民众的现实政治风险感知,进而影响着民众的现实政治行为,使得拟态环境有了向现实环境转换的可能。社交媒体传播的即时性、便捷性和去中心性使得各种政治信息流传于其所搭建的网络空间中,在这些信息中,带有恐惧、愤怒等强烈情绪色彩的内容往往会获得较高的曝光量,这些信息的大范围传播具有引发相应的政治伦理风险的可能。

2.社交媒体的政治伦理风险样态

与社交媒体政治伦理风险的生成逻辑相对应,社交媒体的政治伦理风险样态也有三种:

一是技术治理下的政治伦理价值失衡风险,社交媒体推崇的工具理性造成价值理性的中心失落,带来工具理性与价值理性失衡的风险。同时,过度依赖技术治理既限制了公众的政治表达权利,使得公权力在非中立技术引导下侵蚀部分公众正常的表达权,同时,权力治理与技术治理的共谋,也天然带有侵犯公众的政治尊严和人格权的弊端。

二是自由与勾连传播下的政治伦理规范失控风险。一方面,社交媒体的匿名性冲淡了民众的责任心理,强化了其法不责众的侥幸心理,使得网络造谣、网络暴力、隐私侵犯等事件层出不穷,造成社交媒体交往失控的风险。另一方面,"社交媒体多具有'开放端口,外向联结'的特点,微信、微博、信息咨询平台都能通过同一个链接共享信息,形成强大的信息资源平台,

---

① 张爱军、孙玉寻:《社交媒体的政治伦理边界》,《理论与改革》,2020 年第 6 期。

具有信息传播的勾连态势"①。社交媒体跨平台的勾连传播性也带来了风险感知放大、风险期延长的可能,并增大了风险管控的难度。

三是社交媒介依存下的政治行为异化风险。社交媒体时代,人人社交、实时社交,社交成为个体的政治决策依据,其对现实政治生活的介入与控制也在不断增强,使得民众更有可能生活在由社交媒体构筑的信息囚笼之中,而丧失了现实的政治参与热情和独立的政治鉴别力,并最终造成个体对现实政治价值的偏离。

(三)微信朋友圈政治意识形态传播的功能

微信朋友圈作为相对稳定的一种强关系性社交媒体,创设了一种更具私密性的圈层交往生态。从网络政治传播的角度来说,随着微信功能的不断丰富、参与主体的扩大多元、公共舆论平台各种不同的意识形态、不同的政治价值观、不同的政治信仰形成互相争鸣的格局,为公共舆论场注入新鲜血液的同时,也形成了各种各样的政治"圈子文化"②,这也为政治意识形态的传播带来积极和消极方面的双重影响。

1.微信朋友圈传播政治意识形态的积极功能

作为一种强关系联结的媒介,微信朋友圈是经由用户以某种目的导向进行有意识安排后的内容呈现,具有一定的政治偏向性、政治指向性和政治形象的建构性。人天生是政治性的动物,微信朋友圈成为个体间进行政治观点表达和政治意识形态分享的重要平台。微信朋友圈传播意识形态的积极功能源于其传播主体多中心、传播内容多元化、传播效果精准的技术特性,主要包括以下三个方面:

(1)传播主体多中心提升意识形态传播致效性。微信朋友圈的节点化传播特性使得每个传播者都处于自己微信朋友圈的中心地位,这种多主体传播带来意识形态传播的叠加效应,通过 N 次方的方式产生巨大影响,有利于提升意识形态传播的致效性。一方面,微信朋友圈的"准熟人"强关系特质使得个体的影响力也被最大范围地释放。如当前的微信好友多以家人、同学、同事、朋友为主,好友之间或通过血缘、或通过地缘进行了相应的关系联结。后真相时代,情感胜于理性,立场先于事实,微信朋友圈的内容传播恰好迎合了公众的后政治心理,其传播的政治内容和意识形态观点也

---

① 张爱军、孙玉寻:《社交媒体的政治伦理边界》,《理论与改革》,2020 年第 6 期。
② 张爱军、江飞亚:《微信政治朋友圈传播信息的表象及其解构》,《广东行政学院学报》,2019 年第 4 期。

更容易被接受和采纳。另一方面,微信是同质性自媒体,微信政治具有准结社的性质和功能,微信或微信朋友圈倾向于形成一个封闭的、组织化的团体。①传统媒体时代,政治内容和意识形态的传播往往被主流官方媒体垄断,属于自上而下的单向灌输,强烈的宣传色彩引发民众的政治反抗心理,也使得传播效果大打折扣。相比之下,微信朋友圈为意识形态的传播提供了一个较为同质的内部传播环境,并且赋予个体政治内容传播的权利,在微信朋友圈内部搭建起意识形态传播的差序格局。这种由内至外、层层递进的传播方式更符合个体政治偏好,也使得意识形态内容更容易取得较好的传播效果。

(2)传播内容多元化促使多元意识形态交流。微信朋友圈的半封闭和私密属性使其成为公众真实政治观点表达的承载体,也为多元意识形态的交流创造了空间。微信用户基于微信的圈层结构,不断游离于各个社群之间,他们通过对微信政治朋友圈的信息转移,拼贴和重构,生产衍生出多元的文化样态,使得网络空间中多种意识形态交叉共生,不仅包含代表主流意见的意识形态,还包括民族主义、精英主义、自由主义等多种意识形态。②同时,近年来,微信也正在探索拓展其社交链的路径,试图通过新技术功能的开发实现微信朋友圈的强关系资源的最大化利用。如微信平台今年推出的"在看"功能,便为微信用户间的信息流转提供一个新的渠道,用户只要点击"在看"按钮便能将自己的浏览记录和浏览内容与其他好友实现实时共享,这种便捷化的分享操作实际上采用的是一种用户自我信息把关的模式,只有符合用户既有政治取向和意识形态偏向的内容才得以被允许进入其共有的内容交流空间。从另一角度而言,"在看"功能的设置也为意识形态内容的"破壁"提供了新的可能,好友通过"在看"进行的意识形态内容分享有助于帮助个体打破原有政治意识形态内容接受的"信息茧房",扩充个体政治意识形态内容的接受渠道,丰富个体的多元意识形态认知,强化多元意识形态间的交流。

(3)技术加持助力意识形态传播效果精准化。微信朋友圈讨论政治往往基于共同的价值观和意识形态,与此同时,微信朋友圈还能通过标签分组设置、可见好友设置、可见时间设置等技术打造意识形态传播效果"差序

---

① 参见张爱军、秦小琪:《微博与微信比较政治分析》,《湖南师范大学社会科学学报》,2019年第1期。

② 参见张爱军、江飞亚:《微信政治朋友圈传播信息的表象及其解构》,《广东行政学院学报》,2019年第4期。

格局"。就标签分组设置和可见好友设置而言,"用户在发布微信政治朋友圈时选择对发表的内容和可见好友进行分类选择,不同的微信政治朋友圈内容将会呈现给不同的好友群体,也因此形成了网络政治分层、政治参与分层、主流意识形态分层、非主流意识形态分层、价值信仰分层"①。在进行政治内容和意识形态内容的呈现时,微信朋友圈用户可预先根据好友的政治立场进行一个预筛选,实现内容向同意识形态立场的微信好友的定向传输,提升自身意识形态内容传播的致效率,同时避免了与持其他意识形态立场的好友发生冲突。就微信朋友圈内容可见时长的设置而言,朋友圈内容可见时长的设置有利于减少不必要的政治内容误读和政治观点误解行为的发生。不同于其他社交平台的视频传播,微信朋友圈内容传播多以文字为主,而文字的解读往往需要与当时的语境进行勾连,而微信朋友圈和朋友存在一定的不稳定性,会随着工作和学习环境的变动而新增,新增好友缺乏对之前内容发出语境的了解,容易造成主观误读,使信息本质发生异变和失真,产生政治噪声。因此,通过内容展示时长的设置有助于提升传播的致效性。

2.微信朋友圈政治意识形态传播的消极功能

微信朋友圈对政治意识形态传播的积极作用和消极作用恰如一枚硬币的两面,两者都由微信朋友圈本身所固有的传播特性决定,一旦其对政治意识形态传播的正向功能超过某种"度"便也具有了向负向功能转化的可能,微信朋友圈对政治意识形态传播的消极功能主要表现在以下三个方面:

(1)多中心传播使得主流意识形态引导困难。多中心的传播主体具有多元的意识形态立场,带来意识形态内容的多元传播,造成非主流意识形态对主流意识形态的空间挤压和主流意识形态的引导困难。一方面,"网络在各种事件的表象下隐藏着意识形态的解构与纷争,网络多元意识形态具有去中心化特性"②。每个微信用户都有独属于自己的朋友圈,且不同朋友圈之间可通过共有好友的影响形成一种交互关系,实现不同圈层间内容交往的"破壁",带来政治意识形态的跨圈层。实现多元意识形态内容的交汇,而多元意识形态内容的渗入在一定程度上也挤压了主流意识形态的传播空间。另一方面,政治隐喻使得政治内容纠查的难度加大。在微信朋友圈,

---

① 张爱军、江飞亚:《微信政治朋友圈传播信息的表象及其解构》,《广东行政学院学报》,2019 年第 4 期。

② 张爱军、秦小琪:《网络意识形态去中心化及其治理》,《理论与改革》,2018 年第 1 期。

一些人出于对政治和法律责任的逃避心理,往往并不会主动直接地传播非主流意识形态的内容,而是通过政治表情包、政治词汇拼音缩写、谐音文字、图片恶搞等进行自我政治观点的表达和非主流政治意识形态的隐性传播,这种传播方式因为契合当下受众的泛娱乐心理,往往能获取较好的传播效果,进而扩大了非主流意识形态的影响力和影响范围。同时,由于这种隐性、恶搞类的政治隐喻传播具有难察觉性,增加了主流意识形态对异己内容的管控成本,进而增加了主流意识形态的引导难度。

(2)虚假政治信息误导受众政治认知。信息化时代,信息量决定话语权,但由于微信朋友圈的主体为普通民众,且大部分尚未接受合理的媒介素养教育,缺乏对信息的合理辨识能力,其传播的信息有量而无质,反而容易成为政治谣言传播的助推者。一方面,一些用户为了获取微信朋友圈好友的关注和评论,往往会传播一些带来恐惧和仇恨色彩的政治谣言,这些谣言或涉及政要人物,或涉及一些敏感性的公共事件,将带来民众对政治主体的质疑,加剧民众对政治主体的疏离与猜忌,助长社会转型时期民众的政治不信任心理。同时,微信朋友圈的强关系联结增大了这些虚假政治信息的说服力直接作用于民众的政治认知,将引发严重的社会信任危机。尤其是后真相时代,在恐惧和愤怒的情感驱使下,公众缺乏对负面信息的辨识能力,容易抱着"宁可信其有"的心态进行相应的信息处理,形成普遍的政治质疑。另一方面,微信朋友圈的信息与国家机器相绑定,成为政治意识形态宣传战中的重磅武器,具有危及主流意识形态安全的可能性。一些异己意识形态力量往往通过腐蚀个体的方式进行意识形态传播的内容渗透,以金钱或权力诱使一些具有影响力的微信用户传播符合自己意识形态偏向的政治内容,以此挑拨其他用户对主流意识形态的信任心理并误导用户的政治认知。

(3)受众政治参与形成非理性政治表达。微信朋友圈与政治领域的交融带来了政治参与发生的深刻变革。微信朋友圈以其便捷性和在线性降低政治参与成本,拓宽了普通民众进行政治参与的机会和渠道。微信朋友圈的在线性、半公开性和互动性带来个体政治影响力的提升,进而增进其政治效能感,带来政治参与主体、内容、形式的多元化。但与此同时,微信朋友圈的过滤性气泡、基于圈层化关系的内容传播也造成了政治观点的区隔,加大了政治极化的可能性。一方面,每一个微信朋友圈都是一个相对独立、半封闭式的传播圈层,处于同一群体的人长期接受与其既有政治倾向相符合的信息,在群体内部形成一种回音壁效应,以此便失去了对其他观点的包容和接受能力。当其遇见不同于己方的观点时,双方彼此争论,形成对立局面,甚至会爆发冲突,加剧社会撕裂和政治观点的极化程度。另一方面,后真相时代,用户更容易被政治情绪所主导,忽略政治事件事实本身,用户极易受自己所信任的政治圈子内部意见领袖的影响,容易对政治事件形成政治偏见。这些因素的存在都加速了受众政治观点非理性表达的发生。在网民这种非理性的政治表达之下,威胁公权力的正常运行及其治理,会出现非主流意见甚至倒逼主流意见,形成"媒介审判"①。

三、大数据是网络政治意识形态传播的重要手段

大数据带来网络意识形态传播的变革,成为网络政治意识形态传播的重要手段。大数据的海量性、全面性及精准分析性和有效性等技术特性改变了意识形态传播的因变量,并为网络政治意识形态的传播和治理带来新的机遇和挑战。

(一)大数据改变了意识形态的因变量

大数据以其自身的技术特性变革了政治意识形态传播的内生机制和外在环境,为意识形态的数字化、精准化、智能化传播和治理带来新的可能,为意识形态带来新的发展机遇。一方面,大数据凭借数字技术的海量性、客观性和精准性有益于实现对意识形态客体的精准识别,对意识形态内容的有效传播。另一方面,大数据也有益于助力意识形态治理主体实现治理限度设置,以此在保障民众意识形态话语权的前提下实现意识形态的有效治理,既有助于强化主流意识形态的引导力,又有助于提升意识形态治理主体对非主流意识形态的控制力。

1.大数据使经济基础决定意识形态论变成经济与大数据共同决定论

马克思主义认为,生产力是社会发展的最终决定力量,生产力决定生产关系,经济基础决定上层建筑。这种决定作用是客观必然的,是不以人的意志为转移的。但这种决定作用都是宏观的,在中观和微观上需要多重复杂的机制才能实现,需要"中介原则"和机制才能把马克思主义基本原理落到实处。②大数据技术具有成为"中介原则"和机制的技术可能,使得原来的经济基础决定以意识形态论变为经济基础与大数据共同决定论。一方

---

① 张爱军、江飞亚:《微信政治朋友圈传播信息的表象及其解构》,《广东行政学院学报》,2019 年第 4 期。

② 参见韩影、张爱军:《大数据与网络意识形态治理》,《理论与改革》,2019 年第 1 期。

面,作为一种生产力,大数据能反作用于生产关系,并对生产关系进行精准和细致化的建构与呈现。借助大数据技术,意识形态治理主体可更为全面地进行当下的生产关系与社会关系的识别和了解,进而对不同群体的意识形态诉求进行划分。简言之,借助大数据技术进行意识形态内容的挖掘和细分, 并以此为依据进行意识形态内容的传播和意识形态行为的实施,有助于提升意识形态传播和治理效率。另一方面,大数据反过来也会影响意识形态本身的发展。大数据技术有助于意识形态治理主体识别非常态化的意识形态内容延伸,降低意识形态传播过程中的噪声,减少主流政治意识形态传播的失真可能,从而有效去除意识形态的泡沫化和意识形态"肥大症"。

2.主观意志主导论变成大数据主导论

大数据技术带来意识形态治理思维和治理模式的重塑。在互联网时代多元意识形态内容得以在同一场域传播、交流与碰撞。多元意识形态传播过程中不断面临解构与重构,并形成各种亚意识形态派别,这也就要求意识形态治理主体进行治理思维和治理路径的变革。就治理思维而言,大数据造成对以往意识形态治理思维的冲击。主流意识形态和非主流意识形态的多元碎片传播,使得过去那种对网络意识形态进行主观性模糊性的治理显然已经不适合网络意识形态发展的潮流,主观性治理必然让位于客观性治理,模糊性治理必然让位于精确性治理,灌输性治理必然让位于互动式治理,真实性治理必然要与虚拟式治理相结合。[1]就治理路径而言,大数据也为治理能力和治理技术的现代化升维提供了技术支撑。就意识形态的治理主体而言,大数据技术有助于其通过对大范围意识形态样本进行分析掌握意识形态传播和治理的基本规律,以此对症下药,从而提升意识形态的治理效率。就意识形态客体而言,大数据技术与主流意识形态的合作有助于提升主流意识形态的致效率,通过大数据技术进行主流意识形态客体的精准识别,有助于实现意识形态客体与主流意识形态的完美契合。同时,也可通过大数据技术放大主流意识形态客体的影响力度,进而从内部提升意识形态的治理效率。

3.内因根据论变成内因与大数据共存根据论

事物的发展离不开内外因的作用,内因是影响事物发展的根本,外因则是内因的外因,事物的发展历程也可视为因果关系的物质呈现。就意识形态而言,生产力、经济基础、权力是产生的根,意识形态则是三者共同合

---

[1]　参见韩影、张爱军:《大数据与网络意识形态治理》,《理论与改革》,2019 年第 1 期。

力的结果。"大数据使我们看到抽象普遍性追寻的意义和价值,同时又不会迷失于对它的终极追寻。就像抽象普遍性一样,相关性更不是终极目的本身,它的价值在于其所晓示的相关关系,只是必须理解相关关系的因果派生关系性质,从而使其落实到因果性根基之上。"①大数据通过宏观层面的因果关系进行意识形态分析的同时,也通过对意识形态传播和治理的相关性的把握,带来了延伸因果关系的可能,即大数据对宏观层面意识形态的抽样分析有助于延伸微观层面的意识形态关系。如将大数据用于生活样态进行抽样分析,便可以从宏观的大数据的生活样态中提炼出个体微观的意识形态选择偏向。如在 2016 年的美国大选中,英国剑桥公司便是借助大数据技术对选民的年龄、性别、居住地、职业等人口统计学属性和基本生活样态数据进行了综合分析,并以此为基础归类选民的意识形态阵营,进行相应的意识形态内容推送,将隐藏于民众日常生活中的意识形态显性化和引导化,使得以往意识形态的内因根据论升级为内因与大数据共存根据论。

4.制度决定论变成制度与大数据并存决定论

制度决定意识形态,有什么样的制度就有什么样的意识形态。"社会主义制度决定社会主义意识形态,社会主义意识形态是社会主义制度的反映和引领。社会主义制度决定非主流意识形态存在的范围和界限,决定非主流意识形态的性质和特点。"②在前大数据时代,制度是意识形态适用的前提,制度取向发挥着定义主流意识形态、管控非主流意识形态的作用,如社会主义制度决定了社会主义意识形态的主导性地位。而随着大数据技术的应用和发展,社会主义制度的性质和特征也得以通过大数据技术实现微观延展,大数据和制度共同影响着意识形态的形成基础。大数据的核心便是通过大量数据的采集、调取、分析,进而实现一种精准预测功能。大数据对意识形态走向的精准预测也使得大数据有助于体现社会主义制度的性质和特征。一方面,大数据的适用排除了私人立场的干扰,更有助于公平正义的实现。大数据的抽样、预测、判断带有其技术本身所具有的客观中立性,利用大数据进行重要政治决策能有效摈除私人利益和情感裹挟带来的决策不公。另一方面,大数据的海量性和全覆盖性有助于保障社会边缘和弱势群体的权益实现。在海量收集数据的同时,大数据也将部分弱势的意识形态诉求纳入了正式的制度建设轨道之中,从而保障了弱势群体意识形态诉求的实现。

---

① 王天思:《大数据中的因果关系及其哲学内涵》,《中国社会科学》,2016 年第 5 期。

② 韩影、张爱军:《大数据与网络意识形态治理》,《理论与改革》,2019 年第 1 期。

(二)大数据政治意识形态传播的正向功能

大数据以其自身的技术特性变革了政治意识形态传播的内生机制和外在环境,并重构了意识形态的因变量,为政治意识形态传播带来新的发展机遇。

1.大数据在网络政治意识形态传播生态中的媒介预警功能与政治治理功能

大数据精准预测功能的政治适用有助于意识形态传播生态的预警功能和精准化治理功能的实现。"大数据作为互联网逻辑演化的产物,能够在偶然之间找到必然,在不确定性中找到确定性,在混沌当中重建秩序,能够深入分析数据背后的逻辑,在'数据红利'的基础上形成政治的'冰山效应',成为网络政治信息规制、网络政治生活有序参与和网络政治生态治理的重要实现路径。"①就媒介预警功能而言,首先,大数据通过实时对网络意识形态内容进行抓取分析,智能化完成传播内容的意识形态分类,同时还通过对网上意识形态的内容分析了解意识形态的传播走向,具有意识形态"告知"功能,有助于意识形态治理主体对意识形态基本分布的掌控。其次,大数据具有大容量、高效率的信息处理和数据分析能力,可以实时了解涉及意识形态内容的传播与分布,进行主流意识形态和非主流意识形态的实时走向监控,发挥着意识形态的"追踪"作用。最后,大数据还能对非主流意识形态内容的传播起着"风险评估与预警"作用,有助于意识形态治理主体把控产生的意识形态风险,并在风险萌芽阶段及时进行相应的风险规制,将意识形态风险的影响范围和影响力度降至最低。

2.大数据对网络政治意识形态传播的正义价值的注入与提升

大数据对意识形态治理进行技术增能,使其能更为全面地掌握不同民众的真实意识形态诉求,有利于意识形态传播的正义价值的注入与提升。一方面,大数据能通过对意识形态治理主体的赋能进行正义价值的注入。大数据改变了以往意识形态治理主体的治理手段,通过客观中立的技术应用减少了人为治理带来的主观影响。借助大数据技术,意识形态治理主体能更为主动、有效地对民众的政治诉求进行收集和分析,并将其纳入制度建设轨道,以保障更好地实现公平正义。与此同时,意识形态治理主体对民众政治诉求的及时响应也能唤醒民众政治参与的积极性,强化两者之间的良性互动。另一方面,大数据实现了对意识形态治理客体的增权。意识形态

① 张爱军、梁赛:《大数据的政治媒介功能及其伦理边控》,《学术界》,2019 年第 12 期。

客体得以通过数据生产对意识形态治理主体产生反作用力,使得以往由上而下的意识形态治理转变为由下而上与由上而下相结合的治理,有助于意识形态治理"以人为本"原则的实现。传统的政治制度建设更多考量精英群体的意识形态诉求。"大数据技术则使得不同空间群体在网络空间的准入层面获得了相对平等和公正的机会,多元文化和意识能够在互联网空间内实现互通有无,对网络政治空间内的正义性发展产生有力的推动作用"①,进一步实现正义价值的注入与提升。

3.大数据对网络草根民主发展及其参与意识的推动与提升

就大数据技术促进网络草根民主的发展来看,其民主意义体现在以下三个方面。一是大数据技术为草根阶层的政治观点及诉求表达提供了技术支持。在以往的公共政治决策中,草根阶层更多是作为权力客体存在,主要负责对公共政治政策的遵循,很少有机会进行公共政策制定的权力中心圈层,而大数据技术带来的草根阶层政治主体性地位的回归,通过保障草根阶层的政治权利促进民主发展。二是大数据技术显化了"沉默的大多数"的政治诉求,使其成为公共性政治决策中的新意见领袖。大数据技术通过对普通民众政治参与热情的激发对"沉默的大多数"进行唤醒,使得原来的"长尾"有了汇聚之势,带来对以往治理格局的变革性要求,弥补了之前在政治治理中民众参与不足的缺憾。三是大数据技术带来了原来的草根民主向现代化民主转变的观念和制度升维。大数据技术消解了传统的权力体系,祛除了现代民主权力中既有的弊端和风险,在机制层面弥补了现代民主权力运行的不足,使信息对称程度日趋增加。大数据的开放促进了信息的流动,而流动的信息本身也是权力的象征,流动的数据赋予草根民众流动的权力,在流动中行使权力,使权力以"活态"的面目呈现,提升了现代民主权力与草根民主权力之间的关联性和内聚性,不断地为现代民主权力格局注入新的活力。②

4.大数据边缘计算的政治治理效能

大数据技术使边缘计算成为可能。"边缘计算是一种新的计算模式,将地理距离或网络距离上与用户邻近的资源统一起来,为应用提供计算、存储和网络服务。"③作为一种治理技术,边缘计算具有边缘性信息存储、实时

_____

① 张爱军、张梦可:《论大数据技术对网络政治空间的优化治理——基于空间正义的视角》,《云南行政学院学报》,2020年第3期。

② 参见张爱军、张媛:《大数据与网络草根民主》,《广东行政学院学报》,2018年第6期。

③ 赵梓铭、刘芳、蔡志平、肖侬:《边缘计算:平台、应用与挑战》,《计算机研究与发展》,2018年第2期。

性数据处理及数据隐私保障等特性，有助于从政治治理和政治伦理两方面提升政治治理效能。就政治治理而言，大数据边缘计算一方面有助于促进数据民主，防止数据集权的发生。边缘计算主要采用多中心存储和处理模式，带来数据掌控权力的分散，限制政治治理主体的权力适用范围，防止权力无限扩大致使集权行为发生。另一方面，大数据边缘计算还有助于数字治理效能的提升。数字时代，信息呈几何式增长，庞大的数据生成加重了政府的数据处理负担，降低了数字化治理的效率。大数据边缘计算多中心的数据处理模式则有助于缓解政府数字化治理的局限性，其可以通过"就近原则"进行数据收集和处理并进行及时有效的"数据清洗"，有助于防止无效数据污染数据分析结果，减少庞大数据堆积造成的数据处理滞后。就政治治理伦理而言，大数据边缘计算采集数据的可见性进行了边界设置，同时还可通过安全的数据传输渠道的搭建进行数据传输保护，有助于保障数据生产者的个人数据隐私和人格权利。

（三）大数据在政治意识形态传播中的负功能

事物的发展具有双面性，大数据对意识形态的传播也具有正负双向性。大数据技术在给政治意识形态传播带来的机遇与挑战并存。作为一种人工设计和调用的数据技术，大数据本身就包含了设计者主观价值观念的内嵌，也将对政治意识形态的传播带来一定的消极后果。

1.大数据改变了意识形态的型构

经济基础决定上层建筑，而意识形态作为上层建筑对经济基础也具有反作用。大数据的技术对意识形态的影响源于大数据的基本特性改变了意识形态的原有构型。

（1）大数据导致歧视和扭曲。在大数据技术加持下，意识形态传播容易导致大数据歧视。一方面，大数据带有技术设计者主观价值的内嵌，使其对意识形态数据的采集具有一定的政治立场性偏好，只有符合其意识形态偏好的信息才能进入数据整合和分析的流程，从而造成对其他意识形态数据的歧视，影响意识形态的多元发展。另一方面，大数据容易造成对数据生产弱势群体的意识形态歧视。即使在通信技术如此发展的今天，也仍存在"数字鸿沟"，大量民众因数字设置使用的经历和技术能力受限，很难通过手机等智能化设备进行数字化联结，从而造成其意识形态观点难以通过数字化形式得以上传，使得大数据技术难以捕捉到其意识形态的需求，造成对其意识形态的被动歧视。除产生歧视外，大数据技术对意识形态还具有一定的扭曲作用，这是由大数据的技术特点和意识形态本身的建构特点共同决定的。大数据只能通过设计者的程序设定进行直接的数据操作,秉承着"工具理性"的意识形态处理思维,忽视了意识形态的灵活多变性,缺乏对意识形态内容处理的全面性和综合性考量,甚至容易造成意识形态误读和意识形态误解,造成意识形态治理主体对非主流意识形态的误判,使得主流意识形态与非主流意识形态间爆发冲突。

（2）大数据导致意识形态主体表演化。大数据技术对个体意识形态观点的全方位采集与监控容易唤起个体的意识形态恐惧心理,使其采用意识形态表演性策略来避免可能产生的意识形态风险。"在现实生活中,人们为了避免因意识形态而产生的矛盾与冲突,往往把个人的意识形态隐藏起来,意识形态与政治行为具有隐藏性的内在关联,这种内在关联并不通过政治行为直接表现出来。但大数据因其精准性把人变成了'意识形态透明人'。'意识形态透明人'往往失去其意识形态本性,变成了意识形态表演者。"[1]其常用的意识形态表演策略有两种。一是借助"政治隐喻"进行意识形态传播。在一些公共社交平台,意识形态的表演已成为一种常态化的政治策略。一些民众往往通过搞笑表情包、拼音缩写、谐音文字等方式来进行自我政治意识形态观点的表达和政治意识形态内容的传播,以避免可能产生的政治意识形态风险,其结果便造成了对政治意识形态权威性和严谨性的消解,阻碍了主流政治意识形态的传达。二是通过"去政治化"进行政治逃避,出于对大数据意识形态实时监控的恐惧,一些民众直接通过不谈及、不表达、不参与政治进行有意识的政治逃避,其最后结果便是降低普通民众的政治参与热情,导致了政治冷漠现象的发生,造成对主流政治建设的消极影响。

（3）大数据导致意识形态虚置化。"网络意识形态具有多元去中心化的特性,网络意识形态具有去中心化的特性。这包括主流意识形态对非主流意识形态去中心化、非主流意识形态对主流意识形态去中心化、非主流意识形态互去中心化。"[2]首先,主流意识形态与非主流意识形态在同一场域中的并存,使得主流意识形态与非主流意识形态在博弈过程中完成互去中心化的过程,导致意识形态的虚置。一方面,主流意识形态在传播过程中进行意识形态的权威性建构,消解非主流意识形态存在的价值意义,限制非主流意识形态传播的合法性空间。另一方面,非主流意识形态在传播中也存在不断解构与重构的过程,并形成各种亚意识形态分支,每种意识形态分支无论正确与否,都能在互联网上获得一定的拥趸者,带来对主流意识

---

①② 韩影、张爱军:《大数据与网络意识形态治理》,《理论与改革》,2019 年第 1 期。

形态受众的分流和对主流意识形态传播空间的挤压。其次,各种非主流意识形态间也存在中心化的可能。如在当前的互联网络空间,民粹主义、民族主义、女权主义、素食主义等多元非主流意识形态在同一互联网络空间并存,且不同非主流意识形态有着不同甚至对立的政治诉求,难免会存在发生冲突、碰撞的可能,从而影响网络意识形态建构的秩序环境。同时,不同意识形态间难以就某种意识形态达成共识,容易加剧意识形态的虚置化。

(4)大数据具有导致意识形态极权的可能性与现实性。"媒介不仅是意识形态的重要工具,而且媒介本身就是意识形态。"①作为一种意识形态治理主体和客体的媒介工具,大数据的全面政治化适用带来政治意识形态治理的思维和手段的变革,可能创造一种新的大数据意识形态,并导致大数据意识形态的极权。一方面,大数据技术的政治化使用破除了公共领域和私人领域的边界,拓宽了政治权力的适用范围。大数据技术注重对"全量数据"的抓取,将其数据抓取的触角深入个体的日常生活、工作和学习之中,造成对个体隐私的全面侵犯。同时,大数据对公共领域与私人领域边界的破坏将进一步带来私人领域向公共领域转化的可能,个体的政治意识形态借由大数据技术从幕后转为台前,带来个体私人政治领域的被迫让渡。大数据的适用以数据海量全面性为前提,而私人领域的建构以个体的数据和隐私保护为前提,两者间的矛盾使得"私人领域"本身陷入一种逻辑悖论,带给民众一种"大数据时代无隐私"的感知,这种对于隐私泄露的担忧强化的个体的政治恐惧心理,使其在这种恐惧心理的作用下形成一种新的政治行为习惯,从而主动强化对政治意识形态的规训。

(5)大数据意识形态主体的权力滥用。无论是主流意识形态主体还是非主流意识形态主体,在使用大数据技术进行网络意识形态治理时都存在权力滥用的可能。就主流意识形态主体而言,其权力滥用主要表现为"数据极权"和"数据霸权"。一方面,部分主流意识治理主体在适用大数据技术进行意识形态治理时容易过度强调大数据技术主导的"工具理性,形成意识形态治理的"大数据"教条主义"。如在当下的意识形态治理活动中,一些治理主体往往根据大数据的分析结果对其他意识形态采取"一刀切"的治理策略,这种极端做法无疑会影响良性多元意识形态格局的建构,阻碍"意见的自由市场"的发展,并且也不利于政治社会稳定长远地发展。另一方面,大数据技术的使用具有较高的技术门槛,普通人难以对其程序运行逻辑进

---

① 邵培仁、李梁:《媒介即意识形态——论法兰克福学派的媒介控制思想》,《浙江大学学报》(人文社会科学版),2001 年第 1 期。

行考察,使得大数据的运用处于一种"黑箱状态",难以对大数据意识形态主体的权力使用进行有效监控,容易导致主流意识形态主体利用自身的技术和权力优势构建起意识形态治理的"数据霸权"。就非主流意识形态主体而言,权力滥用主要体现在利用大数据对主流整体性意识形态进行分解式滥用。非主流意识形态的权力滥用主要体现在意见领袖或网络大 V 上。[①]如在当下的社交网络空间,一些自媒体、微博大 V 往往会对一些偶发性社会事件进行过度政治化解读,将其上升到意识形态层面,并以此为由头挑起不同意识形态间的争端, 既破坏了网络空间正常的意识形态交往秩序,也侵蚀了网络政治社会稳定的根基。

2.大数据的网络政治意识形态传播风险

大数据作为一种新技术,具有内生性的逻辑风险、思维风险和伦理风险。将大数据无差别地用于网络意识形态传播,可能进一步将其内嵌风险放大至不可控的地步,直接导致意识形态传播风险的发生。

(1)大数据对网络政治意识形态传播的异化逻辑及其风险。麦克卢汉曾提出"媒介即信息"的断言,他指出最有价值的并不是媒介的内容,而是媒介技术本身及其开创的可能性。大数据技术的政治适用为政治发展和政治意识形态传播带来新的愿景的同时,大数据本身的技术与逻辑特性也容易受到网络意识形态传播异化的风险,这主要表现在以下三个方面。一是大数据的逻辑缺陷带来意识形态传播的逻辑陷阱。大数据技术内嵌了"工具理性"的判断价值,将其适用于意识形态的传播与治理容易造成意识形态传播和治理的"功利主义"偏向。二是大数据技术可能导致伦理风险的生成。大数据的数据生产与数据采集分析之间具有一定的时延性,而在政治社会快速发展的今天, 这种时延性可能会导致对意识形态传播现状的误判。同时,大数据的适用以数据的大量采集为重要前提,且其数据采集带有一定的隐蔽性,容易产生"数据黑箱",并对普通公民的个人隐私权造成侵犯。三是大数据本身对数据间的极端强调可能导致数据崇拜的发生,带来工具理性侵蚀价值理性的可能。同时,由于"数据黑箱"和较高技术操作门槛的存在, 大数据的解释权更多掌握在大数据技术的开发者和使用者手中,在实际应用过程中,大数据也存在偏离其技术规制的可能,招致民主幻想的发生。

(2)大数据网络政治意识形态传播生态中的媒介功能风险。作为意识形态治理主体进行意识形态治理的一种媒介工具,大数据的过度政治化适

---

①　参见韩影、张爱军:《大数据与网络意识形态治理》,《理论与改革》,2019 年第 1 期。

用也可能招致相应的媒介功能风险。一方面,大数据的数据采集行为将发生于公共领域之间,也发生在私人领域之内,打破了两者间的边界。"大数据实质上强调的是价值效率优先的政治伦理观念,其将国家目标视为最高的政治伦理标准,混淆了政治公共领域与政治私人领域,冲击和损害了以公平正义为先的政治伦理标准,两者是一种'唯效果论'与'唯规则论'之间的博弈关系。"①大数据对普通个体政治意识形态内容的无边界挖掘,将个体的政治倾向由"幕后"推至"前台",使得个体出于谋求政治安全心理进行政治表演,干扰了正常的网络意识形态生态。另一方面,由于当前大数据技术本身的局限性,其在数据分析过程中很难排除无效数据、虚假数据对真实数据分析结果的干扰,容易造成对真实政治意识形态的误判。尤其在后真相时代,即使大数据技术能进行更为全面的数据抓取,也很难把握普通网络个体的真实的意识形态意图。因为,在后真相时代,普通网民意识形态呈现出多元、碎片、快速更替、不稳定的特征,其意识形态也常因一些外在因素的干扰而处于一种动态变化之中,如前一秒,一些网民还因为对奥运会中国赛程的关注强化自身对主流意识形态的认同,后一秒便可能会因为一些贪污腐败新闻的报道对主流意识形态疏离。网民意识形态的快速变动性也是大数据对意识形态传播和治理的难度。

(3)大数据对网络草根民主的发展与培养所带来的风险与挑战。大数据催生数据霸权、数据垄断、数据歧视行为的发生,影响网络草根民主的发展。一方面,大数据建构起网络空间"数据即权力"的新权力模式,带来数据掌握者数据垄断和数据极权的可能性。在数据处理过程中,数据的黑箱性导致权力的不可见性和不对称性,数据掌握者往往拥有着更多的数据操作和解释权,并且可以通过大数据的政治化适用,如将数据分析结果作为政治决策和政治制度建设的参考依据等,将数据权力转化为现实的政治权力,从而影响草根民主的实现和发展。另一方面,大数据的政治化适用加剧了对数字弱势群体的政治歧视,影响网络草根民主的发展。大数据技术作为人类的产物,其本身就被嵌入了技术设计者的主观意图,容易造成对其他数据相关者的数据歧视。同时,大数据的数据采集技术以数据的上传为前提,只有通过智能手机和移动终端等智能化设备传播到互联网上的数据才能得以被其采集并纳入数据分析的轨道之中,使得一些不具备数字化设备能力的政治意识形态观点和诉求难以被采纳并纳入制度建设的轨道之中,从而造成对数字弱势群体的政治歧视。

---

① 张爱军、梁赛:《大数据的政治媒介功能及其伦理边控》,《学术界》,2019 年第 12 期。

（4）大数据边缘计算的潜在政治风险。大数据边缘计算在强化政治治理效能的同时，也带来了潜在的政治风险，主要表现在以下三个方面。一是边缘计算的多区域、多中心分布在提升政治治理效率的同时，也加大了治理主体对边缘计算的控制难度。"相较于云计算中心的集中式核验，边缘计算的核验任务更为复杂，核验难度更高。网络边缘设备的归属和管理也涉及多个治理主体，组织与组织之间的利益关系错综复杂，协调与配合较为困难，难以及时、准确地发现数据造假行为。"[①]二是由于大数据边缘计算的新兴性，当前缺少对边缘计算的管理机制和立法规制，边缘计算的贸然政治使用反而容易使得政治数据折损。边缘计算模式主要采用多中心、多区域、多设备进行协同式构建，这种去中心化与再中心化的建构模式会加大网络治理主体对其进行合法监管的难度。同时还可能带着边缘计算主体对边缘计算数据的隐性操控，其可以通过对数据信息的筛选和篡改达到利己获益的目的。三是边缘计算可能导致政治治理中责任推诿现象的发生。不同于云计算的中心数据处理模式，边缘计算的多中心化也带来治理责任的多中心化。云计算中心多由政府机构、大型商业组织设置专职部门进行集中式、规范化管理，权责界定相对明确，具有较强的规范管理性和明确的责任承担限定。而边缘计算主要采用多中心化的治理模式，而不同中心之间又具有一定的交叉部分，且很难就这一部分的责任归属进行明确界定，容易导致不同政治主体间的责任推诿。

四、智能算法在网络政治意识形态传播中的权力意义

在信息时代，谁掌握了信息的主导权，谁就掌握了社会的权力。智能算法技术通过自身数据把控、内容推送的强大影响力建构起了一种新的权力形态，不少学者都提出了"算法即权力"的观点。智能算法技术不仅带来了对现实政治生活的颠覆性影响，还通过极强的数据操控能力控制着网络政治意识形态的传播。

（一）智能算法是网络政治意识形态权力建构的重要技术

作为一种智能技术，算法有其自身的逻辑建构特性，并以此为依据进行着自身的权力建构，形成一种全新的算法权力形态。算法权力通过自身

---

① 张爱军、梁赛：《边缘计算对政府治理的影响及其风险消解》，《国外社会科学》，2021年第2期。

的运行逻辑与网络政治和网络意识形态传播产生交互作用,成为影响网络意识形态建构的重要技术。

1.算法权力的运行逻辑

算法技术把控了虚拟网络空间的信息内容传播,通过"议程设置"把控着用户的认知、态度和行为。算法所具有的自主学习和优化能力使其通过内容传播的全面化、精准化进一步将自身的影响力虚拟空间延伸至现实空间。如今,算法已不再简单地作为一种技术存在,而是成了社会权力运行体系中的重要因素。算法在政治、经济、文化、社会等多个方面的渗透赋予了算法权力强大的影响力,使其成为一种非国家力量的"准公权力"。算法权力的运行有其自身的逻辑,主要表现在以下四个方面:

(1)商业逻辑先于管理逻辑。当前算法权力的适用主要分为主流意识形态和非主流意识形态两个方向。主流意识形态对算法的使用遵循管理逻辑,旨在通过算法实现高效社会治理。非主流意识形态对算法的使用则主要遵循商业逻辑,旨在借助算法技术实现自身利益的最大化。管理逻辑与商业逻辑之间存在一定的矛盾性。管理逻辑更多出于对公共利益的考量,其权力来源的目标指向都具有公共性。而商业逻辑多是出于对私人利益的考量,也是私人资本进行牟利的技术产业,具有私人指向性。管理逻辑与商业逻辑矛盾的本质是权力与资本的博弈。在算法建构的权力逻辑中,管理逻辑让位于商业逻辑,而其根源恰恰在于算法对资本的过度依附。一方面,算法技术的开发、维护和使用需要强大的资本为后盾。如在当下的市场环境中,算法技术也主要由几家大型网络技术公司掌握,其对算法技术的使用具有一定的隐蔽性和逐利性,一些资本甚至通过向算法植入自身利益诉求的方式进行算法操控,以实现自身利益的最大化。另一方面,算法技术的"黑箱性"增大了主流政治对其进行法律规制的难度,使得算法技术难以被监管,进一步加强了管理逻辑让渡于商业逻辑的可能,而其最终结果必然是导致以资本为代表的私人利益对公共利益的侵蚀。

(2)偏好原则驱逐平等原则。算法权力的技术偏好打破了普通个体权力获得的可能,造成对平等原则的驱逐。平等原则是获得权力的机会平等的体现,正如德沃金强调的,"人们所分享的不是权力,而是得到权力的机会和场所"[①],算法权力却以自身的偏好打破了这种机会的平等。一方面,算法技术是人的产物,其在研发、生产和运行过程中往往带有设计者的内

---

① 张爱军、李圆:《人工智能时代的算法权力:逻辑、风险及规制》,《河海大学学报》(哲学社会科学版),2019年第6期。

生偏见和主观价值诉求。在资本的加持下,算法的运用带有一定的利益导向,其数据采集和程序运行以自身的利益最大化为导向,通过大量利己数据的采集和使用实现自身偏见和利益的算法植入,在算法重复运算的过程中,这些偏见也形成内生性循环,并呈现出放大化趋势。另一方面,算法较大的技术和资本门槛加剧了"算法鸿沟"的形成,普通公众甚至主流政治方都难以对算法的运转进行有效监管。公众智能被动地成为算法技术的操控者,并在算法推荐信息流的裹挟下丧失了自我独立思考的意志。"算法受制于自身的技术模式,无法突破'无知之幕',做到合理地差别对待,反而会产生针对特殊主体的个体性规则,打破法的一般性,加剧实质的不平等程度。"[1]最终,算法个性化推荐机制反而带来对平等原则的驱逐,如大数据杀熟便是私权力利用算法数据和技术优势侵蚀公众权力的典型例证。

（3）技术理性优于价值理性。英国物理学家霍金曾说过,"完美的人工智能开发意味着人类的终结"。一方面,算法技术以"技术中立"的旗号模糊了算法背后的价值误读和技术偏差,带来工具理性对价值理性的压制。当任何事物都得以被量化感知和评判的时候,技术也潜移默化地完成了人的价值观重塑,算法造就了"数据决定一切"的思维定式。当人类习惯于使用数据思维寻找一个最优解时,数据也通过提供最优解的方式规训人的选择和行为。机器取代了人的感知、分析和判断能力,数据理性主导着人的思维和情感方式,并最终带来价值理性的消解。正如哈贝马斯所指出的,"技术统治论的命题作为隐形意识形态,甚至可以渗透到非政治化的居民的意识中,使合法性的力量得到发展"[2]。另一方面,智能算法带来权力的微观化、技术化,带来普通民众主体性的失落。作为算法权力操作的对象,普通民众始终处于算法全景敞视主义的监控下,并被精确地记录、编码,公众的行为数据、心理数据均被纳入算法技术的操控范围之内。原本用于服务人的算法技术异化为监控人、管制人的权力技术,造成公众的主体性丧失,并带来公众主体权利的遮蔽。此外,除了公权力外,一些技术和数据垄断型的企业或组织等私权力也有了演变为"网络空间二政府"的可能性,进一步侵蚀普通公众的隐私权、人格权等主体权利。

---

① 崔靖梓:《算法歧视挑战下平等权保护的危机与应对》,《法律科学》(西北政法大学学报),2019 年第 3 期。

② [德]尤尔根·哈贝马斯:《作为"意识形态"的技术和科学》,李黎、郭官义译,学林出版社,1999 年,第 69 页。

(4)隐性运行替代显性运行。智能算法因强大的意识形态建构力催生了一种隐性社会权力。正如加尔布雷斯所认为的,"社会权力的实现不再单纯地依赖强制性手段,而是开始向合作性手段转化,其建立在人的意愿之上,凸显个体人格的意志,使社会朝民主、自由、平等的方向演变,但这并不意味着显性权力的退化,而是意味着强制性权力远离了社会的个体意识,由显性运行转化为隐性运行,是智能时代下算法权力的一种重要实现技术"①。一方面,"算法黑箱"的存在掩盖了其中所隐含的不平等权力结构。智能算法具有较强的"议程设置"功能,它不仅决定了用户所能接收的内容,还能通过一定的策略手段影响用户的态度和行为走向,在用户无意识间形成对用户的操控。同时,智能算法通过数据呈现产生一些虚假同意,直接用数据对民众的观点进行量化处理,打破了对其真实观点的多元解读,形成一种隐性的强制力量。另一方面,智能算法以"技术客观性"的名义进行"虚假同意"的制造,并通过算法权威的打造强化其权力和合法性建构来实现其合法性建构,并通过对民众信息接收习惯的养成对其进行规训,从而促使民众对其隐性算法权力的自觉遵守。

2.算法权力的政治意义

(1)政治内嵌为算法权力及其治理基础提供方法论意义。"算法具有社会性和技术性,其设计和使用过程中也必然嵌入某种政治属性和权力关系。算法权力的政治意义在于对政治关系的相互作用方式产生影响,使权力与权利的主体间性关系呈现出以算法的个性化信息分发为基础的社会互动模式。"②算法权力的兴起为政治意识形态的传播和政治社会治理提供了一种新的方法论。一方面,就政治意识形态的传播而言,算法技术政治内嵌强化了算法内容传播的政治导向,算法具有强大的认知和社会建构能力,其可以通过有意识的内容推送进行主流政治意识形态观念的内嵌,从而进行普通民众对主流价值的认同建构,有利于维护政治社会的稳定发展。另一方面,算法再生产了政治权力的实践空间,扩大了政治治理主体的权力实践空间,并提升了社会治理效率。算法技术可通过对虚拟网络空间的智能化治理实现对现实空间的效果延伸,强化了虚拟空间与现实空间的互动关系。同时,算法通过对民众的生活数据、行为数据等的智能化采集和分析了解民众现实的政治意识形态和政治行为走向,在强化政治风险预警

---

① 陈氚:《权力的隐身术——互联网时代的权力技术隐喻》,《福建论坛》(人文社会科学版),2015 年第 12 期。

② 张爱军:《算法权力及其政治建构》,《阅江学刊》,2021 年第 1 期。

功能的同时,也通过精准化治理提升了主流政治社会治理的效率。

（2）获得肯定性权力是算法权力及其治理的价值基础。算法具有肯定性权力,"肯定性权力是指基于算法规则在可数字化可程序化与不可数字化不可程序化的人与事物之间加以区分,从而建立起可数据化的人与物相对于不可数据化的人与物的权力。算法的肯定性权力是算法治理中政治主体再生产权力规则的表现形式"①。一般而言,符合算法运行规则和算法价值取向的内容往往才具有算法准入的权力,算法的肯定性权力表现为一种规训权力,造成对其他行为个体的算法规训。算法虽然打着"客观中立性"的名义,但实际上,算法具有自身的建构规则和运行逻辑,普通个体只能选择进行算法迎合。如在一些算法技术平台,算法的使用前提是对普通用户个体生活和网络行为数据的全面抓取,为了获取算法带来的便捷性,普通个体只能选择让渡自己的个人隐私权,造成对普通个体的算法规训。同时,算法肯定性权力的存在可能进一步加剧"算法歧视",造成对不能进行算法准入的群体的不公平歧视,其权利诉求也因不能被纳入算法而失去了被保障的可能性。算法肯定性权力的全面适用无疑将加剧不同群体间的"鸿沟",也将影响和谐稳定政治秩序建构和良性的政治社会发展。

（3）治理算法化是算法治理强大的实践动力。算法技术的政治治理化适用带来治理形态的变革。"在福柯的治理技术中,惩罚体制与规训体制是社会治理的重要政治技术。惩罚体制治理的目标在于消灭所有威胁主权权力的力量以捍卫主权的无上权威,规训体制旨在通过建立一种普适性的社会规范机制以培养符合治理体制的理性行为主体。"②在算法技术用于社会治理之前,我国的社会治理也要采取惩罚这种外在强制的社会治理手段,其治理范围也仅限于公共领域,治理主体主要是人为组建的行政系统,既有一定的主观性局限,治理过程中也常有腐败现象的发生,治理效果带有一定的局限性。算法技术的政治适用打破了前算法时代政治治理的局限性。一方面,通过强化算法透明性建构和增强算法与政治治理主体的合作,有助于促进算法治理向更公正的方向迈进。另一方面,算法透明性的建构强化了治理主体和客体对算法程序的监控,降低了算法内生性偏见所导致的负面影响。此外,算法与治理主体间的合作有助于改变前算法时代政治主体人为治理的局限性。算法基于真实、全面数据抓取和分析有助于治理主体了解真实的社会状况,以便治理主体对症下药,提升治理效率。总之,算法技术与公共权力的合理化交融成为促使治理算法化的强大动力。

---

①② 张爱军:《算法权力及其政治建构》,《阅江学刊》,2021年第1期。

3.算法权力与政治建构

人工智能算法不仅是一项新技术,更是新的权力形态。算法的政治化适用为政治合法性的建构提供了一条全新的技术路径,造成数据秩序对以往话语秩序的颠覆,并重塑了国家、社会与公民之间的关系。"算法权力是程序规训权力,数据获取及行政吸纳由治理权力意志决定,公民的社会认知与行为在微观中受到算法权力的引导、建构与规训,权力主体通过算法从政治参与、话语构型和制度构建等方面实现权力治理社会的功能性建构。"①

(1)算法权力的政治参与功能建构。现代政治的发展以公民对政治的普遍参与为特征,而智能算法恰恰为政治参与的功能建构提供了可能。一方面,智能算法为政治参与的广泛性和互动性进行了赋能。智能算法数据分析的便捷性和精准性降低了普通个体政治参与的时间、经济成本,拓宽了普通民众政治参与的渠道和可能性。不同于传统的政治参与常采用会议线下演讲等形式,参与主体往往需要放弃一定的工作和休闲时间,这种政治参与的高成本使得政治参与成为少数人的特权。智能算法带来政治参与的线上数据化转移,使得普通个体仅通过数据生产就能进行基础性的政治参与。同时,智能算法改变了长期以来信息控制的权力关系,普通民众的政治需求和呼声得以通过数据采集被传递至主流政府方,提升了普通民众的政治效能感,进一步激发了其进行政治参与的主动性。另一方面,智能算法通过在线数据的采集进行政治议题的推选,有利于政府治理主体对受关注政治议题的精准把握,从而提高政治决策的科学性。在用户的网络浏览数据、点赞评论行为中都嵌入了用户的政治态度、政治观点和政治诉求,智能算法通过对这些数据的采集和分析,能对其中涉及的政治议题进行精准捕捉,政治治理主体和民众之间得以通过数据进行更深刻的连接,强化了彼此之间关于政治议题的交互性。

(2)算法权力对政治话语的构型。"算法权力的政治话语构型是指政治权力主体通过对算法技术的掌控,在算法信息传播和算法权力收编的过程中建构主流话语权力及其话语传播特征的功能。"②就实践操作而言,算法权力对政治话语的构型主要表现在以下三个方式。一是通过算法助力主流话语输出。智能算法可通过数据分析掌握用户的接受习惯,帮助主流政治方进行符合普通公民信息偏好的主流政治话语的输出。另一方面,主流政治方可通过对算法技术的调控提升主流政治话语的曝光量,帮助主流政治

①② 张爱军:《算法权力及其政治建构》,《阅江学刊》,2021年第1期。

话语进行输出。二是通过对非主流的话语收编实现对主流政治话语权地位的巩固。通过实时对网络政治话语的算法监管，主流政治方能有效把握非主流政治话语的走势，实现对非主流政治话语的有效管控，进而巩固主流政治话语的权威性地位。三是通过算法实现主流政治话语输出与民众政治话语接收习惯的契合，提升主流政治话语输出的致效率。智能算法可通过对用户点评、评论、转发及浏览记录等数据的抓取分析用户的政治偏向，并以此为根据对其进行相应的政治话语传播，突出主流政治话语传播中的"受众本位"，提升主流政治话语输出的致效率。

（3）算法权力对制度权威的建构。"媒介不仅是意识形态的重要工具，媒介本身就是意识形态。"[1]智能算法技术通过合法性建构、认同建构、权力强制三种路径实现了对主流政治权威的建构。首先，智能算法技术凭借其对政治、经济、文化的深度嵌入构建起自身的强大影响力，并由此延伸为一种新的权力形态，在技术客观中立性名义的掩盖下，智能算法凭借自身的影响力和"客观中立性"完成合法性建构，使得民众无意识间接受了算法权力的主导性地位。其次，智能算法的政治制度化应用强化了民众对算法权力的进一步认同。算法与政治制度的合作将民众对政治制度的认同延伸至对算法权力的认同，算法权力的政治背书提高了算法在民众认知领域的权威性和合理性，由此实现了民众对算法权力的认同建构。最后，算法技术通过其技术强制性完成对公众政治行为的规训。"美国技术哲学家和政治家兰登·温纳认为，技术是建构世界的一种方式，人类实现的所有事物被重新构思、重新组合并重建且被纳入到技术工具系统的周密安排中，技术作为一系列结构在权力运行的过程中能够不断重构着公众所处的环境，公众在社会系统中逐渐变得遵循其所控制的技术系统的规范和要求之中。"[2]算法以无形的信息传输控制着普通民众的政治认知、政治态度，引导民众进行主流政治价值的内化，由此实现对民众政治行为的规训。

（二）算法权力的网络意识形态传播风险

算法技术对社会生活的深度嵌入与广泛影响决定了它必将被主流政治纳入治理和运用的政治范畴，成为政治主体延伸权力意志，促进政治发

---

①　邵培仁、李梁：《媒介即意识形态——论法兰克福学派的媒介控制思想》，《浙江大学学报》（人文社会科学版），2001 年第 1 期。

②　张爱军、王首航：《算法：一种新的权力形态》，《治理现代化研究》，2020 年第 1 期。

展和维护社会秩序的技术进路。①但与此同时,智能算法也通过屏蔽、引导、规训和伪造的技术路径,影响着用户的政治认知、政治情感、政治意向和政治行为,并对网络意识形态的传播带来相应的风险。

1.算法权力的网络政治传播风险

作为一种新的权力形态,算法权力对网络政治社会的发展具有双面性,其在助力网络政治治理的同时,也对网络政治传播带来相应的风险。一是算法权力的不当使用可能侵蚀网络公平正义。算法技术的使用具有较高的技术门槛和较全面的数据抓取要求,算法的"黑箱"强化了算法技术的不可知性,主流政治方难以及时有效地进行算法监控,算法掌握者可能会通过算法集权达到谋取自身利益的目的。同时,算法作为人为设计的一种技术,其程序本身可能就带有程序设置者主观价值观念或个人偏见的嵌入,带来侵蚀网络公平正义的可能性。二是算法权力延伸造成公共领域和私人领域边界的消融。算法数据抓取既包括公共领域的点赞、评论和转发数据,也包括私人领域的浏览记录、情绪倾向等隐性数据,算法权力对公私边界的打破在延展算法权力实践范围的同时,也以"数据全景监狱"的形式强化了对个体政治话语和政治行为的规训,这种高强度、全范围的政治监控可能会进一步诱发个体的反抗心理,进而影响网络政治社会的稳定。三是算法过度助推政治传播可能导致政治认知的偏狭和极化。算法基于个体兴趣偏好的内容推荐可能会进一步加剧个体"信息茧房"的行为,强化个体的既有政治,并最终造成个体政治认知的偏狭和政治行为的极化。

2.资本主体的算法权力产生政治风险

算法权力目前具有资本与政治两大运用主体,而算法权力的资本运用缺乏良性政治制度的保障,从而可能带来了相应的政治风险。一是可能导致政治正义解体。"政治正义是政治价值的终极形式,政治正义建立在理性的公民资格上,能够以规范来制衡私利,保障政治秩序公正、稳定、有序地运行。"②而算法权力的资本运用因缺乏全面的制度保障和有效的监管措施,容易对弱势群体进行技术歧视。资本的目的是获取自身利益的最大化,弱势群体因不能助力资本盈利,而处于被资本所掌握的算法权力边缘化,由于虚拟空间和现实空间的高度关联性,这种歧视可能会进一步延伸至现实空间场域,进而影响弱势群体现实权利的保障,导致现实政治正义的解

---

① 张爱军:《算法权力及其政治建构》,《阅江学刊》,2021 年第 1 期。

② 张爱军、李圆:《人工智能时代的算法权力:逻辑、风险及规制》,《河海大学学报》(哲学社会科学版),2019 年第 6 期。

体。二是导致制度羞辱主义盛行。在《体面社会》一书中,马加利特指出:"一个体面社会就是一个其社会组织不羞辱人民的社会。"而智能算法的数据依仗带来人的全面数据化,人的主体性地位遭到算法冲击,算法根据人的行为数据生产对人进行层级划分,忽视了人的主观能动性和价值性,加剧了制度对人的羞辱。三是造成权利保护危机。资本操纵下的算法技术以资本利益价值最大化为重要价值取向,资本为获取往往会对用户行为数据进行采集。资本和算法的合谋使得个人的数据生产、个体隐私处于技术的操纵之下,主体理性被隐性操纵技术吞噬,也为个体权利保护带来危机。

3."算法利维坦"风险

"算法利维坦"是由算法技术越位引发的政治风险,这种风险将导致公民权利让渡引发算法权力越位、算法政治越位导致"人的政治"终结。[1]具体而言,算法利维坦的风险主要表现在以下三个方面:

一是技术理性吞噬政治理性。算法作为一种辅助政治治理的技术,其出发点本应是服务政治社会发展,然而在算法的政治化实践过程中,由于缺少相应健全制度的保障,算法也逐渐脱离原来的预设轨道,反而带来技术理性对政治理性的侵蚀。一方面,智能算法的政治化运用加剧了政治与道德的分离。智能算法鼓吹技术的客观性、数据分析结构的精准性,推崇"技术理性"主导的政治治理模式,而忽视了"人的统治"的情感和道德价值,可能导致技术理性对价值理性的侵蚀。另一方面,算法适用以公民权利让渡为前提,可能导致算法权力越位。算法因全面嵌入政治、经济、文化而具有权力意义,普通个体难以形成对算法的有效抗衡,为保障自身正常权利的实践,普通个体只能通过对算法秩序进行无条件服从,算法权力渐有越位公民权利之上的趋势。

二是致使算法寡头统治。可通过塑造个体的政治认知来影响个体的政治态度和政治行为,算法具有强大的建构性和政治操控性,容易导致寡头政治。

三是带来政治合法性危机。算法凭借自身的影响力的建构可能形成一种新的"意识形态",即"算法意识形态",这种意识形态过度强调数据分析的客观性和正确性,可能会对已有的意识形态造成冲击,导致政治合法性危机。

4.算法深度伪造风险

深度伪造是指对图像、视频和音频进行超现实的数字伪造,算法技术

---

[1] 参见张爱军:《"算法利维坦"的风险及其规制》,《探索与争鸣》,2021年第1期。

通过加剧深度伪造的智能化生成和精确性传播造成了相应政治风险的生成，主要表现在以下三个方面：

一是污名化政治主体，带来政治质疑。深度伪造技术可以实现快速且真实的人脸变更，若用于政要人物形象或话语伪造将带来民众对政治主体的质疑，加剧民众对政治主体的疏离与猜忌，助长社会转型时期民众的政治不信任心理。深度伪造的信息以视频形式进行呈现，增强了虚假信息的说服力。利用深度伪造技术制造关于政治人物的负面虚假信息无疑将破坏其在民众心中的形象，将引发严重社会信任危机。

二是深度伪造技术具有误导、误传与操控信息的空前潜力，造成视觉客观性的瓦解。"眼见为实"这一传统真相观被消解，民众陷入真实性质疑危机，其追求真相的价值观也因此受到挑战。同时，一些带有误导性、挑衅性的伪造信息也极易成为民众情绪爆发的催化剂，给政治环境带来极大的混乱，甚至导致直接的政治冲突。

三是伪造信息武器化，挑战国际政治关系。深度伪造信息越来越多地被用于推进政治议程，深度伪造信息与国家机器相绑定，成为政治宣传战中的重磅武器，具有危及国家安全的可能性。深度伪造技术凭借自身的操作便捷性和辨识复杂性成为信息战中的重磅武器，在国际场域中发挥重要作用。尤其在国际关系方面，深度伪造技术易被用于制造国际政治事件，在各国集中关注的问题上制造矛盾，侵蚀国家彼此间的信任，诱发国家乃至国际关系冲突。

五、人工智能在网络政治意识形态传播中的作用

人工智能技术的政治化运用带来推进国家治理体系和治理能力现代化的可能，既创新了政治社会治理的思维方式和治理模式，也变革了政治意识形态传播与治理的模式和路径。作为近年来一种新兴技术，人工智能是对政治发展的一把双刃剑。就网络政治意识形态传播而言，人工智能为网络生态空间治理带来一种新的可能。人工智能既为网络政治意识形态传播带来积极影响，也为网络意识形态传播带来消极影响。

（一）人工智能在网络政治意识形态传播中发挥积极作用

"在大数据、云计算和4G技术支持下，人工智能逐渐强化'智'与'能'，将信息传播过程中的信息收集、生产与分发环节融合为一体化的算法传播

模式。"①人工智能可通过对网络空间的意识形态内容的自动化抓取和智能化分析，对网络空间的意识形态进行智能化监管，为网络意识形态传播带来积极影响。

1.人工智能推动了国家对舆论的治理

"舆论是指公众关于现实社会以及社会中的各种现象、问题所表达的信念、态度、意见和情绪表现的总和，具有相对的一致性、强烈程度和持续性，对社会发展及有关事态的进程产生影响。"②在后真相时代，舆论引发的社会冲突事件频繁。作为政治社会的晴雨表和风向标，舆论已成为影响政治稳定的重要因素，舆论治理也成为国家政治社会治理中的重要一环。人工智能技术恰为舆论治理提供了新的路径和方式。一方面，人工智能技术可助推正向舆论的生成与传播。人工智能技术促使"社交机器人"的出现，也带来一种新的政治内容传播的可能。在人工智能技术助力下，社交机器人可自动进行相关内容的生产、传播与反馈。若将社交机器人用于主流政治内容的生产，可有效提升主流政治内容的曝光率，同时也可通过对正向内容的生产营造良好的政治生态，强化网络用户正向的政治感知，减少负面政治舆论的生成可能。另一方面，人工智能技术也可对负向舆论进行实时监督和引导，通过及时有效的社会情绪监督进行舆论走势预判。在后真相时代，愤怒、怨恨、悲伤、恐惧等负面情绪在网络空间占据着主导性地位，这些极端情绪在吞噬公众理性思考能力的同时，也成为负面舆论的助燃剂，甚至直接催生各种现实性社会冲突事件，影响政治社会的稳定和发展。人工智能可通过自主学习对网络情绪进行归类，并建立相应的情绪预警机制，在负面舆论爆发之前进行舆论风险消解，避免其可能造成的负面政治影响。

2.人工智能推动了国家治理能力的现代化

人工智能从治理主体和治理客体两个方面推进了国家治理能力的现代化。就治理主体而言，人工智能助推了治理过程中理性、公平、客观等原则的实现，排除了个人利益取向、官僚倾向等主观因素对治理过程的干扰，有利于提升政治治理的效率。一方面，人工智能可通过对大量数据的采集和分析了解民众的政治诉求，普通个体得以通过数据生产的方式进行政治参与，这种低门槛的政治参与模式有助于政治治理主体真实了解公众的政治诉求，便于政治制度建设与民众需求更好地契合。另一方面，人工智能的

---

① 张爱军、师琦：《人工智能与网络社会情绪的规制》，《理论与改革》，2019年第4期。

② 陈力丹：《舆论学——舆论导向研究》，中国广播电视出版社，1999年，第11页。

数据抓取和分析被纳入政治制度和政治决策的参考因素,在一定程度上加强了政治决策和政治制度建设的科学性。在前人工智能时代,由于缺乏全面有效的数据技术支持,我国早期的政治决策和制度建设往往以人为主持的民意普查和政治调研为依据,但由于数量巨大、程序繁杂,难以对每个调研过程进行有限监管,同时,人为主观因素的介入也很难保障结果的客观性和程序的公正性,导致政治腐败现象的发生。而在人工智能数据支持下的政治决策以数据的客观性、中立性和全面性能有效排除人为主观性因素的干扰,提升政治治理的客观中立性。就治理客体而言,人工智能有助于真正实现以人民为中心的治理价值取向,普通公众得以通过数据生产进行有效政治参与,人工智能技术以数据抓取和分析为桥梁,强化了普通公众与政治决策和政治制度建设间的互动关系,从而带来民众参与感、幸福感和尊严感的提升。

3.人工智能推动了国家治理的效率化

人工智能通过赋能国家治理体系和治理能力,促使了效率向效能指数的转化,这主要表现在社会治理、经济治理、文化治理、政治治理等多个方面。就社会治理而言,人工智能带来"智能化城市"的兴起,人脸识别、物联网、大数据等技术与人工智能的深度合作促使城市的数字化转型实践,以数据为决策基础的智能化城市管理和精准化治理带来治理效能的释放。如通过人脸识别、指纹识别和智能监控系统的合作,有利于快速查找和定位具有危害社会稳定属性的个体及群体,有利于社会治理并及时发现和防范其可能造成的社会危害。就经济治理和文化治理而言,人工智能与大数据技术的深度合作有利于实现对互联网络中的经济和文化内容进行有效监管,主流政治治理主体可实时对经济的流通、文化的传播进行追根溯源,并对其经济的流通过程和文化的传播过程进行有效监管,防止其流通途中风险的发生。同时,人工智能与大数据技术形成有效合作还能对影响经济和文化发展的非主流意识形态进行实时定位、有效追踪,进而化解其可能产生的经济和文化风险。就政治治理而言,人工智能可有效提高主流政治治理的政治效率,通过数据可客观、中立、全面性保证治理过程中公平正义的在场,同时,通过强化治理主体间的互动,还能增强治理客体对政治治理的正向感知。

(二)人工智能的网络意识形态传播风险

人工智能技术的发展和普及带来了信息的个性化传播,提升了网络政治意识形态内容传播的致效率。但与此同时,人工智能也促使人的身体得以在数字网络延伸,人对人工智能技术依赖加剧,人工智能异化为控制用户的权力力量,并对用户进行规训,造成人的主体性风险。同时,人工智能对政治意识形态治理与传播的过度嵌入可能也会导致相应的政治价值风险。

1.人工智能具有技术理性取代价值理性的可能性与现实性

人工智能对于技术和数据的过度依赖带来技术理性取代价值理性的可能,由此也将产生相应的政治风险。一方面,过度对技术理性的依赖可能造成政治治理中人文关怀的缺失,造成政治情感的中心失落,不利于整体性政治认同的建构。情感是人类最本质的心灵归属。"情感是人类所固有的,也是人类所诉求的,是人类社会联系的纽带。如果说西方是权利本体,是以权利为核心形成的差序格局,那么中国就是情本位,是以情感为本位形成的由血缘地缘向外拓展的差序格局,用李泽厚的话来说,中国是一个'情本体'的社会,情感关怀始终是中国传统文化的组成部分。"①人工智能对于技术理性的过度重视容易忽视公众最为朴素的情感诉求,冰冷的数据掩盖了民众强烈的政治情感表达,并将公众的情感排除于政治政策考量和政治制度建设的考量范畴之外,违背了公众对政治的情感期待,从而为政治认同的建构带来消极影响。另一方面,人工智能技术打着"技术中立"的旗号模糊了算法背后的价值误读和技术偏差,带来对个体理性和主体性的侵蚀。在万物可量化的技术时代背景下,技术理性成了人们常用的一种价值判断取向。当任何事物都得以被量化感知和评判的时候,技术也潜移默化地完成了人的价值观重塑,使人形成"数据决定一切"的思维定式。当人类习惯于使用数据思维寻找一个最优解时,数据也通过提供最优解的方式规训人的选择和行为。人工智能取代了人的感知、分析和判断能力,数据理性主导着人的思维和情感方式,并最终带来人的异化和人文价值观的消解。

2.人工智能具有使国家治理"一刀切"的可能性与现实性

国家治理可分为不同的维度,既包括微观、中观和宏观层面的国家治理,也包括政治、经济、文化和社会方面的国家治理。治理客体的多元维度也对国家治理的差异化提出要求,国家治理只有通过差异化治理策略和措施的制定来满足不同维度的治理需求,才能实现治理效果的最大化。人工智能以全面客观的数据掌握进行整体性的国家治理规范,虽带来政治治理效率的提升,却难以形成有效的差异化治理策略。一方面,人工智能深入渗

---

① 张爱军:《人工智能:国家治理的契机、挑战与应对》,《哈尔滨工业大学学报》(社会科学版),2020年第1期。

透于各领域、各层面,打破了不同治理客体间的边界,忽视了不同治理个体的独特性和差异性,人工智能对统一化数据治理的过度强调容易导致国家治理的"一刀切"。另一方面,人工智能具有使国家治理缺少人性化的可能性与现实性。国家治理离不开人文价值的注入,中国作为一个具有深厚文化传统的"情本体"国家,情感、道德、伦理一直属于国家治理的重要考量因素。一个没有温度的治理、一个缺少人性化的治理既不是民心所向的治理,也不是能获取成效的治理。所谓人性化治理,即治理主体要以人为本,情理结合,既要保障治理效率的最大化,也要保证人民权利的最大化满足。就这一方面而言,人工智能虽能保障前者,即保障治理效率的最大化,但人工智能客观理性的数据化治理难以真正实现对民众情感的满足。

3.人工智能具有影响国家治理发展的可能性与现实性

对人工智能的过度依赖可能会影响国家治理水平的提升和国家治理能力的长远发展。首先,人工智能可能助长政治治理主体的懒政和滥政心理。人工智能辅助国家治理在很大程度上减少了政治治理主体的工作量,以往需要费时费力进行实地调研才能获取的数据,现在仅需简单的数据抓取操作便能获得。国家治理主体对人工智能的过度依赖可能形成一种定势思维,助长治理主体的惰性心理。其次,人工智能具有导致国家歧视性治理的可能性与现实性。人工智能的程序设计容易带有设计者主观偏向的嵌入,容易对一些群体造成程序的原生性歧视。同时,在人工智能的程序运行过程中,原有的程序性歧视呈放大化趋势,形成一个"自我实现的歧视性反馈循环"。最后,人工智能的技术局限可能导致国家治理的偏差。人工智能主要通过对数据的采集和对舆论的把握了解民众的真实政治诉求。人工智能的信息收集以用户的信息数据上载为前提,用户的网络浏览痕迹综合构成人工智能技术对用户的衡量指标,通过对用户浏览内容进行多维度智能分析判定用户偏好、情感取向,用户的生理信息和环境信息被数据化,用户在网络上以"虚拟主体"的形式存在,人工智能技术得以完成对用户的形塑,而这种形塑是建立在用户上传的不完备数据的基础之上的,也可能导致技术对用户真实需求的误读,进而影响政治决策和国家治理的准确性、科学性。

第三章　"柔性"表达：
网络政治意识形态传播中的行为调适

网络主体的政治行为在网络技术的影响下具有"柔性"表达的行为调适特征。所谓的"柔性"表达是指网络技术具有延伸网络主体的权力与意识作用。网络主体通过网络技术传播不同的权力诉求和意识形态立场，使得网络政治空间成为不同主体权力及多元意见的博弈场域，使网络主体的直接政治表达转向间接的、隐喻的或反义的表达以表示自己的政治态度和意识形态立场。这种"柔性化"的行为调适既有主动的，也有被动的。主动的"柔性"行为是网络主体遵循网络空间的传播秩序而采取的行为，被动的"柔性"行为则是网络主体为避免政治敏感，获得表达自由而进行的行为调适。网络主体主动的"柔性"表达行为有助于维护传播秩序，被动的"柔性"表达行为在一定限度范围内也有助于维护秩序，可一旦打破权力与权利的平衡，就会转化为扰乱网络空间秩序的因素。

网络主体的"柔性"表达属于微观政治传播的范畴。微信红包的政治社会学内涵，微信"点赞"的政治心理，表情包传播的"政治萌化"，网络技术屏蔽敏感词和政治语言的转向这四个方面主要是基于社交媒体这一平台下产生的政治行为。政治行为影响政治表达。不同的政治行为具有不同的政治动机，在政治动机的推动下微观政治传播的不同形态在社交媒体上得以呈现。荆学民认为，"'微观政治传播'及与之对应的'社交媒体'是微观政治传播研究的'基石性'范畴"①。因此，微信红包、微信"点赞"、表情包传播和敏感词屏蔽不仅具有政治学研究意义和研究价值，还在微观政治传播研究范畴中具有一定的现实意义。

一、微信红包中的"柔性"表达

微信红包具有政治社会学意义。其区别于承载"人情"和维持"面子"的传统红包，微信红包则是依托于社交媒体反映现实政治的"柔性"象征。微

---

① 荆学民：《微观政治传播论纲》，《现代传播》（中国传媒大学学报），2021 年第 7 期。

信红包的"柔性"象征主要体现在发红包和抢红包这两种行为层面。发红包和抢红包的行为既是公众行使积极自由权利的体现,也是公众政治心理的映射。就政治心理层面而言,"红包产生即时性'领袖'与群众心理、斯德哥尔摩综合征心理、政治犬儒心理、群体无意识心理和政治感恩心理。"①不同的政治心理产生不同的政治行为、政治态度及政治表达。发红包和抢红包蕴藏着权利与意识的边界问题。在权利和意识的影响下,微信红包不仅具有符号互动的意义,也成为体现政治领袖和政治群众间的权力象征。

具有政治社会学意义的微信红包注重政治场景的搭建。政治场景的搭建给微信红包提供使用和传播的场域。微信红包在政治场景或政治情境中反映现实政治文化,现实政治文化又在微信红包中得到反馈或映射。人们通过在发红包和抢红包的互动过程中获取政治认同反馈。微信共同体下的政治认同主要由发红包实现,抢红包则是对发红包产生认同心理的强化。因为,"从本质上来说,红包互动是人们社会关系的一种外化,选择什么人发红包,发多大的红包,在哪些群里参与红包互动,都显示着人们的关系线索"②,这种关系在不同政治心理的影响下形成联结抢发红包的政治关系。红包互动也是人们政治关系的一种外化,什么人会发红包,发红包的金额,在哪些微信群会参与红包互动,都显示着人们的政治关系和政治权利。

(一)抢/或发红包背后的政治心理

红包是增进人际情感、加强亲密关系的一种方式。从政治层面而言,微信红包的政治性主要是针对政治阶层的。发红包则体现了政治阶层的基本政治心理。他们既是政治参与者,也是政治话语的主要把控者。发红包满足了政治阶层的政治诉求和政治需求,通过发红包和抢红包搭建属于个人性质的政治圈层。不同于微信红包的政治性,非政治性的红包主要出于娱乐心理,不具有政治心理研究的意义。

不同的人在抢发红包的过程中具有不同的政治心理。政治心理是对政治事件、政治人物、政治关系、政治态度在心理层面的反映。无论是发红包还是抢红包,由于政治主体的差异,在进行红包互动的行为过程中政治认知和政治态度也会有所差异。政治认知和政治态度的差异性直接影响政治主体的政治心理。抢发红包背后的政治心理主要包含积极和消极这两个层

---

① 张爱军:《微信红包政治社会学研究》,《社会科学研究》,2017 年第 5 期。

② 彭兰:《新媒体用户研究:节点化、媒介化、赛博格化的人》,中国人民大学出版社,2020年,第 307 页。

面。微信红包积极的政治心理是指发红包和抢红包能够在某种程度上化解政治冲突和政治矛盾,这是一种主动行为倾向。微信红包消极的政治心理则是因为发红包和抢红包逾越了政治权力边界,导致发红包成为一种强制性行为,在微信红包的支配下失去人的自主性和能动性。这两种政治心理共同作用和影响政治主体抢发红包的行为、意识、观念及认知。

1.微信红包产生的政治威权心理

微信红包在使用和传播过程中具有政治威权心理。政治威权心理表征政治主体具有威权人格。对于发红包的人而言,选择发红包说明了发红包主体具有一定的地位。这种地位主要体现在发红包的数额和发红包的频次两个方面。发红包的数额越大、次数越多,就越体现出该主体具有的威权人格。"威权人格具有追从和崇拜权威及对传统价值的坚守等心理倾向,威权人格不仅直接或间接地对个体的政治态度产生影响,还会影响人们的信息认知及相应的政治行为。"[1]在微信群里发红包的人具有"领袖"或"领导"意识。发微信红包的人在某种意义上也是对传统发红包形式的坚守,同时也是追从和崇拜权威的体现。在这种心理的影响下,发红包的人会认为自己掌握着对所处微信群的话语权和表达权。同时,具有威权心理的"领袖"对微信群的政治秩序也具有一定的规范、管理作用。

政治威权心理体现政治主体对政治行为的认同。威权心理经常表现为民族主义、社会正义或富国强兵的理念,这大都与经济发展、维持秩序、避免内部争斗发生、排外等实际考虑有关。[2]对于在微信群内的发红包行为而言,这与政治发展、维护政治秩序、淡化政治矛盾和政治冲突发生等实际情况有关。具有威权心理的人通过发红包来支配自己的行为,发红包行为也成为这部分人体现政治认同的途径之一。在微信群里频繁、多次地发红包行为是威权的体现,群众对威权表现出服从心理,抢红包行为正是对政治威权的认同。

2.微信红包产生的无意识心理

微信红包产生的无意识心理是针对群众而言。群众的无意识心理和领袖的威权心理共同构成微信红包的政治心理,同时也体现出对权力的支配和服从心理。这种无意识行为类似勒庞提出的"乌合之众",好像"一切感情

---

① 马得勇、陆屹洲:《信息接触、威权人格、意识形态与网络民族主义——中国网民政治态度形成机制分析》,《清华大学学报》(哲学社会科学版),2019年第3期。

② 参见孙代尧:《现代化进程中的威权政治——政治社会学研究范式述评》,《华东理工大学学报》(社会科学版),2002年第3期。

和思想都受着催眠师的左右"①,无论是与红包产生互动,还是加入抢红包过程中,个体行为失去了自主性,个体意识被微信红包所控制、支配着,使群体不自觉地陷入无意识心理的循环往复中。这种无意识心理的存在和出现,表明政治行为受无意识心理的影响,若被无意识心理过度地支配则会造成不良影响。因此,微信红包并不是自然形成的,是受无意识心理左右的产物。

微信红包产生的无意识心理与人情、面子、政治资本有关。在政治学领域里,所谓的人情和面子往往是为了维持基本的政治关系、保障个人的既得利益为根本诉求的。这种由政治关系搭建的人情往来通过发红包和抢红包建立政治联系。同样对于政治资本而言,是为了稳固政治关系产生的一种无意识的资本"投资"。但这种"投资"不同于现实意义的投资,是在虚拟情境下为了稳固关系形成的微信红包"投资"。无论微信红包所发的金额和数量是多少,在本质上这种方式就是一种对政治资源和政治关系的间接"投资",也是一种无意识"投资"策略。通过发微信红包来实现"投资"策略的有效开展,满足个人的政治诉求。布尔迪厄认为:"这种策略首先确定那些在短期内或长期内直接用得着的、能保证提供物质利润和象征利润的社会关系,然后将这些本来看起来是'偶然'的关系通过'象征性的建构'转变为一种双方都从主观上愿意长期维持其存在的、在体制上得到保障的持久稳定的关系。"②从资本的角度看待微信红包,这种方式能为发红包者和抢红包者之间建构稳固的政治关系,提高人们在微信群里的政治参与度。

3.微信红包产生的政治犬儒心理

政治犬儒心理是对现代政治文化的反映,具体指向对现有政治秩序的不满转化为不认同的接受心理。微信红包中的政治犬儒心理是在政治"场域"下产生的心理状态,这种心理状态是客观存在的,对发红包和抢红包的人在行动层面具有形塑的作用,"场域都是关系系统,而这些关系系统又独立于这些关系所确定的人群"③,政治场域都是政治关系系统,在抢/或发微信红包的过程中,政治关系系统独立于政治关系所确定的参与抢发红包的个人及群体。这些个人及群体保持一种对现实政治秩序的反抗心理,符合政治犬儒心理的基本特点。他们受"领袖"影响和支配,内心产生不愿意、不服从、不认可的态度,但在行为层面上则出于犬儒心态被动选择接纳、不

① [法]古斯塔夫·勒庞:《乌合之众:大众心理研究》,冯克利译,中央编译出版社,2005年,第17页。

② 卜长莉:《布尔迪厄对社会资本理论的先驱性研究》,《学习与探索》,2004年第6期。

③ [法]皮埃尔·布迪厄、华康德:《实践与反思:反思社会学导引》,李猛、李康译,中央文献出版社,1998年,第135页。

拒绝的心理,参与到微信红包的抢发过程中。

政治犬儒心理的本质是对权力的顺从与屈服。发红包既是一种社会行为,也是一种权力行为。发红包的权力体现在其动机的差异性。不同的人会产生不同的动机。而抢到红包则是对这种权力和动机的顺从。"一言不合就发红包"的行为更是体现了抢/或发红包者对权力支配和服从的心理。在微信群中有些人出于一种请求的意愿,希望收到红包的人能够转发一些文章,并在浏览文章的同时给文章点赞。该行为是为了满足自己的需求,同时抢到红包的人在完成"任务"时也会收获一种心理上的满足感。尽管这种满足感较低,但不得不承认人对微信红包的认可和依赖是不以金钱数额为衡量条件的,更为重要的是参与后获得的既得利益感。点开红包的人在明知道可能是一分钱或几毛钱的情况下,依然会选择点开红包并完成"任务"。在本质上,这种行为是出于一种诚信的心理。在这个过程中,由原先的自信心态逐渐转为被几分钱支配的犬儒心态,并支配着人们的行为。人们就这样淹没在被微信红包支配的局面中。

(二)抢/或发红包背后体现的政治形象

微信红包是塑造政治形象的方式,也是投射自我的一种体现。作为个体"面子"的象征,体现着个体基于政治互动的政治认知。无论是传统的红包,还是依托微信社交平台的红包,均体现着中国人特有的"面子"特征。这种特征也是个体维系政治形象的彰显。因为"中国人的面子是一种用以维系森严的等级差异及人际稳定性的社会意识"①,对于微信红包而言同样如此,政治上的面子是用以维系政治权力及政治秩序的稳定性,从而在抢发红包过程中产生政治互动意识。抢发红包背后的政治形象与个人政治认知、政治面子、政治社交三个方面有关。三个方面相互影响,构成微信中抢/或发红包的政治形象建设。

1.个体政治认知影响政治形象的塑造

微信群中的发红包行为与个人政治认知有关。政治认知的差异直接影响个人政治形象的建立。政治认知与发红包行为具有关联性。这种关联性具体表现为,与个体政治认知相一致的观点,认同微信群内所讨论的内容,则会主动选择发红包行为,表现出积极的一面,并在微信群中建立一种具有权威性、值得信任和依赖的政治形象。相反,对政治保持冷淡或逃避政治的人往往属于被动的一方,甚至抢红包行为也是出于群体压力而产生的。

---

① 赵卓嘉:《面子理论研究述评》,《重庆大学学报》(社会科学版),2012年第5期。

一方面,被动地成为抢红包者表明个体缺乏基本的政治认知能力,缺少自主性和能动性意识。另一方面,在微信群中经常受到支配的一方,具有政治怯懦的形象表征。因此,参与微信红包互动过程中形成的认知影响微信群内和微信群外政治形象的建构。

微信群中个体的政治身份及地位也会影响抢发红包的行为。一般来说,受过良好教育、掌握政治话语权的人,往往在微信互动中倾向选择利用红包的形式彰显其政治地位的存在感。红包所选择的数额和发红包的频次,直接决定了个体的政治身份和地位。这类人通常具有一定的权威性和信任度。但越是政治身份及地位高的人对微信红包越要保持一种谨慎的态度,防止逾越红包交易的灰色地带。

2.政治面子是政治形象的组成部分

政治面子与个体政治表演有关,政治表演是建立政治形象的关键,也是其形象建构的有机组成部分。面子指在某种关系情境中,个体所主张的一种积极的社会自我心象。①微信红包所涉及的面子问题是指在政治关系情境中,个体借助红包实现的政治互动行为,同时这也是一种积极的政治行为倾向。这里的面子具有政治属性,主要针对政治阶层即政治参与者而言的。从积极的政治行为倾向来看,面子带有政治表演的成分,是个体政治形象的呈现。积极、主动地与微信红包建立联系、产生互动行为,是强化红包的社会属性和政治属性的体现。同时,利用红包进行的政治表演是塑造政治形象的有效方式之一。

微信红包中淡化政治等级差异性。政治等级将发红包者与不发红包者划分为两个层级。在传统的红包文化体系下,红包象征规则和礼仪,更多起到维持人际关系的作用。在特定的地区,传统红包更是等级制度的象征。但是微信的出现在某种程度上淡化了传统红包所具有的等级差异性,在政治关系层面的面子范围更广泛。有学者将面子划分为能力、人际关系、个人品德、自主需要四个维度。传统红包主要与个人经济能力、人际关系两个维度有关。而对于微信红包来说,个人经济能力和红包金额大小之间的关系不断在弱化,也未体现等级差异性问题,但在政治关系的巩固上微信红包具有强化的作用。

3.政治社交推动政治形象的建设

微信红包的政治形象主要是由社交属性实现的。微信红包本质上是政治权力的体现和象征,但其核心和目的是推动政治社交的有序运行。社交

① 参见赵卓嘉:《面子理论研究述评》,《重庆大学学报》(社会科学版),2012年第5期。

既是一种交流模式,也是一种关系维护,更是一种形象建构。同样,在微信红包中的政治社交也是政治形象的体现。由于政治社交属于政治沟通的一部分,微信红包承载社交功能,在抢/或发红包过程中建立的政治联系直接影响个体政治形象的认知和塑造。"从社交角度看,微信即社会,红包即关系。微信红包虽然扩大了传统红包的使用场景,但它作为社会关系中'人情'往来的社会资本属性、作为'面子'的个人表达功能,以及情感传达功能,相比传统红包,并没有实质变化。但是在微信这个场域中,红包互动更为广泛, 微信红包编织的关系网可能大大超出传统红包涉及的关系网,因此,微信红包对于社会资本积累的作用更为明显。"①在政治传播的场域中,这种社交关系也同样存在。微信红包的政治社交是在政治场景中实现的,是政治关系中"人情"往来的政治资本,主要用于表达政治情感、塑造政治形象,从而进一步扩大微信红包的使用范围和应用场景。

(三)抢/或发红包具有的权力意义

微信红包具有权力属性。权力是指"迫使对方服从的制度性强制力量"②,具有权力支配和权力服从的意义。对微信红包而言,这种权力的体现更多是在微信群中产生边缘性权力。边缘性权力属于权力的一部分,对政治群体、政治阶级、政治阶层产生支配的作用。边缘性权力是指"没有在现实中掌握公共权力,却在微信中扮演着公共权力的辅助性角色。这种辅助性角色就应主动为公共权力服务,维护宪法和法律、制度和规则"③。边缘性权力属于权力的外围,但同样对发红包和抢红包行为进行支配与服从的权力。

1.微信红包具有的边缘性权力

微信红包的边缘性权力在网络虚拟空间中产生一种权力形式。区别于传统的红包,微信红包依托于微信这一虚拟共同体,在微信群中产生客观、真实地发红包及抢红包行为。因而,微信红包是真实和虚拟的统一。利用微信红包产生的边缘性权力也是真实和虚拟相统一的体现。边缘性权力和微信红包是相互依存的关系。没有微信红包,边缘性权力就是虚拟存在的权力形式。在抢发红包的过程中,边缘性权力则是客观存在的。这一点主要是因为边缘性权力在抢/或发微信红包的过程中是有迹可循的。无论是发红包者还是抢红包者,其名字在微信后台以虚拟的形式客观存在着。虚拟和

---

① 彭兰:《新媒体用户研究:节点化、媒介化、赛博格化的人》,中国人民大学出版社,2020年,第319页。

② 俞可平:《权力与权威:新的解释》,《中国人民大学学报》,2016年第3期。

③ 张爱军:《微信红包政治社会学研究》,《社会科学研究》,2017年第5期。

真实统一的边缘性权力促使微信群里的人在进行抢发红包时产生情感和行为的差异性。

微信红包的边缘性权力具有民间性和公共性。首先，微信红包的边缘性权力具有民间性。红包产生于民间，它是民间的产物。同时，民间性也是微信共同体的特征，它决定边缘性权力也具有民间性。民间性指向民众这一主要群体。由民众产生红包，也由民众行使各自的权利对微信群内的红包产生支配和服从的行为。因此，在这个过程中边缘性权力也由民众产生，并影响微信红包使用的范围。其次，微信红包的边缘性权力也具有公共性。在微信群聊中，红包具有公共属性。微信红包的公共属性是维持群内公共秩序的体现。以有序化的方式进行红包互动，从而强化微信红包的边缘性权力。最后，民间性和公共性共同影响微信红包的边缘性权力。微信红包具有的民间性和公共性同样存在于边缘性的权力中，影响抢发红包者对权力的服从及控制。

2.边缘性权力的核心要素

权力的核心是支配与服从，边缘性权力作为权力的附属，其核心也是支配和服从。无论是哪一种方式，支配和服从是一种自主性行为，不具有强制性。微信红包的支配与服从权力体现在抢发红包的行为和精神这两个层面。行为层面的支配指向借微信红包支配人的财富，通过发红包这一行为支配个人的财富。精神层面的支配是一种隐性支配，在抢发红包的过程中潜移默化地被微信红包所影响，进而在人的话语表达和观念呈现上具有差异性。作为权力的表现形式之一，边缘性权力的支配和服从同样影响抢发红包者的价值取向和观念呈现。但边缘性权力是有边界的，边缘性权力的过度自由将会导致边缘性权力的滥用，"人天生是自由的，然后也无时不刻不被束缚着"①，边缘性权力要在制度的框架下行使，发挥其真正的作用。由于微信平台的准入门槛较低，若失去对边缘性权力的控制，则会出现严重的后果。

微信红包的边缘性权力具有调和作用，能够在一定程度上缓解政治矛盾和政治冲突。在微信群中出现政治冲突的主要原因在于价值观差异引发的行为极化，主要包括语言的偏激、行动的极端以及极右或极左的观点等方面。而微信红包的使用能够淡化、缓解冲突以及极端行为的产生，对微信群起到规训、调节的功效。一个微信红包在强化权力、规训权力的同时，也能对权利软化。"红包对边缘性权力的腐蚀性和对权利的软化性的成本很

---

① ［法］让-雅克·卢梭：《社会契约论》，李阳译，作家出版社，2016年，第3页。

低,收益很高"①,也就是说无论发红包的金额多少,都有可能成为权利软化的凭证。当权力对微信加以控制和约束,借助红包对权利进行软化行为需要加以警惕,防止逾越权力造成微信红包的滥用和腐化。

3.边缘性权力的主体具有多元性

权力的主体具有多元性,边缘性权力的主体也具有多元性。在微信群中发红包的人成为边缘性权力主体。边缘性权力主体的多元性既表现在同一微信群内,也表现在不同的微信群中。由同一微信群内的群主到不同微信群内的不同群主,微信红包促使边缘性权力的多元化。因为无论是在同一微信群还是不同微信群,群主的设定具有多元性和随机性,任何人都可以进行发红包行为,任何人也都可以对发红包产生权力支配的倾向。微信红包的使用打破了边缘性权力的平衡性,群主在大量发红包行为中泛化为群员,逐渐失去群主的核心竞争力和组织力。但边缘性权力主体的多元性容易导致众多群主无脑、跟风、非理智的行为表现,进而出现"乌合之众"式的抢/或发红包现象,致使边缘性权力未受到约束,边缘性权力放纵成为抢发红包过程。

(四)抢/或发红包具有的治理意义

抢发红包涉及权力的意识和边界问题,若不加以治理,则会出现红包权力滥用的结果,阻碍政治发展。对微信红包的治理主要是针对网络治理而言。以网络技术和网络平台为依托的微信红包,其治理策略应围绕网络治理层面展开。治理就其字面意义而言,就是"治国理政"①,治国理政也是治理体系和治理能力现代化强调的核心内容。其中,网络治理属于国家治理体系和治理能力现代化的重要标志。由于网络本身具有的匿名性特征,网络治理对于抢/或发红包行为而言,既有积极、正向治理的一面,也有消极、负向治理的一面。对待抢发红包的治理问题需要以具体问题具体分析、具体情境具体分析的态度面对,防止治理失效导致抢发红包的非理性行为过度占据网络平台,不利于网络空间的良性运营。

1.抢发红包的正向治理意义

网络治理约束抢发红包行为。网络治理作为国家治理体系的重要内容之一,强调以网络监管为本质,群规及微信红包的数额限定在某种程度上

---

① 张爱军:《微信红包政治社会学研究》,《社会科学研究》,2017 年第 5 期。

② 王浦劬:《国家治理、政府治理和社会治理的含义及其相互关系》,《国家行政学院学报》,2014 年第 3 期。

约束发红包者的行为动机。区别于直接规劝的方式,微信群内的群通知及微信平台制定的相关规章制度,是对发红包和抢红包行为的控制和约束。当抢发红包出现偏激行为时,群规和制度的限制和要求,迫使群内的成员遵守相关规定,避免微信红包可能产生的利益冲突问题。

网络治理建构微信群生动活泼的局面。通过抢/或发红包形成良性的群内交流机制,是基于网络治理体系下形成的民主、自由、生动的局面。正如毛泽东所说:"我们的目标,是想造成一个又有集中又有民主,又有纪律又有自由,又有统一意志、又有个人心情舒畅、生动活泼,那样一种政治局面。"①发红包、抢红包的时刻对于微信群而言是最活跃、最活泼的时刻,参与讨论的热情也在抢发红包的过程中不断被激发。

网络治理激发微信红包的公共理性。不同于其他群,微信群具有封闭性。微信群相对于本身所处的群体来说具有开放性,向所有人开放。由于群员讨论的内容具有公共性,每个人根据公共事实进行判断和推理,是一种公共理性的体现。尽管在这个过程中会存在不同的声音,但发红包能够激活成员们关注公共理性,使群员能够平等、理性表达公共意见。同时,网络治理也能激发微信红包的公共德行。公共德行是讨论公共问题的基础。每一个人都需要具有道德的底线,不能做出逾越道德边界的行为。培养公共德行,需要在群体互动时掌握讨论的边界。不能滥用红包传播的公共性,缺失基本的公共德行。无论是发红包还是抢红包行为,根本出发点都要以公共德行为核心,而不是只考虑个人私利,否则会丧失政治尊严。

2.抢/或发红包的反向治理意义

抢/或发红包行为破坏成员的平等性。微信群成员是分层的。每一个层级的人对平等有不同的感受和不同的诉求。通过发红包的方式能够反映社会的不公分配和不平等对待。发红包的人往往能够在微信群里引起广泛关注。在微信群里引发关注的人其社会地位不仅会提高,而且政治地位也会得到提升。但这样会造成不发红包的人的地位下降。地位变化的根本在于经济地位的不平等。因为不是所有人都能参与到发红包中,大部分经济条件好的人会选择发红包,并且所发的红包数额较大;相反,经济条件一般或者不好的人发红包数额较少,甚至不参与。多次、连续的发红包行为会在无形之中使人产生经济不平等的体验。这种体验直接反映了现实社会存在的经济差距问题,引发大家对社会不公的讨论。

抢/或发红包行为助长劫富济贫的心态。多次的发红包行为,不仅导

---

① 《毛泽东著作专题摘编》(下),中共中央文献研究室,2003年,第1060页。

致经济上的不平等，而且导致成员在心态建设和语言表达方面发生变化。具体表现在，抢红包的人一般会要求生活条件较好的人或经常发红包的人发数额较大的红包，久而久之形成打劫心态和强依赖心理。在打劫心态和依赖心理的影响下，很多群成员不断地发，而有些成员不停地抢，致使发红包者和抢红包者两者在心态上出现失衡，双方的矛盾被激化。甚至有时候抢／或发红包也可能助长贿选。通过红包进行贿选是常见的事情，也是需要值得警惕的现象。表面上，微信红包贿选是一个无害、自主的行为。但实质上微信红包贿选是一个有害行为，一个不值得提倡的行为。特别是要对网络现象和网络技术持怀疑态度，若过度依赖和滥用则会导致微信红包对日常生活造成严重的影响及后果。不同于现实意义的红包，红包交易的网络化为便利贿选提供了平台支撑。虽然红包贿选常在微信平台上进行，但它是现实贿选的延伸，影响更为恶劣。这种行为会进一步滋生和助长群成员的贿选行为，腐蚀群成员心灵，不利于群成员的心理健康。同时，发红包也会助长语言暴力，而语言暴力破坏群成员的情感关系。任何社会议题或问题都会从事实的争论转变为"情感的困斗"①。而在这种情况下，发红包能够缓解"情感的困斗"，但又会引发新一轮的"情感的困斗"。原本发红包是一个善意的行为，但善意的行为一旦被滥用，容易导致语言暴力，甚至演变为暴力事件。类似的语言暴力会使人失去理智，行为的极端化和极端情绪倾向导致仇恨感增加，不利于微信群的管理及规制。

二、微信"点赞"的政治心理分析

作为网络时代的一种媒介景观，微信"点赞"不仅具有社会意义，也具有政治意义。在网络时代的背景下，微信"点赞"成为一种政治景观，是区别于传统政治意义和传统人际互动方式的一种行为倾向。微信"点赞"可以划分为不同的维度，主要包括经济、政治、社会、文化、娱乐等维度。就微信"点赞"的政治维度而言，"点赞"的类型又可以划分为政治性"点赞"和非政治性"点赞"。政治性"点赞"主要出现在政治情境下，是对政治话语、政治观点、政治立场、政治事件、政治决策等进行的"点赞"行为。与之相反的是，非政治性"点赞"不涉及政治行为，是出于日常人际交流和维持人际关系的"点赞"行为。政治性"点赞"满足政治主体的政治需求和政治诉求，与公共

---

① 董晨宇、孔庆超：《后真相时代：当公众重归幻影》，http://www.ftchinese.com/story/001070754?page=1。

领域的存在相关联。政治性"点赞"含有政治心理分析意义,非政治性"点赞"则不具有政治心理分析意义。

(一)微信"点赞"中的政治心理倾向

政治心理强调政治过程和心理过程之间的互动,具体指向人们有针对性地对某些政治事件、政治活动或政治现象等的心理反应。不同的政治行为会产生不同的政治心理。不同的政治诉求和政治行为背后也会有不同的政治心理。微信"点赞"中的政治心理倾向可分为积极的政治性"点赞"和消极的政治性"点赞"两种政治心理倾向。积极政治性"点赞"体现积极、正向的行为倾向。消极政治性"点赞"是多以自保为核心,在政治行为上体现出消极、被动的状态。

1.积极的政治性"点赞"心理

积极政治性"点赞"的核心是权力和利益。权力以宽泛的定义为达到期望后的能力。在政治分析中,权力通常被视为一种关系,即一个人通过并非出自他人选择的方式,影响他人行为的能力。[1]权力追求的核心是利益,逐利也是人的本能。伯特兰·罗素从心理学角度分析了权力欲望和利益诉求是如何支配人的行为,并且认为对权力的追求是人最核心的欲望之一。政治主体为了实现自身的利益要求,必须借助各种政治工具或资源,政治权力是最重要的一种政治资源,因此政治主体的利益要求往往直接表现为对政治权力的追求、争取、运用和维护。[2]积极政治性"点赞"的权力与利益诉求是现实政治诉求在微信空间中的呈现,"点赞"成为政治人实现政治利益的一种互动资源。

(1)政治性"点赞"具有政治表演心理

政治表演心理影响改变人的政治行为和政治情感。"政治表演心理是现实政治关系在微信空间延伸生成的新的政治心理活动,体现为价值观表演与情感表演。"[3]任何政治行为都是基于一定政治关系产生的。现实政治关系能够决定政治主体间的政治地位,决定政治资源的分配,从而影响人的政治心理及政治表达。政治价值观是政治立场及政治态度在观念上的体现。积极"点赞"是主动行为,表明政治主体对政治信息的认同心理,点赞对方与自己的价值观念、政治态度和政治立场是一致的。通过价值观表演能

---

① 参见[英]安德鲁·海伍德:《政治学核心概念》,吴勇译,中国人民大学出版社,2014年,第21页。

② 参见金太军、洪海军:《论政治行为的动因及其制约因素》,《江苏社会科学》,2000年第2期。

③ 张爱军、孙玉寻:《对微信"点赞"的政治心理分析》,《学术界》,2021年第2期。

够连接点赞方和被点赞方之间的关系,实现现实与虚拟的维护。

政治情感是政治心理的表现形式之一。沃拉斯认为,任何政治活动和政治行为都伴随着政治情感,政治情感的本能是由清楚认识其目标所激发的。①政治交流和互动的基础是政治情感。积极政治性"点赞"是一种主动、积极的行为倾向。这种"点赞"行为能形塑行为双方价值共识,明确政治态度和政治立场。"点赞"政治表演能在一定程度上激发现实政治关系中处于优势地位一方的政治感知,进而使点赞者获得关注。

(2)政治性"点赞"具有政治移情心理

政治移情心理是一种隐蔽的心理形式,也是政治表演心理中的一种特殊心理状态。这种特殊的心理状态使处于劣势地位的个体因力量弱小而产出政治焦虑感和恐惧感,需要依附政治领袖以获得安全感。正如勒庞的观点,一旦弱小的人处在集体中时,容易被集体的信仰所鼓励,感到有同伴的陪伴,会感到安全。积极政治性"点赞"正是点赞者对被赞者自愿跟随的一种行为,通过这一行为表现出与被赞者利益的一致性。

(3)政治性"点赞"具有政治认同心理

就政治心理学角度而言,政治认同是政治人在政治生活中产生的一种情感和意识上的归属感,是由认知、情感、意向等多种心理因素统合而成的整体心理结构。②政治认同是政治人对政治信息"点赞"的心理反应。这里的心理反应主要针对意识形态政治信息"点赞"的心理反应。具体包括对非主流意识形态政治信息和主流意识形态信息的"点赞"。不同的政治意识形态分属不同政治立场,也代表不同的政治利益,并具有不同的政治诉求。网络政治意识形态是现实政治意识形态在微信中的再现和延续。在现实政治中,不同政治意识形态立场的人认同归属于各自阵营的政治价值。

(4)政治性"点赞"具有政治威权心理

政治威权心理是政治认同心理的一种特殊心理呈现。威权人格具有追从和崇拜权威及对传统价值的坚守等心理倾向,威权人格不仅直接或间接地对个体的政治态度产生影响,还会影响人们的信息认知及相应的政治行为。③威权心理是一种特殊的心理活动。威权心理经常表现为民族主义、社会正义或富国强兵的理念,这大都与经济发展、维持社会秩序、避免内部争

---

① 参见[英]格雷厄姆·沃拉斯:《政治中的人性》,朱曾汶译,商务印书馆,1994 年,第 37 页。

② 参见苏曦凌:《政治认同的生成机制分析——基于政治心理学的研究路径》,《学术论坛》,2010 年第 2 期。

③ 参见马得勇、陆屹洲:《信息接触、威权人格、意识形态与网络民族主义——中国网民政治态度形成机制分析》,《清华大学学报》(哲学社会科学版),2019 年第 3 期。

斗发生、排外等实际考虑有关。①微信中的政治意识形态类型具有多样性，其中涉及民族主义、社会正义、社会秩序等类型，这些类型的信息会得到具备威权心理者的主动"点赞"，表明对现实权威的认同心理。

2.消极政治性"点赞"心理

以安全和自保为内在是消极政治性"点赞"的心理诉求。安全和自保是权力和利益的一种表达方式。对权力和利益的表达常会导致服从，服从分为自愿服从和不自愿服从。其中，不自愿服从体现权力和利益的欲望受怯懦性的影响，怯懦性直接限制人的行为倾向和表达欲望。微信政治空间具有真实和虚拟结合的双重特点，现实政治生活中的政治性格较为怯懦的人在网络政治空间中仍然表现出怯懦性。消极政治性"点赞"主要是通过"点赞"行为来降低政治冲突，从而获得安全。

（1）消极政治性"点赞"具有政治恐惧心理。政治恐惧是政治主体对政治和社会危险、不确定情况或想象的威胁进行判断和省察时所形成的担心、忧虑、不安等复杂情绪。②恐惧是因为人处在不确定的环境中，不得以采取行动以求自保的心理体现。政治恐惧的产生往往与政治团体的矛盾有关。伯特兰·罗素认为，使人服从的动力真实而普遍存在，它根源于恐惧。③在微信中的政治信息通常会附加能够体现传播者或发布者态度、情绪的文字。在现实政治生活中，处于政治优势地位的人的态度和情感会影响处于相对劣势地位的人的态度和情感，进而影响人的行动倾向。这种影响力在网络空间中也存在。

（2）消极政治性"点赞"具有政治妥协心理。政治妥协心理不仅是政治恐惧的表现形式，也是一种政治谨慎态度的心理表现。现实政治生活和网络政治空间的关系复杂且多变，政治谨慎态度决定了政治行为具有妥协性。政治行为的妥协意味着政治让步，消极政治性"点赞"的主要目的在于缓解政治利益带来的冲突，是一种低成本方式。在网络空间中，政治主体之间的交往互动越来越频繁，由此产生的政治立场冲突也渐趋明显。"点赞"的妥协性方式更具有调和性。

（3）消极政治性"点赞"具有政治隐藏心理。政治隐藏心理是出于安全考虑。网络主体往往会借助特有的表达方式来隐藏现实政治生活的真实情感的心理。在这种心理的影响下，网络政治人的自我呈现或自我表演往往

---

①② 参见孙代尧：《现代化进程中的威权政治——政治社会学研究范式述评》，《华东理工大学学报》（社会科学版），2002年第3期。

③ 参见[英]伯特兰·罗素：《权力论》，吴友三译，商务印书馆，2012年，第11页。

借助"点赞"表达现实的真实情感,同时还能获得立场安全。"点赞"也是一种符号,具有符号意义的自主支配性和随意性,"点赞"的符号意义会因主体的不同有不同的诠释。这一点就说明了无论是赞同信息内容还是否定信息内容均可以"点赞"。消极政治性"点赞"是一种被动的行为倾向,对不认可的政治信息"点赞"是政治人情感隐藏和态度隐藏的体现。在情感隐藏这一层面上,消极"点赞"是为了以免影响自己的现实利益。就态度隐藏而言,消极"点赞"难以代表政治人的真实立场。因此,消极政治性"点赞"的隐藏心理具有价值认同假象和情感假象。

(4)消极政治性"点赞"具有政治戏谑心理。政治戏谑是隐藏政治立场的方式。在权力与利益追求中,行为调适是一种维护利益的方式。在网络空间中对戏谑性、调侃性和反讽性政治信息"点赞"的人是不用寻常的手段来维护利益。同时,政治戏谑心理也是民间意识形态对网络政治意识形态的情感呈现。

(二)微信"点赞"对政治的正向功能

政治性"点赞"是微信社交特有的政治行为。它所体现的政治心理既是对现实政治的反映,也是对传统政治的反映,又是对传统政治心理与现实政治心理的交织性反映,是传统政治文化和现实政治文化在网络社交空间的延续。[①]积极政治性"点赞"与消极政治性"点赞"是对现实政治关系和政治活动的两种政治情感表达。

1."点赞"的支配与服从心理有助于维护政治秩序。微信政治性"点赞"主要围绕权力与利益展开,从而形成支配与服从关系。权力运行的核心是支配与服从关系。无论是积极主动的服从还是消极被动的服从都在网络空间中具有公共性与公开性。政治权力既能支配人的政治行为,也能塑造、改变人的政治心理。离开权力的支配功能,秩序稳定而良善的公共生活无法实现。[②]微信的政治性"点赞"主要出于人们对权力与利益的基本诉求。从政治性"点赞"的行为倾向来看,积极"点赞"和消极"点赞"均是追求政治利益的体现。

2.政治性"点赞"塑造政治共识。微信"点赞"是政治主体对政治内容表示赞同和认可的呈现。微信中涉及的政治事件、政治人物、政治政策和政治关系等信息直接或间接具有意识形态立场。具有意识形态立场的政治信息

---

① 参见张爱军:《微信红包政治社会学研究》,《社会科学研究》,2017年第5期。

② 参见薛洁:《权力的支配倾向与社会结构地位》,《江苏社会科学》,2016年第6期。

"点赞"具有形塑政治共识的意义。

3.政治性"点赞"包含民主意义。政治性"点赞"的民主意义主要是针对民主共识而言的。萨托利认为,"民主共识包含三个层次,即基本共识、程序共识与政策共识,其中,基本共识是民主形成的有利条件,程序共识是民主形成的必要条件,政策共识是民主异见共识的体现"①。政治性"点赞"是基本政治共识的体现。

4.政治性"点赞"促进政治互动。积极政治性"点赞"心理形成的"点赞"是政治人参与政治活动的行为表现。以"点赞"参与政治的方式主要有两种。一是以人际政治关系互动参与政治。在进行互动的过程中,因评论、回复、转发等行为产生关联,进一步延伸至现实政治生活中的人际政治交往,激发人们参与政治活动的热情。二是以形成舆论的形式参与政治。积极政治性"点赞"是以"点赞"数量和评论转发等形式产生现代性权力,这在本质上是一种舆论权力。形成舆论就会得到政治关注,从而影响政治过程。

(三)微信"点赞"对政治的负向功能

消极被动的微信"点赞"阻碍政治进步。在网络时代,微信是民主政治发展的重要平台,微信"点赞"的消极政治心理对民主政治的发展具有负向影响。

1.政治性"点赞"违背政治伦理。亚里士多德的伦理思想强调"至善"。"善"是一个广义概念,包含物质层面的"善",同时也涵盖精神层面的"善"。消极政治性"点赞"呈现的是基于政治恐惧和政治妥协心理下的服从心理,这种服从心理虽没有强制性,但具有压制人性的特质。长期处于被压抑的环境和心理下的政治人,会逐渐缺失政治兴趣,进而会生成政治冷漠的心理,开始出现逃避政治的心理。这是违背了"善"的伦理追求的表现。

2.政治性"点赞"行为违背公正原则。在康德的哲学思想中,理性是其关键内容。理性是人的尊严和自由的最终体现。理性选择就是排除各种主观偏好、非理智情感和欲望的选择。政治性"点赞"是人的权力与欲望、安全与自保这两种主观情感的外在表现。这种行为将人性作为实现欲望的手段,而"点赞"在这个意义上具有了工具理性的意味。作为人的价值在欲求与诉求的支配下应让位于工具价值。

3.政治性"点赞"行为违背平等原则。传统文化塑造的政治人格具有理

① [美]乔万尼·萨托利:《民主新论》(上卷),冯克利、阎克文译,上海人民出版社,2015年,第148、149页。

性缺乏、独立性缺乏、臣民化、小集体化等特征,形成了对政治认知与政治参与的政治冷淡与政治躁动的交替出现。①这些特征致使政治人对权力产生盲从和服从心理。但是具有政治恐惧和政治妥协心理的政治性"点赞"表现出政治人服从权力,违背了政治人格的平等性。

4.政治性"点赞"行为违背自由原则。以赛亚·柏林把自由划分为积极自由和消极自由。积极自由就是主体能按照自己意愿行动,消极自由则是不被干涉的自由。消极自由更具有自由的原初意义即摆脱干涉,枷锁和奴役。积极政治性"点赞"体现的是积极自由。消极政治性"点赞"则是点赞者出于恐惧心理所做出的被动行为。消极政治性"点赞"行为在一定程度上违背了伦理核心。

5."点赞"的异化心理容易营造虚假共识。微信"点赞"隐含异化意义。"点赞"的异化心理是指在网络政治信息泛滥和网络治理加强的情况下,点赞者借助符号的异化意义实现政治诉求的心理。网络空间中存在非理性的政治认知与政治认同倾向,可能扭曲政治信息结构有认知环境,造成政治认知偏差。②在网络环境的影响下,消极政治性"点赞"心理容易形成被动的政治认同、伪政治认同及冷漠政治认同。这三种认同方式的存在会造成政治假象,影响网络政治和现实政治的健康发展。

6.消极政治心理积压网络情绪。在政治恐惧心理驱动下的"点赞"行为隐藏了非理性的网络政治情绪。网络政治情绪是网络政治心理的一大范畴,具有虚拟性和真实性、个体性与群体性、理性与非理性等特征。网络政治情绪的积压会在某一爆发点的刺激下引发网络群体事件的产生,成为网络动员和网络抗争的情感机制。

(四)对政治性"点赞"的改进措施

积极政治心理与消极政治心理不是固定不变的。在一定条件下,积极政治心理会转变为消极政治心理,反之亦然。作为政治文化的一个重要维度,政治心理影响着政治生活的方方面面。

1.对政治关系的改进

政治人是政治心理的主体。政治人是指处于特定政治关系和政治生活之中,具有一定政治意识的人。任何政治心理和政治行为都是对特定政治关系的反映。马克思将人的本质规定为社会关系的总和。经济关系是最核

---

①　参见任丽萍:《从传统到现代:政治人格的塑造与政治稳定》,《求索》,2004 年第 1 期。

②　参见刘擎:《自由及其滥用:伯林自由论述的再考察》,《中国人民大学学报》,2015 年第 4 期。

心的社会关系,对经济利益的追求符合人的本质。经济利益是经济关系的核心要素,经济利益对人的政治心理具有决定性意义。政治利益是经济利益的集中体现。政治利益满足的是政治人在政治层面的需要,与人的社会地位、权力和权利高度相关,与其他利益形式尤其是经济利益有明显的互动关系。①

（1）政治资源平衡原则。政治资源的平衡在于政治权力与政治权利的平衡。当政治权力与政治权利失衡时,政治权利主体的利益服从倾向凸显。支配和服从的政治认知和政治情感会产生消极被动的政治态度和政治意志,进而会对既有政治秩序产生负面影响。政治行为双方政治资源的平衡促使行为者产生积极主动、认知一致的政治心理。

（2）利益取向整合原则。积极政治心理与消极政治心理往往交织在一起。这两种政治心理的交织是政治利益诉求的重叠。微信"点赞"消极政治心理向积极政治心理的转化需要整合不同利益主体的利益诉求,通过适当方式平衡政治心理的利益诉求,消弭消极政治心理存在的利益冲突和政治矛盾。

（3）利益分配正义原则。政治利益分配不合理容易滋生消极政治心理,产生消极政治行为。实现消极政治心理向积极政治心理的转化,发挥其政治发展的促进作用,形成良好的政治秩序。罗尔斯认为:"一个社会,当它不仅旨在推进它的成员的利益, 而且也有效地受着一种公共的正义观调节时,它就是一个良序的社会。"②利益分配的正义性兼顾利益相关者的合理份额,有助于消除利益相关者心理和认知失衡的影响。

2.对政治制度的改进

（1）以自由的制度环境培养消极自由的政治意识。消极政治性"点赞"是政治人对社会主流政治意识和社会主义核心价值观的顺应的行为调适与态度隐藏。需要营造以法律为准绳、以主流政治价值为核心,以政治伦理为基础治理制度环境给予网络政治人相对自由的环境,才能有益于优化政治心理。

（2）以民主的制度文化养成积极自主的政治人格。政治文化具有规范政治行为、引导政治行为与调整政治行为的功能。政治制度文化作为政治

---

① 参见李静:《政治利益、政治冲突与政治发展关系研究》,《哈尔滨工业大学学报》(社会科学版),2017年第2期。

② [美]约翰·罗尔斯:《正义论》,何怀宏、何包钢、廖申白译,中国社会科学出版社,2009年,第4页。

文化的组成部分,通过对政治心理产生作用进而影响政治行为。不同的制度文化具有不同的价值和规范,形成不同的心理定式,产生不同的政治情感和政治态度。

（3）以平等的制度环境维护政治人格与尊严平等。微信"点赞"消极政治心理体现了政治人格与政治尊严的不平等。这种政治人格特征既有传统政治心理的延续,也有现代政治发展状态的影响。传统政治心理中权力依附与权力恐惧,自主性与理性缺乏及现代政治发展的不完善在一定程度上影响了政治人对平等价值的政治认知。"正义是社会制度的首要德性"①,政治的首要价值是自由与平等。在增强民主意识的基础上,要以正义为原则形成以平等为基础的制度环境,改变政治人格与尊严不平等的心理倾向和思维定式。

三、表情包传播的"政治萌化"分析

当前学界对表情包的研究较为单一和窄化。作为一种微观政治,表情包具有政治属性。但学界更多是集中在符号学、传播学、心理学等研究领域,缺少对表情包研究的政治学视角。就表情包的类型而言,表情包可以分为不同的类型,不同类的表情包所涵盖和表达的意义具有差异性。一般表情包的类型划分为娱乐表情包、社会表情包及政治表情包。娱乐表情包主要出于娱乐目的来实现图像互动代替语言表达的可能,在增强趣味性的同时缓解语言表达的贫瘠和语言表达带来的歧义。社会表情包具有社会属性,"热点事件、话题转换成了表情包中的视觉符号,表情包也不再仅仅用于个人的表情,也在一个侧面反映着社会的表情"②,影响网民对社会决策的认知和判断。政治表情包是在政治传播情境下反映政治问题、表达政治态度或观念的表情包图像,政治表情包具有政治属性和政治研究意义,这类表情包为了避免政治敏锐性,往往"运用拟人、拟物的修辞手法,以增加'萌'元素的创作方式对具有政治色彩的现象进行符号化解读,从而表达某种政治情感"③,增强网民对政治决策的判断能力。表情包素材来源于生活,是日常生活、娱乐生活的图像化再现。政治表情包素材来源于政治生活,借

---

① ［美］约翰·罗尔斯:《正义论》,何怀宏、何包钢、廖申白译,中国社会科学出版社,2009年,第3页。
② 彭兰:《表情包:密码、标签与面具》,《西安交通大学学报》(社会科学版),2019年第1期。
③ 马川、孙妲:《从"政治萌化"到"反政治萌化":当代青年政治主体性的建构、再构与重构》,《中国青年研究》,2020年第6期。

助"萌化"的表情包将严肃的政治转变为活泼的政治。表情包的"政治萌化"提高网民政治参与的积极性，在政治语境的推动下形成以表情包为核心的"图像政治"。"图像政治"加深政治认同，政治认同促进政治萌化的传播，"图像成为舆论宣传中重要的手段，并通过大众媒介技术化的视觉呈现方式，深刻影响到现代人的自我认同、社会认同和政治认同"①，从而拓宽表情包的政治学意义，强化表情包"政治萌化"的属性。

（一）表情包"政治萌化"传播的要素

表情包可以消解政治表达的敏感性和语言表达的歧义性。作为一种亚文化形态，"表情包不仅是身体语言的替代品，更是自我情绪、态度和意见的表达工具，这也使得它从日常人际交往扩散到了更为广泛的公共领域，并试图通过其独特的亚文化风格，传达出青年人对严肃议题的态度与情绪"②。表情包的亚文化形态被应用到政治传播领域中，使政治表达生活化和萌化，进而推动网民参与政治讨论的热情，政治情感在表情包的传播和使用中不断强化，表情包的"政治萌化"得以流行。在不同的政治情境中，表情包具有不同的政治内涵及政治隐喻，"同一表情包在使用过程中可以赋予不同的政治内涵，多样性的表情包也可以赋予同一政治内涵"③。表情包的多元使用和广泛传播，影响政治传播主体在政治表达上向视觉化表情包转向，进而强化表情包"政治萌化"的传播效果和政治属性。

1.网络技术是表情包政治传播的前提

网络技术是表情包传播的前提。网络技术既是一种手段，也是一种工具。技术缺场，就难以产生表情包。"政治萌化"形成的前提是在技术赋权下，政治参与演变为表情包参与。通过使用和制作表情包消解政治表达的单一性和敏感性，改变对政治表达的刻板印象，添加"萌"元素的政治表情包一方面强化网民的政治参与度，促使政治态度和政治观点具有表达介质。另一方面，表情包在网络技术的推动下加快了使用、传播、创作及复制的速度。网民自主选择与政治情境相匹配的表情包，推动图像政治的萌化传播。

网络技术的工具理性强化表情包使用者的能动性。当出现政治表达方式趋向视觉化、政治事件演变为政治图像运动、政治情感宣泄符号化等现

---

①② 吴志远：《图像"武器"："表情包"的话语与意蕴》，《新闻界》，2018 年第 3 期。

③ 张爱军、侯瑞婷：《表情包传播的"政治萌化"及其调适》，《中共天津市委党校学报》，2021年第 1 期。

象时,表明在技术革新的助推下,政治主体的政治认知、政治情感及政治观念发生转变,即技术具有的工具理性特征对主体能动意识和自主行为的影响。工具理性是"一种以利益最大化为一切行动的出发点和落脚点,以形而上学的精准计算为权衡利弊的手段,排斥情感、审美价值的思维方式"①,表情包依托网络平台得以传播的同时,网络技术为表情包传播的范围提供技术支撑,是以满足个体需求为出发点和落脚点的传播方式。基于媒介平台的传输,表情包在使用过程中,重塑网民在政治语境下的政治行为和政治认知方式。网络技术赋予公众自主选择、自主使用和自主创造的行为意识,极大地发挥工具理性的价值,将个人晦涩的政治表达、敏感内容的偏激立场借助表情包得以缓解或消解。

网络技术突破时空局限促使表情包传播出现泛化。网络技术的准入门槛较低,促使表情包的使用不受时间、空间甚至人员的限制。在熟人社交下的表情包主要用于强化传播主体与传播客体之间的联系,形成与社交媒体的"嵌入"关系。进入公共领域中,身体缺场成为泛化现象,熟人联络逐渐转化为陌生人关系,陌生人社交成为常态。由此,传播主体与社会的关系从"嵌入"走向"脱域"。基于网络技术对表情包传播的助推,当表情包介入政治传播情境中时,公众与社会之间的关系被重构。

2.符号消费是表情包政治传播的核心

符号消费是表情包"政治萌化"传播在精神层面的消费。消费主要包括精神消费和物质消费,表情包的符号消费是精神消费的体现,政治符号消费也是精神符号消费的一部分。"消费不只是联系人与物品的桥梁,而是一种在某种基础上建立关系的模式,消费主要是反映人与世界之间的关系;消费是一种我们可以建立文化体系的系统性的模式,是一种整体性的回应。"②政治符号消费反映人与政治的关系,是在某种基础上建立政治关系的模式,也是一种整体性回应。表情包的政治符号消费指向政治表达的所指内涵,即政治符号的外延意义。"政治斗图"行为正是在原初表情符号的基础上,对意义的延伸、再造、制作而成的一系列图像。网民在选择表情包的同时,对政治语境下的图像表现出认同心理,超越表情包原初的所指内涵,更多表达精神层面的意义消费。例如,2016年"帝吧出征"事件,就是借助符号的再生意义表达爱国主义的情怀。一系列的表情包斗图行为成为公

---

① 兰俏枝:《从审美意识系统理论看当代资本主义工具理性的作用机理及后果》,《湘潭大学学报》(哲学社会科学版),2019年第6期。

② [法]让·鲍得里亚:《消费社会》,刘成富、全志刚译,南京大学出版社,2008年,第222页。

众表明政治立场的"护身符"。

表情包传播的"政治萌化"更多指向其象征属性。政治表达中惯用的修辞术是借助政治语言层面的象征意义。语言文字让位于图像表达后,图像的广泛使用超越符号属性。在政治参与中表情包象征平等属性,话语权力不再集中于少数人,平等地实现个体对政治观念的建构,克服"政治异化"对公众的影响;平等地表达对政治立场和政治态度的倾向性,在表情包的情境选择和图像认同机制下趋向一致。在政治认同的作用下,"政治萌化"象征政治主体处于平等对话的政治场域中,以自我创造、自我生成、自我解读的方式行使表达政治自由的权利。

3.政治情境是表情包政治传播的场域

表情包的"政治萌化"是在网络政治情境下形成的。萌化的表情包消解政治表达的严肃,使表情包在政治情境中转向娱乐化的表达方式。这种娱乐化的表达方式具有"萌化"的特性。"萌化"是对政治严肃性和政治表达单一性的消解。同时,具有"萌化"性质的表情包满足了网民在政治情境下对政治参与的需求。政治情境决定网民政治话语的表达方式和不同政治情感。网民通过制作、创造、加工表情包,带有"萌化"性质的表情包表达对政治的支持、肯定、拥护、理解等情感。不同的政治情感在不同的表情包上得到体现。在具体的政治事件中,"萌化"表情包能对政治事件及政治人物进行解读,网民能够以表情包介入的方式参与政治活动。在这种方式下的表情包主要分为三大类型:一是以"帝吧出征"为代表的政治事件表情包;二是在公共议题下以卡通形象为主的表情包;三是以政治人物为形象塑造的表情包。这三种表情包丰富了政治传播情境,满足了公众对政治表达的诉求。

网络政治情境为表情包"政治萌化"明确传播主体。"政治萌化"的传播主体是具有政治敏锐度、政治关注度及具备政治知识的政治主体,也就是说,并非所有人都能够在网络平台上正确使用和理解表情包。表情包"政治萌化"传播是对政治现象的一种趣味性图像解读,对于非政治传播主体而言,即使处在政治情境中也难以对表情包的"政治萌化"产生政治认同和理性的政治认知。政治传播主体对政治表情包产生参与兴趣,而非政治传播主体更容易对带有娱乐性和戏谑性的表情包产生关注。无论是政治传播主体还是非政治传播主体,表情包的"政治萌化"在群体划分上是有限制性的。尽管表情包在传播和使用上打破了"唯青少年"论,但在"政治萌化"的表情包的传播过程中,使用表情包和非使用表情包的人之间存在区隔。

表情包"政治萌化"特性并非单一指向青年群体,表情包以亚文化形态介入政治传播空间,影响政治传播主体对权力意识的建构。在技术驱动下,表情包图像成为网民参与政治活动的一种新型表达方式,消解宏大叙事下的身份建构模式。同时,表情包渗透政治传播领域是在数字化时代下视觉形象形塑公众行为、认知方式的表征,能在政治事件发展路径下建构认同情感,传递公众价值观。

4.政治情感是表情包政治传播的中枢

表情包是后现代社会的一种政治仪式。政治仪式具有反抗性特征,对政治权力起到规训作用。从宗教性质的前现代社会、世俗化的现代性社会到去中心化、符号化特征的后现代社会,表情包的出现和使用改变了主流意识形态的表达方式。在后现代性社会下,政治仪式助推表情包成为公众情感宣泄的桥梁。在选举政治领导中,网民通过一系列的表情包图像传达政治情感, 表达政治态度。这在本质上是一种以表情包为主的政治仪式,"萌化"性质的表情包在政治仪式的传播和推动下成为表达政治情感的象征符号。并非所有的政治情感都能影响或推动表情包的"政治萌化"。表情包的政治情感分为正向政治情感和负向政治情感。正向政治情感促进表情包传播的生活化,负向政治情感使表情包传播出现极端化。应注意和警惕表情包的负向政治情感,防止消极、负向的政治情感导致的非理性政治行为。

表情包的"政治萌化"在自由宣泄的情感下容易演变为非理性的政治情感。情感与事实是矛盾的、对立地存在。"后真相"强调情感让位于事实,表明情绪传播成为媒介时代构建真相的主要逻辑。表情包的"政治萌化"也体现出"后真相"的形成逻辑。"'后真相'不否认事实和真相的存在,只是承认事实和真相容易被情感遮蔽,被观点掩盖,被立场漠视"①,导致表情包的"政治萌化"出现传播泛滥。具体表现在表情包对政治事实是一种歪曲呈现,是与个人极端行为相关的政治情感,并将这种消极、负向的政治情感体现在表情包的创作、应用及使用等过程中。表情包的创作、应用及使用等是自主行为,不受他人的限制和压迫。个人自主行为在集体传播下容易受到感染和暗示。由于网络匿名性的特征,个人自主行为逐渐演化为集体行动,通过复制、转发、收藏表情包等行为逐步对政治讨论形成一股图像思潮,人非理性情感表达代替理性的行为驱动。图像政治的背后是网民对图像表达的能动性体现,但情感中的非理性成分在群体感染下容易出现不理智行为和极端行为,导致真实的政治态度表情包被隐藏。

---

① 庞金友:《网络时代"后真相"政治的动因、逻辑与应对》,《探索》,2018 年第 3 期。

（二）表情包"政治萌化"的属性

表情包传播的基本属性主要包括娱乐属性、亚文化属性、隐喻属性和狂欢属性。在政治传播情境中,表情包的"政治萌化"依托这四种属性,同时,隐喻属性和狂欢属性也作为表情包的表现。进入信息社会后,使用表情包的人更注重四种属性之外的权力属性,即政治主体对政治表情包的支配和服从关系。因此,表情包"政治萌化"的属性也包含权力属性层面。

1.表情包具有权力属性

表情包是基于权力效应形成的。进入信息社会,权力关系在数字化媒介的革新下具有新的内涵。政治传播语境的变迁在很大程度上是由于个体观念发生变化。新型权力关系体现在表情包使用过程中是对符号意义的政治情境再造,从而体现权力的支配与服从关系。

第一,表情包传播是权力效应的象征,体现支配和服从关系。表情包"除了具有审美性与一般的表意特征外,同时也内嵌着一定的权力关系"①,这种权力关系主要体现在对表情包的支配和服从。福柯认为"权力是一种势力关系,一切势力关系都是权力关系"②,表情包的权力属性体现在表情包的互动过程中,发出去的表情包需要得到支配方的反馈,支配方会在个人的话语表达中使用相关表情包表达政治观念。对于接收到表情包的一方而言,这是对权力发出通知的认可,本质上是一种服从意愿。因为"新的权力在于信息的符码与再现的意向,社会据此组织其制度,人们据此营造其生活并决定其行为"③,表情包的权力属性在于对政治信息的图像再现,进而将权力转移到萌化的表情包中,改变政治话语的表达方式,营造出具有生活化、娱乐化的政治生活图景。

第二, 表情包的表达权利建立在积极自由的观念上。以赛亚·柏林在《自由论》中将自由分为消极自由和积极自由。网络平台出现的各种类型表情包,是网民自由表达权力的体现,是一种积极自由。"是为了完全相同的目的而采取的自我实现或完全认同于某个特定原则或理想的态度。"④网民积极地表达自己的价值观,通过表情包选择与自己观念相符合、相匹配的表情包,既是行使积极自由观念的体现,也是自由行使表达权的体现。但积

---

① 吴志远:《图像"武器":"表情包"的话语与意蕴》,《新闻界》,2018年第3期。

② [法]吉尔·德勒兹:《福柯·褶子》,于奇智、杨洁译,湖南文艺出版社,2001年,第66页。

③ [美]曼纽尔·卡斯特:《认同的力量》,曹荣湘译,社会科学文献出版社,2006年,第415页。

④ [英]以赛亚·柏林:《自由论》,胡传胜译,译林出版社,2011年,第183页。

极自由观念并不是毫无约束的，行使自由是有特定准则和框架加以规范的。表达自由不是对权力的滥用。自由利用和行使权利的同时，也是对自由使用表情包的规范。

第三，表情包传播是一种具有媒介属性的权力。追溯到最早使用的单一字符表情包，这类表情包素材主要来源于日常生活，如微笑、哭泣、愤怒等一些与日常表达相关的情绪。随着媒介技术的进步，数字化技术被应用到视觉图像中，影响并推动人的思维意识、行动意识的变化。以往的微笑表情在场景的转换下其内涵发生改变。比如，代表忠贞爱情的玫瑰花图像，在媒介场域下其象征意义已不再局限于字面意义，在使用过程中往往倾向于对某一事物或观点表示尊重。倘若在对同一政治事件下对方使用"玫瑰"符号，其内涵瓦解原初符号的意义，从能指内涵延伸至对图像内容的认可，从而在政治话语中找到政治情感的归属。因此，图像符号含义的多元是建立在对不同场景下的话语解构，场景的变化导致表情包的"政治萌化"具有多重含义。

政治与人的生活密切相关，话题的接近性触发公众的政治敏锐性。由于技术准入的低门槛、平台传播的易扩散使带有"萌化"性质的表情包得以大面积传播。麦克卢汉提出的"媒介即讯息"理论强调媒介技术的作用，而非指向媒介内容。作为传播工具，技术带来的社会变革影响甚至改变每一个赖以生存的个体，无论是在思维、行为还是在价值观层面上，皆产生一定的变革。同样在"拟态环境"下的表情包图像传播，内容表达并不是关键要素，而是所使用的表情符号颠覆以往的政治话语霸权体系，愈发"萌化"的表情介入无疑是对权力属性的重塑和强化。

2.表情包具有隐喻属性

隐喻常常出现在政治修辞中，作为身份掩饰、态度掩饰的常用表达方式。西方政治思想史上曾把君主与臣民之间的治理关系称作"牧羊人隐喻"，延伸至现代社会，尽管"牧羊人隐喻"已经消解，但对某一事物或现状的隐喻性解读则一直存在。隐喻是一种修辞，同时它也是一种象征，它既来源于实际生活，又超越其本质内涵。"隐喻的本质就是通过另一种事物来理解和体验当前的事物"①，隐晦的情感和主要的观念借助"他物"来实现。表情包常出现在青少年用于表达自我的话语体系中，自我态度是一种隐喻，在不同身份、不同语境下所选择的表情包也有差异性，往往这些图像的背

---

① [美]乔治·莱考夫、马克·约翰逊：《我们赖以生存的隐喻》，何文忠译，浙江大学出版社，2015年，第3页。

后体现主体的性格特征或行为习惯。行为差异的视觉化呈现在政治表达过程中,容易引发对政治话题的讨论。个人情感表达上升至家国情怀。"贴吧"上发布的一系列表情包不仅指向其图像本身,在宣泄情绪的过程中经过加工、拼贴、组合,其爱国隐喻内涵在媒介平台下尤为强烈。在爱国隐喻的不断扩散下,公众基本的政治主张得以彰显,从而在政治活动中构建个人的行为方式。

"政治萌化"成为隐喻政治立场的武器,正向态度有时会被极端行为所消解。矛盾冲突加剧、极端情绪化是网络空间下群体极化的表征,造成这一现象的主要原因之一是个体自主意识、平等观念在媒介平台的助推下不断被激化。当个人观念与现实社会相冲突或相抵触时,容易产生群体极化现象,因而造成网络传播生态的"混沌",鲜明的政治立场往往被扭曲和误解。原本理性表达立场的表情包符号在一定程度上消解原初的积极意义,正向隐喻演变为以负面态度为主的表现形态。在政治传播场域下隐喻政治立场的表情包最终成为误解事实、歪曲事实的武器,导致表情包的"政治萌化"含义具有了双重隐喻属性。

对于表情包的创作者而言,图像背后的深层含义源于两个因素:使用者是谁及在哪里使用。前者决定了一贯使用表情包的风格特征,后者则决定了表达态度与交流情境之间的关系。"政治萌化"是创作者介入政治领域的一种交流特性,"政治正确"成为大多数人选择表情包的理性态度。但误用图像、误解表情包传达的意思,造成态度对立等现象也常常存在,原本隐喻难以言说的态度、满足个人表达欲的表情包成为情绪极化的助推器。因而网络空间下粉丝民族主义、民粹主义盛行,图像隐喻成为他们情感宣泄的武器,瓦解理性、积极的政治态度。

表情包的自主选择在不同情境下隐喻意义指向社会层面,内涵的所指性影响公众的价值判断,从而产生对图像政治的狂欢。表情包图像的广泛使用到过度依赖,公众以合理性行为表达对抗心理,在戏谑化的狂欢景观下走向非理性。因此,表情包在政治语境下的属性特征主要包括权力属性、隐喻属性及狂欢属性,其中呈现出从理性选择到非理性滥用的政治心理,从而反思表情包和人之间的关系,更好地表达个人的价值观念。

3.表情包具有狂欢属性

理性选择表情包是对语境适配性的考量,但易操作、易复制的行为形塑表情包的狂欢属性。以宗教庆典仪式为源头的"狂欢理论",是一种具有仪式感的活动。理论提出者巴赫金认为:"在狂欢中所有的人都是积极的参加者,所有的人都参与狂欢戏的演出。人们不是消极地看狂欢,严格地说也不是在演戏,而是生活在狂欢之中,按照狂欢式的规律在过活"①,狂欢成为一种常态现状,多元化的政治表达愈发走向狂欢性质。表达方式的形象化视觉冲击为政治狂欢提供"表演"动机。任何理智的行为在泛化传播的驱动下也会倾向于戏谑化。表情包来源于现实,但又建立在网民主动创造的基础之上。主观性的特征使得图像表达泛化。当网民在政治观点不一致时,借由图像狂欢式的站队、复制、转发,是一种丧失理性的行为。因此,表情包既是集体式的狂欢,也是集体式的"表演"。常态化的图像传播在不假思索的"表演"行为下,左右甚至影响政治事件的发展。

(三)表情包"政治萌化"兼具的双重功能

随着表情包介入政治语境,公共领域的闭塞交流被瓦解,政治议题的形象化讨论成为公众娱乐、消遣的方式。2020 年 11 月 18 日微信官方平台推出的 6 个表情,在延续表情符号生活化、直观化特征的基础上,对当前公众个人表达、生活现状及心理状态进行细微捕捉。诸如"翻白眼""让我看看""苦涩""666""叹气""苦涩"和"裂开"的新式表情图像,延续场景使用的多元化特征,政治心理的建构在新型表情图像的运用中因使用频度和使用效果也发生了变化。表情包的"政治萌化"进一步蔓延至更广泛的群体和场景中。基于在虚拟空间下群体的匿名化、广泛化、认知差异化的特质,"政治萌化"的传播功能具有双重特性,即正向功能和负向功能同时兼具。

1.表情包"政治萌化"的正向功能

表情包传播助推政治情感的表达方式趋向视觉化,重塑公众日常表达的行为习惯。在注意力时代下表情包成为"眼球经济"的符号象征,政治与萌文化的有机结合丰富话题的讨论度。表情包传播的"政治萌化"特性既能满足公众对政治表达形式的多元需求,同时又能有效避免因公共话题的严肃性而产生"交流的无奈"。无论阶级属性、身份特性抑或代际区隔,在交流场域下的平等观念形塑个人思维方式,平等地选择、使用、借助表情图像,集中宣扬正向和积极的政治价值。

(1)表情包形塑网民政治生活方式

表情包传播的"政治萌化"成为一种风格建构,形塑网民个人政治生活方式。传统意义上的生活方式是一种根深蒂固的习惯,具有日常化、琐碎性及重复性的特点。最早由马克斯·韦伯提出的"生活方式"有别于一般意义上对"生活方式"的解读,主要关注主体的创造力,并认同文化资源发挥作

---

① [苏]巴赫金:《巴赫金全集》(第 5 卷),白春仁、顾亚铃译,河北教育出版社,1998 年,第 161 页。

用的关键在于从日常生活中产生的,从而形成一种集体认同观念。政治参与的积极性正是源于表达"介质"的接近性,其素材来源于日常,再创造的过程即是对日常观念的重塑。"政治萌化"在形塑个人认同心理的同时,也在政治传播空间下建构一种具有鲜明风格化的"生活方式"。在行为上的主动选择、认知上的接纳消解政治表达的被动地位,个人身份属性也在不同场域下通过表情包图像呈现出来,为网民建构一套以视觉化形象为主的政治话语模式。

表情包传播的"政治萌化"消解政治话语的霸权,满足网民对政治生活的关注。政治议题的讨论是一种自由意识、平等观念。现实社会中政治话题的讨论往往会引发热议,在涉及政府公信力、公权力的滥用及民生福利等问题时,网民对政治意见的表达从日常生活转嫁于网络平台,在集中表达同一思想或同一情感要素的过程中,网民的猎奇心理得到满足。利用表情包图像集中在同一场域下表达情感,进行"政治斗图"的行为,是符合"使用与满足"理论中对网民自我需求的期待。网民为了满足个人的需求,在接触媒介后得到反馈。这种需求包括心理层面、观念层面及行为层面,表情包作为一种视觉媒介,首先在感官上满足公众的兴趣,进而产生对图像选择的行动力。其次在政治表达的敏感性与自由表达话语形成冲突时,表情包的使用可以化解话语霸权的地位,同时从网民心理上满足对政治参与的积极性,激发公众的个人表达欲。最后在图像政治运动中的斗图行为是日常习惯的网络化表征,经由图像二次创造、涂鸦、拼贴、组合等一系列行为,真正满足并实现公众对表情包在政治传播空间下的话语释放。

表情包传播的"政治萌化"形成传播趋势的同时,也在潜移默化中影响网民对政治表达的态度。"政治萌化"特性是借助表情包的"在场性"塑造公众的政治身份,赋予政治表达的自由。现实生活中对公共事件讨论中产生的情感共鸣抑或怨恨情感,集中在政治传播场域下得到情感发泄。表情包在图像表达的过程中由于图像与事件的紧密贴合度,使得图像传播具有"涵化"效果,可以在潜移默化中培养并影响网民的思维方式。表情包的"政治萌化"特性并未消解政治属性,反而强化网民对政治表达的渴求,在表情包图像的病毒式扩散下逐渐培养网民自觉参与政治运动的习惯,使政治与人的生活紧密联系。

(2)表情包体现网民的主流意识形态

对正能量语录的萌化处理是以主流意识形态为基础,在主旋律的维度上形象化地塑造表情图像。在网络上掀起的爱国主义运动是以表情包为主要形式的爱国潮流,主流意识形态固化这些表情包在形象塑造、价值观呈现上趋向正向意义。作为一种文化输出，表情包的象征意义和对话语权的建构促使公众在政治传播语境下产生情感共振。在具象化的图像助推下主流意识形态成为判断理性情感的桥梁，马尔库塞在《单向度的人》中认为："把思想意识吸收到现实之中，并不表明思想意识的终结。相反，在特定意义上，发达的工业文化较之它的前身是更为意识形态性的，因为今天的意识形态就包含在生产过程本身之中。"①主流意识形态并没有因为表情包倾向"政治萌化"趋势而消解，反而在公众不断使用和传播图像的过程中，强化思想意识的构建。

表情包图像经历了从反抗主流意识形态到接纳主流意识形态的阶段。早期的表情包图像大多是反抗主流意识形态，用来刻意污名、丑化政治人物，歪曲政治事实，并且对热点时事进行戏谑化表达，非理性的图像丑化行为影响公众参与政治活动的积极性。区别于早期的表情包传播形式，在政治语境下的表情包传播基于网络规制的监管体系，对表情包介入的不同情境进行适度管理。同时，互联网平台上出现的多元表情包主要来源于公众的日常行为，并且传达的内容是与公众相关的社会话题，因而受众因话题接近、情感共鸣而产生政治认同心理，反抗主流意识形态的态度逐渐淡化。取而代之的是对表情包图像的使用需求不断激增，同时公众"政治表演"的欲望更为强烈，即利用表情包图像在政治传播场域的"前台"下表达自我，消解对主流意识形态的偏见认知。

（3）表情包构建网民政治认同心理

表情包传播其实是一种"圈子"传播。表情包"圈子"中的政治身份认同将表情包的使用者进行二元划分。在现代社会人与人之间的关系以"圈子"来维系，表情包的使用是打破边缘地位的一种"圈子"文化。对于非使用表情包图像的人而言，难以在表情包"圈子"中获得认同和建立熟人关系。表情包"圈子"将传播主体区分为使用表情包者和非使用表情包者，前者相比后者更熟悉表情包的使用规则和使用场景。当表情包趋向于"政治萌化"的传播趋势时，"萌化"外壳的图像为表情包的使用者提供多元话语表达形式，其传播主体又细分为政治传播主体和非政治传播主体，后者对于表情包在政治语境下的话语表达难以建立认同心理，无法产生对敏感性公共议题的共情。因此，表情包传播建构的政治认同心理主要针对政治群体，即经常使用表情包并且对公共事件保持敏锐度的网民，实现表情包"圈子"中熟人社会的搭建。

---

① ［美］马尔库塞：《单向度的人》，刘继译，上海译文出版社，1989年，第10页。

在阶层差异和年龄区隔中同样存在对政治话题的认同心理。处于边缘地带的表情包进入大众视野后,政治话语开始从严肃走向娱乐,萌化形象也不再是儿童的专利。表情包的使用对象打破"唯青年"论,使用主体从单一趋向泛化。表情包的"政治萌化"特性消解年龄区隔,任何年龄段、任何身份的人皆可利用表情包对个人进行印象整饰,在人与社会的关系中将抽象符号转为具象表达。图像的生成为具象思维提供物质基础。从陈列展览到日常起居,图像不再集中于少数群体之中,视觉形象打开思维固化的同时,瓦解审美对象的区隔化。从社交场域到政治传播空间,图像传播情境发生改变,与人、社会之间的关系更为紧密。因此,视觉图像会在某种程度上与政治建立归属感,与表情包建立平等观念。

群体政治认同在图像归属感中得到强化。表情包传播过程中获得认同的主要原因在于社会现实与政治理想相违背,借助表情包实现政治认同感,从而实现合理想象的可能。理想主义者希冀利用政治改变周遭环境,在虚拟空间下建构具有政治属性和社会意义的圈层,将社会现实的不满情绪借由萌元素的表情包图像进行象征化传播,在政治语境下情绪宣泄得到认同后,公众彼此建立共情,即对处于表情包传播的边缘群体和对"弱政治化"的情感产生共情。政治主体在"政治萌化"的圈子中对政治客体进行教化,旨在差异化的群体身份中形塑对政治的认同和尊重。

2.表情包"政治萌化"的负向功能

表情包传播的正向功能促进图像政治运动以积极的一面得以开展,但在此过程中人与人之间的关系、图像与政治的关系并非完全是阳光、正向的,其传播的过程存在阴暗面。所谓传播的阴暗面是指传播的负向功能,表情包传播由于在不同语境下的差异化解读,滥用图像和误用图像成为常态化现象。具体表现在三个方面:网民过度使用表情包产生权力滥用、过度解读造成的认知失调,以及过度依赖心理产生"坏"的路径依赖。

(1)过度使用表情包产生权力滥用

区别于在私人领域下对政治观念的表达,表情包的"政治萌化"特性集中在公共领域下对重大政治事件的参与上。"政治萌化"特性的产生是建立在政治领域下对公权力的把握基础上,然而在表情包的传播过程中,因为"过于笼统化的概括不利于突出某些与政治及政治关系特别密切的政治话语,更掩盖了其中不平等的权利控制意味"①。图像传播的主体泛化特征并未消解权力的不平等现象,反而因过度使用表情包导致权力滥用。首先,政

① 刘迎新:《论政治话语通俗化修辞传播》,《社会科学战线》,2016年第9期。

治传播主体存在阶层差异化。在集合行为的感染下,注重通过娱乐式的行为方式来解构表情包,最终积极参与政治的热情演化为"乌合之众"式的图像传播。其次,网民对政治话语的认知存在差异,话语权力的行使存在对政治理性化的表达方式。但表情包的易扩散特性致使网民形成一种使用习惯,对不同语境下的图像选择缺乏理性分析,只进行使用和传达,而非认知层面的判断。最后,长此以往的图像政治运动愈发倾向只娱乐公众,而非起到引导和规制的效果,权利滥用成为政治斗图语境下的常态化现象。

表情包的"政治萌化"特性在泛化传播下造成公众个人私权的滥用。政治表达的"萌化"趋向在个人选择、使用、解构图像基础上越发明显,是对私权的滥用行为。政治态度的形成是以理性为前提的,有益于在图像表达下强化公众的政治立场。但在图像二次创造的过程中,政治情感与表情包的实际内涵发生抵触,公众基于恶搞、调侃的心理来进行政治狂欢,在表情包泛化使用的场域下造成群体极化效应,公众对表情包"政治萌化"的理性认知所消解。政治图像在"萌化"的外壳下常常向恶搞的边缘倾斜。图像成为伪装政治态度、政治认知的武器,对政治人物、政治事件和政治情感进行夸张、戏谑式的呈现,自主性表达和自主性选择行为成为对政治恶搞的非理性表征,进而造成严肃政治的娱乐化、政治人物的图像侵权及政治价值的扭曲。

(2)过度解读表情包导致认知失调

表情包的"政治萌化"为政治表达提供了合理化路径,但并非所有人均能正确地使用表情包。对于非使用表情包的人而言,参与到图像政治运动的积极性较弱,难以对图像引发的政治讨论产生共鸣,与经常使用表情包的人在认知层面上产生差异。公众在政治场域中的缺席在心理上会产生不适感,因而对于"政治萌化"的理解存在刻板性认知,难以对图像在传播过程中产生认同心理,做出与所处语境相匹配的图像选择行为。费斯廷格把这种心理状态的不适感称作"认知不协调",主要用以表明个人态度、思想和行为与主观认知的不一致。"政治萌化"是基于对政治表达趣味性的解构,消解政治严肃性造成的交流阻隔。但是"政治萌化"特性主要针对表情包这一图像介质,并聚焦在政治传播场域下形成的传播趋势,具有特定介质和特定语境的特点,并非针对泛化的人群和语境。对于大部分使用表情包的人来说,政治语境与表情包之间存在关联性,借助表情包将个人认知上升到集体行为中的认同心理,与未使用表情包的人产生情感对立,政治立场存在偏激性。"政治萌化"的形成是一种主观建构,身份区隔下的"认知不协调"在行为、心理上最终趋向于遵从。

表情包的"政治萌化"为政治传播提供讨论场域,但在具体事件下形成的政治语境与图像之间具有冲突性。2016年的表情包大战是一场以图像驱动为主的爱国主义运动,图像是爱国推动政治事件的发展和结果,区别于以往政治话语的表达形式。图像与爱国主义之间并非对等的情感立场,有时表达的却是一种相反、对立的情绪,给网络民族主义的滋生提供了温床。排斥心理、仇恨情绪的产生在很大程度上是由于常态化交流模式被异化,表达形式与所处语境产生对立,公众难以在一系列表情包图像运动中合理地表达自己的观点。政治语境下公众的极端情绪被激化,表情包的"政治萌化"特性成为调侃和讽刺的对象。

(3)过度依赖表情包造成路径依赖

政治语境下对表情包图像的使用依赖是一种行为惯性,在社交媒体的扩散传播下造成路径依赖。"政治萌化"特性的路径依赖集中在表情包这一符号背后体现的政治修辞,修辞术成为政治对话的武器,惯用的表情包图像为政治修辞提供表达"轨迹",塑造个人表达习惯。由于表情包对个人形象及身份的强化,公众在政治交流的场域下进入一种图像路径,取代以往单一性的表达方式,从而对表情包进入政治场域的路径产生依赖。技术革新推进表情包"政治萌化"特性的轨迹依赖,做出的选择性行为难以与基本的政治态度保持一致,甚至在路径依赖下造成对图像的误读,过度依赖心理加剧了公众模仿行为。如果说图像的二次创造是一种主观意识行为,那么在路径依赖的"轨迹"下的模仿行为就掩盖了公众对于政治表达的合理化态度。

"社会上的一切事物不是发明就是模仿,模仿是最基本的社会现象"[①],在群体感染的行为下表情包图像从自主选择演化为模仿行为。表情包的模仿行为主要指遵从性模仿,是为了避免产生孤立心理而产生的行为效仿。政治立场的对立容易挑起公众极端化情绪,模仿行为加剧了公众非理性的政治表达。表情包的易复制性在公众的模仿行为下形成依赖心理,防止在群体表达下产生"沉默的螺旋",观念意识的自主性选择成为一种模仿心理,逐渐推进表情包在政治传播领域下的娱乐化,仅有"萌化"的外壳而弱化政治特性。

(四)表情包"政治萌化"的调适路径

正确使用表情包才能合理表达政治态度,要理性地分析政治事件中的利与弊。在文字让位于图像传播的时代背景下,表情包以"闯入者"的身份

---

① [法]加布里埃尔·塔尔德:《模仿律》,何道宽译,中国人民大学出版社,2008年,第98页。

渗透至政治领域,影响政治话语、政治立场及政治情感的传达,"政治萌化"俨然成为包裹着萌化形象的政治武器。非理性行为造成的表情包符号滥用,给网络空间的治理带来一定的难度,表情包的选择和使用需要合理分析政治语境,理性地进行调适,形塑公众对政治表达的积极态度。其中,表情包政治传播的调适路径主要包括对负向功能的调适和网络规制的调适。前者主要针对表情包存在的负面作用加以调适,强化公众的认知能力,防止产生不良的路径依赖。后者则是聚焦于网络空间下对表情包图像深入政治语境下在管制方面存在的不利因素,提出建立规范的制度模式、营造良性的政治环境及提高个人政治素养,避免表情包在"政治萌化"特性下走向无秩序和非理性的路径。

1.对负向功能的调适

从边缘走向大众化的表情包,在形塑公众日常行为表征的同时,也在无形之中加剧边缘群体的认知鸿沟,其负向功能在差异化语境下愈发突出。因此,在对负向功能进行调适时,提出要明确权力意识的边界、强化公众个人的认知能力及防止在交流过程中出现不良的路径依赖。因为一味地追逐戏谑化的政治狂欢,容易出现政治立场对立、极端化情绪和行为在互联网平台上爆发,合理对负向功能进行分析和调适,能够在泛化表达下以常态化的态度去应对敏感的政治问题,从而选择适当的表情包图像来体现政治观念。

(1)明确权力边界

选择表情包应避开政治敏感区域。表情包与政治存在隐晦性,政治事件下的隐喻表达便是在图像文本的基础上进行政治隐喻,从而代替语言文字的敏感。"政治萌化"特性是表情包在政治语境下对基本态度的掩饰,而图像内涵与政治事件天然存在一种难以去敏感化倾向。不同于文字,图像的敏感性是借图来暗示情感,唤起公众的集体记忆。政治敏感成为集合行为下表情包易复制、易生成、易传播的载体,原本隐喻的内涵成为公众讽刺的对象。因此,被赋予表达权的公众,在权力得到释放的前提下需要对图像存在的敏感内容进行判断,特别是对政治人物和政治事件的图像化讽刺,避免在选择图像时注入主观情感。权力具有约束性,表达自由是在制度框架下的有序化行为,政治与萌化的表情包之间需要做出让渡,一味地追求萌化形象忽视政治,或只注重政治性而失去图像的形象直观,皆是对权力的滥用。所以,选择表情包需要理性地避开敏感内容,防止对政治话题产生矛盾,激发网络上的极端化情绪,影响网络空间秩序的维护。

使用表情包应防止侵犯隐私。"政治萌化"中的表情包来源于政治热点,其中不乏对热点人物、热点事件进行二次创造,容易在创作过程中产生侵权行为。对人物形象调侃的"佛系"表情包"葛优瘫",是未经他人许可下进行的一种自主性行为,涉及的人物成为公众娱乐的对象。同样,以政治人物为素材的表情包图像实现政治话语的讽刺效果,但也造成了对相关人物的侵权行为,打着娱乐的旗号进行污名化。因此,在使用相关政治表情包时,使用者对其话语权的行使需要具有边界意识,防止对某一类"政治萌化"的图像进行大面积扩散,造成群体极化效应下的图像泛滥。创作表情包一方要正确选取相关元素,理性创作出符合公众态度表达的图像,禁止恶搞行为对图像造成侵权,阻碍常态化的政治讨论。

传播图像的过程防止扩大阶级鸿沟。青年群体与老年群体在对表情包的使用过程中存在阶级对立。在政治语境下身份和年龄的差异化造成对"政治萌化"的误读,极端化情绪产生的背后是阶级之间的矛盾。表情包使用的低门槛并未弱化阶级对立,反而图像"圈层"有意地将个人与个人、群体与群体之间进行划分,圈层式传播成为扩大阶级鸿沟的常态化现象。阶级鸿沟现象在图像的政治化语境下难以避免,不同群体拥有属于各自的政治话语体系,需要彼此尊重观念的差异导致的行为不一致,不刻意渲染和放大对立情绪,还要在政治场域下积极地参与话题讨论,保持对群体意见的理性认知。

(2)强化公众的认知能力

明确政治性与萌文化之间的关系。"政治萌化"将萌文化与政治相结合,是对政治表达风格化的延续。政治表达基于一定的框架和秩序对不同类型的方式进行吸纳,表情包的萌化形象一方面是对政治表达的补充,另一方面可以满足公众对政治表达形式多元的渴求,改变对以往政治传播的固有印象。但萌文化的核心是低幼化,抵抗政治表达的严肃性,往往在传播过程中造成对"政治萌化"的误读,认为此种形式是对政治的污蔑。政治表达的多元形态需要借助萌文化,消解表达的"无奈",合理且充分地表达情感。萌文化的娱乐属性促使公众政治参与的积极态度,满足公众对政治多元化表达的需求。因此,全面理解表情包的"政治萌化"特性,需要明确政治与萌文化之间并非抵抗关系,而是相互补充的关系。

明确政治行为和政治认知的一致性。政治表达的图像化趋势是建立在视觉化符号介入政治领域的认同心理,进而引起公众政治讨论的热情。政治参与的积极与固有的认知模式相关联,表情包为公众的认知提供图像化认同,即由思维上的政治认同演化为行为上的选择认同。由于认知模式的形成与个人的受教育水平、价值观、行为习惯有关,在表情包的"政治萌化"

特性下并非以积极的行为导向驱动公众头脑中的固有认知。认知与行为的不一致，会激发公众极端化的情绪和行为，导致网络民粹主义的产生。对于公众而言，认知与行为的一致需要避免群体性偏见，警惕表情包的复制、恶搞行为。同时，对自身行为进行约束，理性判断自我认知与行为之间的关系，强化个人认知能力，对网络空间下的政治图像运动保持冷静的态度。

明确个人情感表达中的非理智因素。表情包的"政治萌化"夹杂非理性的情感表达，政治态度随着事件的演变会转向消极甚至极端的情感。传递情感是表情包的基本功能，积极和消极情感为图像传播注入理性或非理性要素。表情包的负向情感在某种程度上也体现出公众在不同语境下的多元态度，能够借由消极情绪反映差异化的政治态度。但消极并非极端，在群体感染的作用下情绪成为一种利器，阻碍公众正常交流时需要警惕此种非理智的情感。因此，正确看待表情包传播中出现的消极情感，从个人认知层面上强化所处语境与所选图像的匹配度，警惕认知固化带来的偏激情绪。

（3）防止不良路径依赖的产生

警惕惯性思维。表情包的海量生成使得公众在使用过程中养成思维依赖，不依靠文字表达只借助图像路径传递想法。图像的易传播性推动"好"的路径成为共识，一旦对使用图像缺失基本的语境判断，"好"的路径被"坏"的路径代替，行为上便产生惰性。政治话术的表达有基本的策略，表情包同样具有使用准则，需要对不同语境下表情包产生的实际意义做出判断，以免造成传播主体对表情包的误读。惯性思维的本质是一种心理依赖，要对习以为常的观念和重复性的操作行为持有怀疑和谨慎的态度，消解路径依赖下的思维固化。

跳脱表情包的社交轨迹依赖。社交平台成为表情包的主要传播路径，以图像为主的社交轨迹窄化了政治传播语境下的多元路径。政治社交建构公众个人政治表达的平台，但表情包"政治萌化"并非单一用于政治社交功能，应跳脱对社交圈层以及社交互动的依赖，形成一种常态化的交流模式。因为公众对社交路径的依赖，误认为表情包适用于一切场景，使得在政治语境下的表情包图像难以正确解读，反而造成传播障碍。因此，表情包应聚焦公众对政治表达的多元需求，公众在强化个人认知的同时，跳脱社交路径进行多平台的政治参与。

在路径依赖中做出合理选择。"劣币驱逐良币"是经济市场上常见的一种货币规律，而"坏"路径驱逐"好"路径同样也是一种常见的惯性思维。表情包具有双重属性，在一贯的思维路径下容易造成图像传播的恶性循环。为了避免单一路径下生成的表情包图像，图像选择与政治语境是相符合的关系,才能够在众多表情包中进行合理的选择,需要遵循的原则包括所处环境和传播对象。前者决定了在多元渠道下语境和图像关系的把握,后者则是针对政治传播主体进行的行为选择。因而,在一定的传播框架下对表情包图像进行合理选择,不以个人主观情感为衡量因素,才能避免路径依赖的产生。

2.对网络规制的调适

网络平台建构表情包的政治传播语境,对"政治萌化"的形成提供规制。由于虚拟空间的匿名性特征,良性的网络规制需要进行制度规范,才能使表情包传播从无序走向有序。网络技术规制表情包的使用规范,同时要对表情包图像进行相关路径调适,具体包括建立图像使用的规范制度和营造表情包使用的政治环境,从制度和环境两方面调适表情包在网络规制下存在的消极影响。对于公众个人而言,在使用过程中提高政治素养,理性地对政治事件进行发声,能够以合理的表达方式主张个人观念。

（1）建立表情包使用的规范制度

使用表情包需要具备规则意识。无节制的自由就是对秩序的践踏,只有建立在秩序规范的前提下才能合理表达自由、行使自由。表情包的创作和使用是一种自由得到认可的过程,若缺失对自由的约束,表情包就会成为政治表达的武器,这种武器具有极大的杀伤力。所谓的规则可以理解为一种制度框架,是在政治语境下能够规范的表达观点,不进行抹黑、污名以及贬低的行为。图像与文字不同,图像的深刻性和形象化更容易产生记忆,网络平台的扩散无疑加强了集体记忆。因此,表情包的使用目前存在无秩序化的现状,需要相关平台建立图像使用规范的制度性措施,特别是在图像制作中对一些特殊事件、热点人物进行图像解码时,需要明确划分可以制作表情包的范围。同时,表情包的使用者要能够对自身进行内省式思考,对集合行为下的遵从行为进行自我反思,避免利用表情包图像对政治人物和事件进行攻击。

"政治萌化"特性需要在制度框架下进行约束。萌化的政治不加约束便会走向娱乐化,甚至违背道德伦理。"政治萌化"依附于表情包这一符号,个人情感和主观性偏见影响群体性态度和行为,因此无论是在言语还是行动上都应受到相关政策的限制。表情包作为传输介质,没有法律约束会出现图像的"后真相"传播,即情感让位于图像本身。利用法律制度保护公民的隐私不受侵犯,表情包在使用过程中不逾越法律红线,不触碰非法信息。提供表情包传播并且以营利为目的的平台需要严格遵照法律制度,对表情包传播进行管控,进而营造良好的传播氛围,避免产生负面效应。

（2）营造表情包使用的政治语境

表情包的"政治萌化"需要营造与图像适配的政治语境，进行主流意识形态传播。萌化的政治表达成为公众消遣的方式，构建以政治话语为主导的语境需要把握"主旋律"和"萌文化"之间的界限，防止在政治语境下因过度萌化造成主流意识形态的低俗化。两者之间需要做出平衡，传播的图像是否与当前的政治语境具有高度相关性，遵循的原则是根据所处的语境进行判断。网络政治生态摆脱从失序走向有序的条件是营造良好的政治语境，才能够强化公众对主流意识形态的认知。表情包传播的"政治萌化"是基于政治语境的构建，营造良好的传播语境并积极参与到政治情境中，接纳多元化的表达形式，避免在政治语境下出现极端化行为。

（3）提高表情包使用的政治素养

政治素养是一种认知模式，能够体现公众对政治局势了解的综合性和全面性。具备政治素养的人对政治保持一定的敏锐度，在国家政策和经济形势下能够以积极、合理的态度去对待政治问题。在面对复杂的政治局面时，能够理性地表达政治观念，反对极端化的手段去宣泄情感。在网络平台上存在多元化的意识形态，对不同的意见以包容的心态去对待。表情包的出现是一把"双刃剑"，能够形塑政治话语的同时，加剧了政治矛盾。合理的治理手段能够抑制表情包的滥用现象，同样，公众的政治素养也需要在表情包治理措施下不断强化，能够不压抑话语权表达的同时，也能以理性的方式行使公权力，有效避免非理性的政治表达。

马克斯·韦伯认为，理性化解读是一种"祛魅"或"除魔"的过程，任何新生事物的发展也需要经过"祛魅化"的阶段，消解因非理性行为产生的负面影响。读图时代的到来正是一种试图趋向理性化的过程，无论是在话语表达上，还是在行为赋能层面上，表情包的出现无疑是对理想化表达的渴望。正如费尔巴哈在所著的《基督教的本质》中说道："无疑，我们的时代……偏爱图像而不信实物，偏爱复制本而忽视原稿，偏爱表现而不顾现实，喜欢表象甚于存在。"[1]图像俨然成为社会景观的一部分。政治的图像化趋势并非对政治话语的遮蔽，反而在"政治萌化"的驱动下建构新型政治表达形式。

四、网络技术治理下政治话语的转向分析

网络敏感词是政治语言在网络技术赋能下的治理结果。国家及相关部

---

① ［德］费尔巴哈：《基督教的本质》，荣震华译，商务印书馆，1984年，第20页。

门对网络平台上出现的敏感词语进行技术判断、识别及监测,并将监测出来的网络敏感词进行治理。其中,网络敏感词是被网络技术屏蔽的结果,屏蔽的内容主要包括政治制度、政治关系、政治政策、政治意识形态等方面。①造成这种现状的主要原因在于网络具有匿名性特点,网络上的人员在学识、教育、素养等方面参差不齐。特别是在虚拟的网络空间中,由于个体的情感化表达和极化的行为情绪容易出现各种带有政治性的敏感词汇。这些敏感词汇虽然能在某种程度上表达出个人的政治态度,但过度使用敏感词则会失去基本的政治判断。往往这一类敏感词语带有政治反讽、政治隐喻、政治批判及政治戏谑等特征。一旦在网络平台上出现某个敏感词,就会出现屏蔽的结果,导致政治话语发生转变。政治语言的调整或转变会破坏政治秩序的稳定,导致政治失序现象的发生。因此,面对政治话语的转向结果需要合理利用大数据技术、算法技术、人工智能平台等对网络敏感词进行相关脱敏处理,以此恢复正常的政治秩序。

(一)敏感词屏蔽的政治区域

敏感词的使用有一定的限制性,特别是对政治区域的限制。敏感词指向政治,主要包括对政治关系、政治态度、政治立场等方面的政治指向。此外,有关政府及部门对敏感的界定搭建了相匹配的词库。相关部门通过人工智能、大数据和算法等方式实时抓取敏感词,并进行屏蔽。对敏感词进行屏蔽的过程也是对政治倾向的判断过程。因为大部分的敏感词之所以被屏蔽,很大原因之一在于涉及政治性,与"政治正确"相违背的内容往往通过网络技术采取屏蔽处理。

敏感词可划分为不同种类。一般敏感词会按照情感倾向、表达强弱、存在形式、主体和客体关系进行划分。不同种类的敏感词具有不同的特点。划分敏感词是分析网络政治语言转向的前提条件。网络政治语言转向有积极意义也有消极意义。若网络政治语言转向在无形之中破坏政治秩序的稳定性,这种政治语言转向是需要加以警惕和避免的。因此,划分敏感词的目的正是在于对政治语言向积极、正向转向一方的引导。敏感词容易被情感所影响,情感趋向将敏感词划分为积极敏感词和消极敏感词这两类。按照强弱程度把敏感词划分为强敏感词、中性敏感词及弱敏感词。按照存在形式可将敏感词划分成静态敏感词和动态敏感词。按照主体和客体可将敏感词划分为

---

① 参见张爱军:《再治理:网络技术对敏感词的屏蔽及其政治语言转向》,《河南社会科学》,2019年第8期。

主观敏感词和客观敏感词。在不同种类的划分下,敏感词的出现往往是与政治情感相关联,并且在网络中随意分布,经常用谐音来代替敏感词,干扰被网络技术屏蔽的风险。与此同时,敏感词是动态和静态相结合的状态,一般情况下识别敏感词需要依靠相关技术加以应用,才能对敏感词进行有效治理。

敏感词和敏感信息既有相同之处,也有区别。敏感词本身就是针对带有敏感信息的词汇。而敏感信息是指那些通过网络散布的不符合法律、有违社会伦理与道德,并对社会产生不良影响的信息。[①]但是对于敏感词而言,敏感词是局部敏感信息的体现。网络技术主要对与政治制度、政治政策、政治人物、政治事件及政治意识形态方面相关的敏感词进行屏蔽。

1.与政治制度有关的敏感词

与政治制度相关的敏感词涉及国家政权的组织形式、国家结构、政党制度和选举制度等方面的敏感词汇。这些与政治制度相关的敏感词通常指向国家统治。从我的国情和基本制度而言,人民代表大会制度是我国的根本政治制度,基本政治制度是共产党领导的多党合作和政治协商制度、民族区域自治制度及基层群众自治制度。政治敏感大多和政治制度相关,政权的组织形式及国家结构的差异化决定了这类词汇带有敏感性。受历史文化的影响和制约,政治制度的敏感词会因为制度差异产生不同的情况。例如,人民代表制和议会制国家在有些国家这些词汇并不是敏感词,但是在其他国家类似的词汇就很可能成为敏感词被屏蔽。另外,被屏蔽的政治制度敏感词通常带有消极、负面的政治情绪,这些敏感词的存在会影响政治生态环境的建设,同时也会引发网民的政治仇恨心理,加剧政治群体极化事件的发生。

2.与政治政策有关的敏感词

和政治制度敏感词不同的是,政治政策的敏感词是在政治政策中出现的一类敏感词语。政治政策主要分为宏观、中观、微观三个方面。与之相对应的词汇就可以划分为宏观政治政策敏感词、中观政治政策敏感词及微观政治政策敏感词。在现实生活中主要是中观和微观这两类会直接影响到网民的政治态度,左右网民对政治决策的基本判断。主要原因是中观政治敏感词和微观政治敏感词与网民较为贴近,能反映现实政治政策,而宏观政治政策会在被截取后出现与政治价值观扭曲、变形。因此,网民直接感受的也是中观政治敏感词和微观政治敏感词,这类敏感词与个人的切身利益紧密相关。网民接触到这类敏感词后往往会产生直观的政治感受和政治情

---

① 参见巫思滨:《互联网不良信息综合治理研究》,北京邮电大学 2011 年硕士学位论文。

绪,从而在网络平台上对政治政策敏感词进行传播、扩散。

3.与政治人物相关的敏感词

政治人物的敏感词是对涉及公权力的政治人物、政治言行、政治表达相关的敏感词。这类政治人物敏感词具有针对性。针对的政治人物主要是具有权威地位的政府官员,抑或有政治权力的人。政治人物言行的敏感词则是针对政治话语和政治表达而言的。在微信朋友圈、微信群聊、微博等平台上经常会出现一些政治言论,大部分的政治言论有污名化、低矮化、扭曲国家政策、国家形象、政治人物等倾向。这些言论中往往涉及诸多与政治人物有关敏感词,歪曲政治事实的同时,也对政治人物进行污名化传播,容易影响政治生态建设。

4.与政治事件相关的敏感词

政治事件敏感词是针对政治舆情而言产生的。政治事件具有突发性和不确定性,难以准确预测政治事件的发生。在传统媒体的时代下,重大的政治事件传播速度较慢,与之产生的政治事件类敏感词也会因为事件的速度而消解。相反的是,在网络时代信息多元且传播迅速的今天,政治事件随着多元渠道不断发酵,形成的政治风险和政治舆情难以控制,与之伴随的突发政治事件敏感词同样会快速传播。网络政治舆情加快了突发政治事件敏感词的传播范围和传播速度。随着网络政治舆情的上涨,敏感词也对网络政治舆情产生促进效果。

5.与政治意识形态相关的敏感词

当网络主流意识形态受非主流意识形态挑战,则会出现与政治意识形态相关的敏感词。这类敏感词是非主流意识形态占据主流意识形态的空间而出现的一类词语。意识形态敏感词在政治制度、政治政策、政治人物、政治事件中均能得到体现。当政治意识形态敏感词使用不当,会导致非主流意识形态抢夺或挤占主流意识形态阵地的问题,如果任其发展会造成社会失序,政府公信力降低,陷入塔西佗陷阱,最终导致社会自我撕裂。[1]所以,与政治意识形态相关的敏感词要注意其使用效度和使用场景,防止这类词抢占主流意识形态的传播空间。

(二)敏感词屏蔽带来政治语言转向

政治语言主要是针对网络这一空间而言。网络政治语言发生转向体现

---

① 参见张爱军:《再治理:网络技术对敏感词的屏蔽及其政治语言转向》,《河南社会科学》,2019年第8期。

出网民对政治语言的再造。再造是创新政治语言的一种形态,虽丰富网络政治表达和网络政治传播的形式,但也侵蚀了网络空间的洁净。导致在网络空间中容易出现政治语言的滥用和歪曲现象,破坏政治语言的创新性,进而难以进行有序、良性的政治对话。

被屏蔽的网络政治敏感词发生政治语言转向。这种转向不是单一性的,而是多重的政治语言转向。政治语言转向为具有隐喻性的网络政治语言、再造性的网络政治语言、变异性的网络政治语言、反义性的网络政治语言、脱敏性的网络政治语言及戏谑性的网络政治语言。敏感词屏蔽带来的这些政治语言转向能够在一定程度上减轻政治风险带来的威胁,也能使网民间接地表达个人政治意愿和政治诉求。但要注意的是,对网络政治语言有潜在的破坏性,不加以治理则会带来更大的政治风险,阻碍政治发展进程。

1.转向隐喻性的网络政治语言

为了避免网络技术被敏感词的监测,网民常借助具有隐喻特征的敏感词来进行表达。网络政治语言的隐喻具有象征性,是以生动、形象的方式呈现在网络平台上。网络政治语言隐喻化主要表现在两个层面:一是表达内容层面,二是表达方式层面。表达内容层面一般网民会结合历史事件及人物作为所选取的隐喻内容。这类内容的敏感性较弱,规避了被监测的可能性,也避免了政治敏锐性。对于表达方式层面来说,网民借助政治表情包、政治图片等表达个人的政治情感,或者通过微博、微信、微视频等社交平台进行网络政治语言的隐喻化转述,实现个人表达政治诉求的意愿。网络政治语言的隐喻对现有政治事件能够进行监督、批评甚至质疑。网络政治语言隐喻化不仅具有监督功能和体制性纠错功能,还有价值导向功能和规范行为功能。[①]这两类隐喻化的政治语言既具有积极作用,也具有消极作用。这类隐喻词汇具有表达隐晦的特征,不以直接的政治语言表达呈现,而是带有暗指、批判甚至讽刺等意向。

2.转向再造化的网络政治语言

政治语言的再造过程与政治敏感词的强弱程度相关。转向为再造化的网络政治语言过程也是一种替换过程。主要有同音替换,如"制服诱惑"替换为"制服右或","游行"替换为"油腥"。还有用相近或相关的人或时间进行替换。政治语言再造的过程中往往对弱敏感词采用显性的表达方式,对具有强敏感度的词采取隐性表达的方式,有效地避免被屏蔽和被监测的可

---

① 参见张爱军、秦小琪:《网络政治隐喻的功能研究》,《学术界》,2018年第3期。

能性。

3.转向变异化的网络政治语言

相较于网络政治语言转向的隐喻化和再造化，网络政治语言的变异是灵活性较强的一种转向形式。一是网络语言出现字母化。当谈论到具有敏感意义的政治话题时，网民往往会选择使用拼音或首字母来取代敏感性词语。如把民主说成"MINZHU"。二是体现在网络语言缩写化方面。缩写包括词语压缩以及词语省略。如把"复旦大学"省略为"旦大"或"蛋大"。三是网络语言进行拆分处理。随着技术的革新使网络语料库不断增多，一些变形后的政治语言也加入其中，经过一些变形或处理的敏感词会被识别出来。通过以上三种方式，能够逃避敏感词监测、检查的同时，促进政治语言表达的含蓄性。

4.转向反义化的网络政治语言

网络政治语言反义化的核心是将正话进行反面表述，或者将反话进行正面叙述。无论是哪一种形式，这两者的目的均是让政治表达具有讽刺意义。无论是正话反说，还是反话正说，这两个方面的重点在于处理好正和反之间的关系。在本质上，反义化的政治语言主要是出于政治语言的表演。这种表演通常采取欲扬先抑或者欲抑先扬的手法将敏感词间接表达出来，从而精准的表演使敏感词达到免受屏蔽的目的。

5.转向脱敏化的网络政治语言

所谓脱敏就是祛除敏感性，走向非敏感的表达方式。脱敏化的网络政治语言是让政治语言经过脱敏技术处理后，符合基本的政治常识和政治正确，具有正确的价值取向。网络政治语言的脱敏化主要集中在弘扬社会主义核心价值观上。这种政治语言脱敏化转向使政治语言倾向同一性。经过脱敏后的政治语言虽然能够维持基本的政治秩序，但依然难以掩盖政治语言背后的非稳定状态。这是利用脱敏技术来逃避政治的一种表现，不利于网络政治语言的理性化表达。

6.转向戏谑化的网络政治语言

网络政治语言的戏谑化成为部分网民进行表达政治言论、政治情感及政治态度的体现。戏谑化的政治语言是网民自我创新的体现。对网络政治语言进行狂欢式表达，在虚拟空间下这些敏感词表达网民自由的政治态度和自由言论。这些敏感词具有强烈的政治指向，部分网民通过戏谑化的政治语言在网络空间中积极表达政治抗争的意愿。

（三）利用网络技术对政治语言进行治理

对敏感词进行治理需要提高人工智能技术、大数据治理技术、算法技术等有针对性的手段。要对网络敏感词进行脱敏需要从敏感词产生的渠道或来源进行技术追踪，构建有序化的技术脱敏机制，提升人工智能技术水平。此外，有关部门要构建从宪法权利到具体权利的融通机制等方式对其网络政治敏感词动态跟踪式治理。除了以上方式外，防止网络敏感词被屏蔽带来的政治失序现象还要具备底线思维和法治思维，以防止政治敏感词带来的极端化行为和极端化情绪。

1.提高人工智能技术

人工智能的基本特征是模仿。人工智能可以模仿人类的思维和行为，具有"类人"的特性。人工智能技术能够帮助人们解决较为耗时和复杂的难题。人工智能可以通过计算机建立起相关的网络政治语言管理系统，从而进行计算机网络管理工作，提高对网络敏感词的高效监测。人工智能技术可以通过搭建专家知识库对涉及的政治敏感词进行捕捉，利用专家知识进行授权后编写代码。在此基础上，可以总结网络政治语言转向的规律，从而提出治理敏感词的方案或措施。同时，要提高人工智能识别敏感词的效率。一方面是利用大数据技术识别网络敏感词，提高识别的准确率和效率。人工智能利用数据挖掘技术将网络政治语言的转向形态统一输入已有的数据库中和已有的数据库进行对照，并分析不同网络政治语言的特点。另一方面则是通过人工智能技术来实行检测，提高治理效率。人工智能的检测技术主要是借助防火墙来保障网络安全。当检测到网络政治语言中含有相关敏感词表达时，人工智能技术会对敏感词进行分析，能够降低由政治敏感带来的秩序不稳定性。

人工智能可以模拟人类的情感，掌握人类动机对政治语言治理注入新的因素。同时，人工智能还借助计算机的数据语言代替人类基因。根据数据库的相关数据进行对比，人工智能技术可以自动识别出对政治安全造成破坏的敏感词。但是"基于智能算法进行内容分发的内容推荐模式，在很大程度上还只是一个弱人工智能的表达"①，对于敏感词来说，敏感词处理的是人与人之间的关系，需要加强人工智能在应用和表达方面的建设。智能算法技术需要和网络政治语言相适应、相匹配，才能在最大程度上降低敏感词被屏蔽带来的政治影响。

---

① 喻国明：《人工智能与算法推荐下的网络治理之道》，《新闻与写作》，2019 年第 1 期。

2.提高大数据治理水平

选择使用大数据进行敏感词治理的意义在于："大数据技术的应用,使得科层机构大范围地共享公共数据成为可能。随着信息技术革命的持续深入,原有的封闭式治理结构势必难以为继,具有弹性的开放性治理结构成为新的选择。"①大数据对敏感词的治理要进行开放性治理。首先,要加强大数据基础建设。大数据的基础设施指向互联网,没有互联网就难以对数据进行应用和使用。其次,要加强数据处理环节。提升大数据的治理水平在数据收集、储存、处理、分析等方面的技术手段,处理好每一环节才能提高敏感词治理效率。最后,要打破数据垄断。数据公开不仅是公平正义的体现,也是民主化的直接体现。用大数据对政治语言进行治理要对网络政治语言的数据进行透明化公开,突破信息壁垒。对于政府及相关部门来说,要加大数据的使用程度,实现数据价值的最大化。只有政府充分利用好大数据,才能真正并且有效地使网络政治语言突破数据壁垒,避免政治信息孤岛现象的产生。

3.提高技术脱敏能力

对网络政治敏感词进行脱敏处理是数据产生者和数据管理者亟待解决的一项技术问题。敏感词"是在给定的规则、策略下对敏感数据进行变换、修改的技术机制,能够在很大程度上解决敏感数据在非可信环境中使用的问题"②。国内的脱敏技术才刚开始起步,所以在后面的治理过程中需要明确脱敏的目标、制定相关脱敏策略,才能高效率获得脱敏数据。敏感词的脱敏要在维护网络政治生态清朗的前提下,使原有的敏感词使用范围和使用对象得到拓展,从而最终实现对网络敏感词的自动化脱敏。

4.构建权利的融通机制

党的十九大报告指出："全面依法治国是中国特色社会主义的本质要求和重要保障。"③对网络政治语言进行治理要坚持法治思维,即构建从宪法权利到具体权利的融通机制。通过宪法保障公民网络言论自由的权利。网络政治语言的治理不是让公民保持同一声音,而是在不违反法律、不破坏社会稳定的前提下形成一种百家争鸣的局面。要让网民积极参与政治,并对政治议题产生讨论。同时,还要对公权力进行有力监督,让公共权力在阳光下运行。党的十九大报告还指出："加大全民普法力度,建设社会主义

---

① 陈剩勇、卢志朋：《信息技术革命、公共治理转型与治道变革》,《公共管理与政策评论》,2019 年第 1 期。

② 陈天莹、陈剑锋：《大数据环境下的智能数据脱敏系统》,《通信技术》,2016 年第 7 期。

③ 《中国共产党第十九次全国代表大会文件汇编》,人民出版社,2017 年,第 18 页。

法治文化,树立宪法法律至上、法律面前人人平等的法治理念。"①对网络政治语言治理是保证网民和意见领袖享有同样言论自由的权利。不管是宪法还是其他法律,要做到融通必须让法律成为内在的信仰。正如耶林所说:"对法理念的亵渎与侮辱,比对一个人人身的侵害更令人感到痛心之至,虽然不是自己的利益,却能像自己的事一样为被压制的权利而竭心尽力的人,正是这种理想的感觉——正是这种理想主义,才的的确确是高风亮节者所拥有的特权。"②相关政府部门要让网络发挥网络自治的优势,培养有素养的网民。

---

① 《中国共产党第十九次全国代表大会文件汇编》,人民出版社,2017年,第31页。

② [德]鲁道夫·冯·耶林:《为权利而斗争》,胡海宝译,中国法制出版社,2004年,第60页。

第四章 "借位"的诉求：
网络政治意识形态传播中的政治心理样态

公众在现实社会不敢表达、不便表达、不想表达的内容在网络空间中得到释放，但随着网络技术逐渐成为一种治理手段以保障网络生态稳定与安全状态时，屏蔽敏感词、删除非正常原始数据等成为网络治理方式。此时，公众的政治心理会借助非主流式的政治诉求表达方式得以外化。在网络政治意识形态传播中的政治心理诉求主要通过网络政治认同、网络身份认同、网络政治歧视与网络政治焦虑表现。网络政治认同是现实政治认同的映射与延伸，在大数据、人工智能、算法技术、社交机器人等网络技术的介入下也可能被拓展或异化。影响网络政治认同的客观性因素主要在于网络技术的发展程度与伦理规制，同时，网络政治利益的实现、网络政治价值的落实、网络政治意识形态的内容与后真相政治心理是影响网络政治认同的主观性因素。网络身份认同是一种基于内在尊严与外在承认的诉求，分为网络主流政治意识形态的身份认同与网络非主流政治意识形态的身份认同，网络政治意识形态身份认同在网络平面化、虚拟化、社群化的空间特点中，形成解构化认同、重构化认同、共识性认同、圈子化认同与差序化认同，不同形式的认同是不同个体、群体在不同环境中，以其心理需求为出发点所选择的认同方式。网络政治歧视基于不同的网络政治动机而形成，个体政治动机是追求至善的政治生活，但当其网络言行越界只关注自身政治利益而置他人利益于不顾时，则形成个体政治歧视。群体政治动机是个体政治动机的偏移或集合，在去个性化的同时容易产生网络群体极化与群体认知幻觉导致群体政治歧视。政治情感动机是源于对公平正义感受的一种心理状态，网络政治情感动机常嵌入道德情感而形成网络政治道德情感，政治上的恐惧、焦虑、愤怒、怨恨都会转化为网络政治歧视。意识形态动机强化延伸了不同意识形态内部的自我固化与极化，衍生个体与群体的网络政治意识形态歧视。权力动机具有不确定性，无法左右其过程与结果的合理性而导致权力的滥用和腐败趋向，最终形成网络政治权力歧视。网络政治焦虑源于公权力的滥用、个体间多元价值的相互激荡及沉默螺旋效应下的舆论环境，政治焦虑在没有合理表达渠道与理性表达机制的情况下易形成非理性化、放大化、群体化的特点,从而转化为不同类型的政治舆论,对政治生态产生影响。

一、网络政治认同分析

网络政治认同是政治认同的组成部分,是治理体系和治理能力现代化的重要标志。网络政治认同是网民在网络空间内对政治发自内心的拥护和爱戴。政治认同主要集中在政治价值认同、政治意识形态认同、政治制度认同、政策认同和国家认同上。静态的政治认同是内化于公众心理与行为中的政治认知体系,动态的政治认同会根据社会环境不同而受到流行社会思潮和多元价值观的影响。公众完整的政治认同体系形成是静态和动态相统一的过程。网络政治认同既是现实政治认同的组成部分,又是现实政治认同在网络的延伸、拓展、裂变和变异。网络政治认同受多方面因素的影响,其中网络技术对网络政治认同起到至关重要的作用,是网络政治认同的前提和基础,网络技术的关联性、预测性、指向性促进了政治认同聚合、演化、生效。网络技术运用得恰当与否,决定着网络政治认同的效果。网络政治技术是网络政治认同的最终决定力量。大数据、人工智能、算法、社交机器人异化使网络政治认同发生变异。网络技术带来的虚拟性、自由性、平等性、碎片性、互动性和"乌合之众"性造成了网络政治认同的复杂性和易变性,给网络政治认同带来困局。增强网络政治认同,需在技术、资本、权力、权利四者之间形成互动平衡的合力,加强科技伦理建设、法治建设和制度规则建设。

(一)网络技术异化导致网络政治认同扭曲变形

马克思主义认为,生产力决定生产关系和上层建筑,决定人的政治认同。网络技术是生产力的组成部分,决定网络政治认同。大数据、人工智能、算法、社交机器人直接影响网络政治认同,网络技术政治是人与物相结合的政治,这或者是人成为物的工具的政治,或者是物成为人的工具的政治,或者是人与物相结合的政治。在网络空间中的公众组成虚拟共同体,虚拟共同体实现了人们追求共同体生活的愿景,这成为网络政治认同形成的群体基础。同时,网络技术作为人的智能延伸,除了具有人的选择倾向与价值附加,还具备网络技术本身的功能特性,这就决定了延伸具有异化的可能性与现实性。

1.网络政治认同扭曲变形的技术性归因

网络技术的异化,必然使网络政治认同扭曲变形,使得政治不再完全是人的政治,网络政治认同也不再是完全的人的政治认同,还包括技术对自身的政治认同。大数据影响网络政治认同度增减与共生性。资本、权力在社会、经济、医疗、教育、城市治理、疫情防控等方面得到广泛应用,并取得了巨大治理成效和网民的高度认同。大数据的应用不仅能够提升治理成效,还能够有效反馈网民对于政策的认同程度。

大数据是双刃剑,在提升治理成效、增进政治共识的同时存在立法规范缺位等问题,继而引发网络政治认同增强与网络政治认同解构并存的局面。从目前大数据应用的程度和范围上来看,大数据对隐私权、被遗忘权、知情权的干扰与侵犯,使公众对大数据的使用产生忧虑感、恐惧感和不确定性心理。大数据应用依赖于个体媒介素养与信息接入能力,两者的差异导致的信息鸿沟产生了数据的不平等,资本与权力作用于数据提取、储存、提纯、传输等各环节带有霸权侵入性色彩,且在技术运行中易陷入"黑箱"状态,普通的网民在这方面则完全处于劣势。"数字土著""数字民工"和"数字难民"分层概念出现,表明了网民对资本利用大数据导致的不公平感增强。资本权力具有控制政治权力的本性,政治权力不对资本权力进行规制反而对资本权力纵容包庇,以及政治权力没有及时介入资本损害公民权利或者介入不当,都会使公众产生政治疏离感,这或许会表现为公众对资本与政治各个层级的不满甚至怨恨情绪,进而不断降低网络政治认同度。

算法技术加厚信息茧房。算法运行的基础和效果程度取决于算力的强弱。算法技术最终推送的质量优劣与精准度,都与算力强弱有关。算力强,算法实现精准推送;算力弱,算法推送会模糊化。随着算法技术的普遍应用和算力的加强,资本降低了经济成本,利用网络人际资源与空间资源获得了巨大的收益。公共权力降低了治理成本,及时有效地维护了社会的安宁与稳定。信息茧房在内外部因素综合作用下呈现特殊性和区隔性。一方面,每个网民在持续接触符合自身偏好信息的基础上不断固化自身的思维模式、认知模式和心理认同模式;另一方面,持有相同或相似信息来源的网民也在不断互相验证观点并形成相对稳定的意见共同体。

人工智能衍生网络"黑色"文化。人工智能广泛应用于社会、经济、政治等各个领域,并发挥着重要的作用。人工智能包括强人工智能和弱人工智能,强人工智能具有人的直觉、经验、感知、逻辑思维。目前人工智能处于弱人工智能阶段,不具备人自身的全部特性,具有工具性职能。但人工智能具有技术理性取代价值理性、国家治理"一刀切"、助长治理主体懒政和滥政、使国家治理缺少人性化、导致国家歧视性治理、使国家治理无边界等诸多的可能性与现实性。①尤其是人工智能介入网民健康良性参政议政的情况时,人工智能因缺少人的基本判断能力及人性、情感、经验、文化等多重维度,只是机械地屏蔽涉及政治的敏感词而导致网民无法进行健康理性的讨论,网民由此产生的低政治效能感造成了网络政治认同的心理困局。

社交机器人制造虚假民主。人是社会性动物,人是社会关系的总和。社交机器人通过模仿人类行为与传播技巧,根据传播者意图扩散信息。顾名思义,社交机器人的本意在于社交,社交的目的在于增加社会性,这种社会性更主要是社会性娱乐和社会性服务。目前,社交机器人作为人的社会性的延伸在网络社会关系扩展方面发挥了一定的积极作用,但是社交机器人一旦产生,就具有了异化的可能性和现实性,具有物支配人的技术伦理风险。如果社交机器人的设计者和应用者缺少科技向善伦理和现实社会伦理的制约,资本和权力就会通过社交机器人支配和统治社会,侵犯人的正常的社会性,甚至会出现反社会性、反社会伦理。社交机器人的类型中包含政治社交机器人,通过模拟真实政治话语样本篡改其内容,模糊公民政治价值与政治观念,干扰其政治信念建立。社交机器人与政治机器人具有促成"影子政府""深层政府"的可能性,具有支配政治的巨大权力,进而导致人的政治变成物的政治、人统治人的政治变成物统治人的政治,使政治完全失去了政治的本性。进而言之,网民对政治的认同变成了对社交机器人的政治认同,从而臣服于社交机器人的统治之下。社交机器人受技术主导者意图的控制,具有意识形态的附着性与依赖性,使得社交机器人成为颠覆传统媒体的"第四种权力",且具有取代社会舆论监督的可能性与现实性。社交机器把人对物的管理变成物对人的管理,把人对人的监督变成机器对人的监督,使社会管理、监督异化。②

2.网络政治认同扭曲变形的主观性归因

网络政治认同的主观性归因,是基于人天生是政治动物的命题。人是社会性动物,具有追求良善政治的价值需求。人的政治性决定了人天生占有利益的欲望,人的社会性决定了人具有追逐社群的本能。网络政治认同与政治意识形态、网络政治价值、政治利益具有直接的关系。人天生具有分群的本能和倾向,这是人类进化的结果。对内群具有较高程度的认同,对外群抱有排斥与孤立的态度。人对生活于其中的群与生活于其外的群具有不

---

①② 参见张爱军:《网络政治认同异化归因及其优化》,《青岛科技大学学报》(社会科学版),2021年第1期。

同的认同。

网络政治利益是网络政治认同的核心动力。人天生是政治动物这一命题决定了人天生具有政治利益需求。从古代到现代,追求良善的政治生活是人的根本利益所在,任何破坏良善政治生活的恶行都处于被谴责被摒弃之列。人类历史任何统治者,无论采取何种政治,都在实际行动中或在口头上以追求良善政治为己任。人类政治发展的历史就是追求良善政治的历史。进入网络时代,个体存在呈"原子化"分布,网络社群化趋势推动社会进入高度分散化的微粒社会。由原来追求宏大政治良善政治利益变为追求个体的良善政治利益,政治诉求由传统社会中的宏大元叙事变为微观小叙事。但由于网民个体的政治态度、政治价值、政治认知、政治诉求等诸多不同,又由于接触的政治信息不同,网民个体政治利益、群体政治利益、组织政治利益、阶级阶层政治利益以多元化的方式展开,网络政治认同个体化、群体化,难以形成具有共识性的政治认同。2020年的美国总统选举呈现中国网民的政治认同巨大撕裂就是典型的例证。①

网络政治价值是网络政治认同的基本动力。政治价值是公众对政治活动、政治制度、政治现象、政治体系所赋予的以个人利益、社会利益为出发点的具有政治意义的事物的观念和效用。网络政治价值主要基于宪法保障的权利体系的价值,只要宪法保障的权利体系的所有价值都能得到保障和落实,政治认同度就高,如果宪法保障的权利体系中的人权价值与现实生活中人们的价值感知相违背,政治认同度则低。树立宪法权威、维护宪法尊严的基点之一就是宪法保障的权利体系,权利体系的任何一个权利受损,都会影响权利体系的其他内容,进而侵蚀宪法权威与尊严。网络政治价值主要体现在言论、参与、组织的价值。

网络政治意识形态是网络政治认同的重要动力。它基于公众对生存现状的认识与理解,对社会未来发展的希冀蓝图及对自我人生的定位与价值追求而形成。意识形态分主流意识形态和非主流意识形态。从最一般的意义概括上说,西方的主流意识形态主要包括自由主义、保守主义和社会主义意识形态,非主流意识形态包括民族主义、民粹主义、种族主义、女权主义、族群主义。这些主义在网络上不但易于极化,还具有捍卫中心化与去中心化的特征,造成网络政治心理认同极化。受西方意识形态的影响与渗透,中国网络同样存在这些政治意识形态,但中国主流意识形态是以马克思主

---

① 参见张爱军:《网络政治认同异化归因及其优化》,《青岛科技大学学报》(社会科学版),2021年第1期。

义为指导的意识形态,网络政治心理认同首先是马克思主义意识形态的心理认同,通过对马克思主义意识形态的政治心理认同达致对中国特色社会主义政治制度的认同、对中国特色社会主义政治过程的认同、对中国政治家和政治人物的认同等。

后真相是网络政治认同杂乱的重要因素。情感信念大于客观事实是后真相的作用机制,出于个体认知框架与利益所向进行文本断言、观点猜测、直觉主导而混淆信息内涵,导致网络政治认同过程中意义寻租、认同混乱。后真相具有忽略事实的特点,在政治立场、政治偏见、政治意识形态、宗教等方面都可以无视事实、掩盖事实、屏蔽事实。政治偏见因为缺少社会教化而使政治立场、政治意识形态、宗教等不断固化。后真相一方面因政治偏见而强化"我群"的政治认同,另一方面因政治偏见而弱化和敌视"他群"的政治认同。网络成了政治偏见主导的政治认同之地和政治认同分裂之地。网民对宏观政治认同与微观政治不认同并存。政治信任既是政治认同的前提和基础,也是政治认同的基本标志,研究表明,对宏观政治高度信任与微观政治低度信任并存,形成了"信上不信下"的"差序政府信任"。后真相因为政治偏见而强化"我群"的政治信任,又因为政治偏见导致对"他群"的极端不信任。后真相因为政治偏见引发谣言、阴谋论盛行,使网络政治认同建立在谣言和阴谋论的基础之上。①

(二)网络政治认同优化

加强网络政治认同建设,既要防止网络技术异化给网络政治认同带来的风险,又要根据网络政治认同的特性来建立网络政治认同体系。网络技术的异化既要通过加强网络技术本身来解决,又要根据资本、公共权力与公民权利三者之间的博弈状态不断地进行动态调整,防止任何一方扩大,有效防止技术利维坦、资本利维坦、权力利维坦的出现。

1.全方位加强科技向善的体系建设

仅有科技向善的伦理建设是远远不够的,要以科技向善伦理为核心,加强反科技异化的技术体系建设,以技术制约技术。加强科技的法治建设,在科技发展的任何一个环节都需要法治建设,防止科技的研发、生产、应用、推广等方面的滥用,防止科技侵犯人们生活的各个方面。加强科技的制度规则建设,以制度规则约束科技。

---

① 参见张爱军:《网络政治认同异化归因及其优化》,《青岛科技大学学报》(社会科学版),
　　2021 年第 1 期。

全方位对大数据进行规制。加强大数据技术、法治、制度规则建设，防止大数据侵犯个人隐私，进而控制网络政治认同。全方位对算法进行规制。以算法对抗算法是借助算法从技术之维来实现对算法治理的程序化牵制，防止算法失控对社会的异化与吞噬。全方位对人工智能进行规制。加强人工智能设计应用人员的伦理建设。加强对人工智能的预警系统建设，包括人工系统设计推广应用人员风险评估系统体系建设、人工智能运行过程的评估系统体系建设、加强对人工智能利用结果的评估系统体系建设。全方位对社交机器人进行规制。加强对社交机器人设计者的伦理规范建设，防止社交机器人设计者通过社交机器人操控舆论进而操控政治舆论，使网络政治认同变成虚假认同。把社交机器人纳入法治和制度建设的范畴，使社交机器人成为网络政治认同的工具。加强社会舆论监督，防止社交机器人滥用。利用技术制约技术，以社交机器人对抗社交机器人。

2.加强网络多元化政治认同体系建设

网络政治认同是多元化的，这是由网络政治及其政治传播的特性决定的。多元利益、多元价值观、多元意识形态、多元政治认知、多元政治偏见都会导致网络政治认同的多元化。因此，要概括网络政治认同的特性，建立一元主导多元共存的网络政治认同体系。

加强差序网络政治认同体系建设。建立以宏观为中心的网络政治认同的一体化体系，包括国家认同体系、宪法认同体系、基本制度认同体系。建立宏观、中观和微观政治纵向认同体系，形成宏观政治认同体系的基础。建立以现实公民权利为核心的网络政治认同体系，保持虚拟公民权利与现实公民权利的平衡，防止虚拟公民权利与现实公民权利的分离。建立以虚拟公民权利为核心的契约体系，虚拟公民权利在得到具体落实的同时厘清边界。建立虚拟公民权利的防范体系，防止虚拟公民权利滥用。建立虚拟公民权利的互动机制，防止"我群"与"他群"的封闭化和圈子化。建立网络公民共同体体系，防止虚拟公民权利的圈子化和"乌合之众"化。

加强预警体系建设。网络政治认同存在各种不同类型的风险，主要包括经济风险、政治风险和社会风险。经济风险和社会风险都具有转化为政治风险的可能性与现实性。政治风险与政治认同是此消彼长的关系。政治风险既影响现实政治认同，又影响网络政治认同。政治风险与现实政治认同及网络政治认同呈反比例关系。政治风险低，现实政治认同和网络政治认同高；政治风险高，网络政治认同和网络政治认同低。现实政治认同和网络政治认同度高，能有效地降低政治风险；现实政治和网络政治认同度低，会增加政治风险。网络政治认同在传播中具有"滚雪球"效应，对政治风险更大,因此需加强网络政治认同体系建设。因微观政治认同度低,加强微观政治认同建设体系显得尤为迫切和重要。加强以政治符号为核心的预警体系建设,并达至政治心理认同,进而形成思维习惯和行为习惯,防止政治符号体系被破坏和被侵蚀。加强以政治仪式为核心的体系建设,使政治仪式常规化和内化为人们的信念,防止政治仪式的娱乐化,避免破坏政治仪式的严肃性。

加强干预体系建设。网络政治认同是治理体系和治理能力现代化的重要组成部分,是治理体系和治理能力现代化优与劣、高与低的重要标志。加强治理体系和治理能力现代化,并转化为政治效能,需加强网络政治认同的干预体系建设,防止网络一元主导的网络政治认同边缘化和边缘网络政治认同中心化,防止横向网络政治认同侵蚀纵向网络政治认同及横向网络政治认同极化。加强网络政治言论和政治参与的干预体系建设,防止侵蚀国家认同、制度认同和主流意识形态认同。加强政治决策体系建设,防止政策决定被地方权力截留和曲解,保证政治决策的渠道畅通,形成网民对政治决策的认同。加强微观政治权力的建设,防止微观政治权力滥用,进而影响微观政治认同。加强政治公信力建设,保证网络政治认同。

网络政治认同建设是一个系统工程,具有复杂性和长期性。一方面,网络科技的不断发展、进步、创新,既具有增加网络政治认同的可能性和现实性,又具有弱化网络政治认同的风险性。另一方面,随着网民主体的言行更具流动性、开放性,网络政治认同自身也在不断变化,对网络政治认同进行跟踪性分析和研究,对于加强治理体系和治理能力现代化建设具有十分重要的理论意义和现实意义。①

二、网络身份认同分析

网络政治意识形态身份认同具有多重选择路径。网络既是身份政治认同的重要平台和延伸,又促使身份政治认同发生变异。网络政治意识形态身份认同既是身份政治认同的组成部分,又具有自身的特性。身份政治认同不仅是现代政治的重要组成部分, 还是基于内在尊严与外在承认的诉求。网络政治意识形态身份认同包括两部分:网络主流政治意识形态身份认同和网络非主流政治意识形态身份认同。网络主流政治意识形态与非主

---

① 参见张爱军:《网络政治认同异化归因及其优化》,《青岛科技大学学报》(社会科学版),2021 年第 1 期。

流政治意识形态都存在着解构与重构、共识与断裂、信任与质疑的可能性与现实性,增加了网络政治意识形态身份认同的复杂性。网络政治意识形态身份认同既能有效地推动政治进步,又能破坏政治发展,使政治停摆。加强公共权力与公民权利身份建设,有效推进宪法基础上的意识形态身份认同;加强经济和文化建设,为公民意识形态身份认同打下良好的基础;加强网络技术建设,防止网络政治意识形态身份认同的极端化。①

(一)网络主流政治意识形态身份认同

任何社会都存在着主流意识形态及其身份认同。在西方,自由主义民主是现实和网络的基本政治身份认同,民主政治是其外化制度的认同,自由与民主是其最高阶的价值认同,政治制度和多党政治是现实政治身份认同,多数人裁决是其程序认同。在中国,网络主流意识形态包括政治主流意识形态和非政治主流意识形态,二者是现实主流意识形态的延伸,从政治相关性来说,都具有主流政治意识形态的特征。身份认同包括内在性认同和外在性认同。内在性身份认同包括马克思主义者、社会主义核心价值观、共产主义者身份认同;外在性身份认同包括社会主义制度认同及各种政治身份认同,如中国共产主义青年团团员身份、中国共产党党员身份、各民主党派身份、中华人民共和国公民身份等。网络政治主流意识形态身份认同也是现实身份政治认同在网络中的延伸。吉登斯认为,现代性存在三大动力机制,具体表现为时空分离、社会制度的脱域机制、制度化反身性。与现代性相伴而来的风险将导致整个人类的生存危机及个体的焦虑和不安感,而网络环境更加速了现代性动力,导致网络主流政治意识形态身份认同存在着"伪认同"的现象。这表现为外在群体中的主流政治身份认同与内在个人自身的非主流政治身份认同,外在表演式的网络政治主流意识形态身份认同和内在的网络非主流政治意识形态身份认同。

(二)网络非主流政治意识形态身份认同

任何社会在具有主流政治意识形态身份认同的同时,也具有非主流政治意识形态身份认同。在西方,网络非主流政治意识形态身份主要表现在民族主义、种族主义和民粹主义的身份认同上。目前西方社会受到了移民、种族的重大影响,民族主义和种族主义沉渣泛起,现实和网络政治认同具

---

① 参见张爱军:《网络政治意识形态身份认同及其路径选择》,《治理现代化研究》,2021年第1期。

有裂变的趋势。在中国,网络非主流意识形态包括非马克思主义意识形态和非中国特色社会主义意识形态,网络有多少种网络非主流政治意识形态,就有多少非主流政治意识形态身份认同。非主流政治身份认同在现实中往往以个人的形式出现,很少以组织形式出现,即使以组织形式出现,也具有隐匿化的特征。网络非主流政治意识形态身份,既是自我的自主确认,也是网民的外在确认。一旦被网民认为非主流意识形态身份就很难再改变其身份,否则会受到网民的攻击、打压,并通过语言暴力的方式使其"人设崩塌"。网络政治意识形态组织具有松散化、自主化特征,聚散离合完全取决于个人意愿,但是具有严密性网络政治意识形态的组织,其中"饭圈"的集群化最具有稳定性,其组织性、纪律性、指向性都极为明显。网络非主流政治意识形态身份认同具有从网络走向现实的可能性与现实性。网络主流政治意识形态身份认同和非主流政治意识形态身份认同具有虚拟性、道德性、伪善性、重叠性和差异性。

(三)网络政治意识形态身份认同的形式

网络政治意识形态身份认同随着网络政治意识形态的固化而固化,随着网络政治意识形态的变化而变化。网络政治意识形态身份认同具有多种多样的表现形式,其中包括解构化认同、重构化认同、共识性认同、"圈子化"认同、差序化认同。第一,网络政治意识形态身份的解构化认同。网络政治意识形态身份的解构化认同是认同意识形态的某一个词或某一部分,网络政治意识形态解构化认同既有纵向化解构认同,也有横向化解构认同。第二,网络政治意识形态身份的重构化认同。网络政治意识形态的解构与重构同时存在,重构化的网络政治意识形态使网民的意识形态身份更加复杂,很难从单一的意识形态对其身份进行定义。第三,网络政治意识形态身份的共识性认同。网络政治意识形态身份的共识性认同既包括中华人民共和国公民身份的宪法性认同,也包括不同政治组织、政治群体的身份认同。第四,网络政治意识形态身份的"圈子化"认同。网络政治意识形态身份的"圈子化"认同是基于不同的意识形态形成的,形态与内容各异的网络意识形态造就了不同身份,具有同质化、封闭化、排斥化的特性。第五,网络政治意识形态身份的差序化认同。网络政治意识形态及其身份包括纵向差序认同和横向差序认同,纵向差序认同从宏观到中观、从中观到微观的位移中具有发生偏离和失效的可能性与现实性,横向差序认同是由核心向外扩展的"涟漪"式认同,既可以是由血缘到地缘的由近及远的无限扩展,又可以是因网络虚拟性带来的由远及近的无限汇聚,进而形成了"网络地球村"。

(四)网络政治意识形态身份认同的基本功能

网络政治意识形态身份具有正向功能、平衡功能和负向功能。网络政治意识形态三种功能并存,引发去中心化与再造中心化、边缘化与再去边缘化、去"圈子化"与再建"圈子化"。网络政治意识形态通过其身份而不断博弈,形成了极为复杂的身份态势。网络在各种意识形态身份中汇聚、游离、分化、重组,飘荡不定。第一,网络政治意识形态身份认同的正向功能。正向功能的内在意义在于通过强化意识形态的整合提升网民的内在自尊和增强内聚力,外在意义在于推动政治、社会的双重稳定。第二,网络政治意识形态身份认同的平衡功能。平衡功能包括主导性平衡和制约性平衡,这是网络政治意识形态认同的正向功能的组成部分。网络主流政治意识形态主导性平衡和网络非主流政治意识形态之间互相约束与制衡。第三,网络政治意识形态身份认同的负向功能。负向功能主要指网络非主流意识形态的负向功能,其负向功能源于政治认同危机,直接表现是去中心化,进而造成宏大政治意识形态空置和失效。网络政治意识形态身份的功能可以互相转化,即正向功能可以转化为负向功能,负向功能也可以转化为正向功能。

(五)网络政治意识形态身份认同的路径选择

网络政治意识形态身份的选择具有不同的路径。网络政治意识形态身份认同的虚假化、虚拟化、伪装化、伪善化也给厘清网络政治意识形态身份的确立带来了巨大难题。确立网络政治意识形态身份既需要现实的确认,也需要治理网络的多条路径并行。第一,公共权力政治的进路。只有确立中国共产党对意识形态工作的领导权,才能有效地确立主流政治意识形态身份认同,并引导公民与网民不断强化其主流意识形态身份。只有不断强化主流政治意识形态身份,才能具有推动主流意识形态的自觉性,形成对主流政治意识形态的高度信任和高度认同。第二,公民权利政治的进路。只有确立了公民权利,公共权力才具有边界意识,公共权力才具有保护公民权利之责,在网络非主流意识形态身份弱化公民权利身份的情况下,建立网络政治意识形态主流身份的多层级机制,显得尤为迫切和必要。第三,经济政治的进路。政治经济学和经济政治学两条进路,一方面为公民权利身份打下了基础,另一方面保障公民权利身份。经济基础决定上层建筑的意识形态及其意识形态身份,上层建筑具有反作用,其反作用的表现之一就是由公共权力推进公民身份意识。第四,文化政治的进路。不断弘扬中国传统文化,并与中国特色社会主义政治文化相结合,通过文化进路确立现实和网络公民权利身份,并以文化的进路确立现实和网络意识形态身份。第五,技术政治的进路。网络公共权力媒体或官方媒体需要顺应网络技术的发展,及时迅速地跟进推送网络政治主流意识形态,在传播主流意识形态的同时也要传播微观主流意识形态,实现宏观主流意识形态与微观主流意识形态的对接与互相强化。

三、网络政治歧视分析

网络政治动机是影响和决定网络政治歧视的直接心理因素。网络政治动机包括个体政治动机、群体政治动机、政治情感动机、意识形态动机和权力动机。不同的政治动机极化易于形成政治极化,政治极化具有攻击性、侵犯性,并以身份特权、话语特权、道德特权、智商特权等方式强化网络政治歧视。网络政治歧视不同于现实政治歧视,其虚拟化、匿名化、极端化、变异化、碎片化等特征使网络政治歧视复杂化和叠加化。网络政治歧视会带来相应的社会风险、政治风险,破坏良好的网络生态环境。加强网络政治建设,建立平等理性的交往制度、规则与程序是降低网络政治歧视程度的基本途径。[①]

网络政治动机与网络政治歧视有着密切的关系,网络政治动机是网络政治歧视的内在驱动力,网络政治歧视又强化了网络政治动机。网络政治动机包含善与恶两面,在一定程度上决定着网络政治歧视的程度。表面看来,善的政治动机会缩小和弱化网络政治歧视的广度和深度,恶的政治动机会扩大和强化网络政治歧视的广度和深度。其实则不然,网络政治动机与网络政治歧视之间具有复杂的内在关系,善的动机也可能出于自我利益保护的目的,形成偏激片面的个人政治情感歧视,或者出于维护权威的动机衍生网络政治权力歧视从而损害公民权利。网络政治动机本身也具有难以辨识的复杂性,只能通过网民的言行进行归因推断。网民出于自保的原则,其言行往往具有一定程度的伪装性和表演性,并不一定体现网民真实的政治动机,也就是说,归因判断也会出现偏差。但是网民的任何政治言行都源于其某种政治动机,没有政治动机的政治言行是不存在的。[②]

（一）网络政治歧视的动机

"歧视"是人类某种心理状态和情感情绪的某种类型，具有不可量化的特点。区别其类型的边界与内涵具有一定的难度，根据网络空间中公众语言表达与行为观察，大致可以分为网络个体政治动机、网络群体政治动机、网络政治情感动机、网络意识形态动机和网络权力动机。这几种类型的动机既有独立性又有重叠性，其交织互动的动力系统、运行逻辑和影响结果十分复杂。上述五种类型的动机并不一定构成完整的政治歧视动机，但这些动机的极化易于形成网络政治歧视。

1.网络个体政治动机

网络个体政治动机由于站在个体利益制高点上，决定了个体立场的狭隘与偏激，易在网络空间中形成极端的言论表达与行为倾向。现实身份、所属资源、道德追求与生活要求等成为网络个体政治动机的基本构成要素。网络空间是私人领域与公共领域部分重合边界模糊的领域，个体在进行动机规划与表达时会形成不同的类型，具体包括真实显性动机、虚假显性动机和隐性动机三个部分。个体政治动机既有高尚的政治动机，也有低下、庸俗的政治动机。高尚的个体政治动机以追求美好的生活为目标，网络个体真实的美好政治动机追求的是言行一致。低下、庸俗的政治动机以满足个人低下、庸俗的欲望为目标，但往往被贴上高尚的政治标签，比如，表面打着追求公平正义的口号，实则却以满足自身利益为目标。个体政治动机的目的是追求至善的政治生活。政治名誉、政治地位、政治权力是个人政治利益的基本内容，高尚的个体政治动机使个人在追求政治名誉、政治地位、政治权力时以不损害他人的政治生活为底线，美好的政治生活又以实现个人政治利益、经济利益和社会利益为目的。个人政治利益是追求美好政治生活的基础和动力，美好政治生活为个人政治利益提供保障。参与政治既是人类永恒的本性，也是追求利益的内在要求和外在表现。低下、庸俗的个人政治动机则使个人为了政治名誉、政治地位、政治权力不择手段。此时，网民的个体政治动机往往具有伪装性和表演性，通过伪装和表演来实现低下、庸俗的政治动机。①

2.网络群体政治动机

群体政治动机是个体追随群体追求的政治目的及在此过程中产生的心理状态。群体政治动机是个体政治目的和群体政治目的的有机结合，个

---

① 参见张爱军：《网络政治歧视：动机、表现及纠偏》，《江汉论坛》，2021年第6期。

体发动群体追求政治目标,在群体追求的过程中个体目标发生偏移并在与群体目标融合的过程中实现"去个体化"。但由于个体在群体中具有盲从心理与乌合之众的选择倾向,导致网络群体政治动机既有可能追求崇高的政治目的,也有追求低下、庸俗的政治本能,而低下、庸俗的政治本能包裹着群体利益的外衣仍然以崇高的政治目的来呈现。网络群体政治动机与网络个体政治动机具有本质上的不同,网络政治群体的去个性化与服从权威化并行,同时引发网络政治群体极化,即或是为了支持而支持,或是为了反对而反对。网络群体共鸣造成舆论喧嚣和舆论泡沫,使个体通过群体舆论获得个人无法获得的力量,呈现出网络群体幻觉。网络群体政治动机与现实群体政治动机相比,既具有共同特征,又具有特殊性。就共同特征而言,二者都具有"去个体化"特质。群体动机与个体动机具有质的不同,其中一个重要原因就是在群体中对权威的服从。权威与群体是一枚硬币的两面。一方面,权威需要群体,没有群体,权威就没有施展对象和依赖对象;另一方面,群体需要权威的引领,没有权威,群体行动就失去了方向。勒庞对"无名氏"、阿伦特对"平庸之恶"的分析,有助于对群体动机的分析。网络群体政治动机有利的一面在于自生自发秩序具有向良性演化的可能性与现实性。

3.网络政治情感动机

网络政治情感包括愉快的心灵状态和不愉快的心灵状态。憎恨和气愤、嫉妒和痛苦、冷漠和沮丧、怨恨与仇视等都是不愉快的心灵状态,这些状态都与不平等有密切的关系,涉及公平正义。网络政治情感将道德情感注入政治之中,形成网络政治道德情感,因政治不平等而引发、强化网络政治道德动机。网络政治情感动机从程度上可以表现为极端性情感和非极端性情感,政治上的恐惧、焦虑、愤怒、爱憎、怨恨等都是网络政治情感的基本表现形式。网络政治情感动机对政治、经济、社会都具有重大的影响。网络政治情感对政治的影响更为直接。网络政治情感也具有差序性,由近及远、由远及近、由上到下、由下到上是情感差序的基本表现。网络政治情感的差序性对网络政治的影响程度不同,并因此形成网络政治歧视的差序格局。其中,怨恨是网络政治情感的基本动机。网络政治情感动机是极为明显的,网民对于符合个体和群体政治情感的对象、内容、信息会给予强烈的积极性表达和接纳,对于不符合个体和群体政治情感的对象、内容、信息会给予强烈的消极性表达、怨恨和拒斥。①

---

① 参见张爱军:《网络政治歧视:动机、表现及纠偏》,《江汉论坛》,2021年第6期。

4.网络意识形态动机

网络意识形态动机是追求强化和拒斥意识形态的动机。网络存在不同的意识形态,主流意识形态与非主流意识形态、非主流意识形态与非主流意识形态之间都会形成不同的网络政治群体。网络中不同的意识形态具有自我固化和自我极化的特征,网络意识形态动机则是在不断固化和极化的过程中保持各自的纯洁性,并通过意识形态不断强化其意图和言论。网络的开放性与低准入使人对其包容性抱有期待。网络意识形态固化和极化造成个体信息的选择呈现出不同的走向。个体和群体一旦具有了意识形态动机,个体和群体意识形态的自我强化和固化就会导致对其他个体和群体的极端歧视,且富有强烈的攻击性。

5.网络权力动机

权力的动机是指获取权力、维护权力、巩固权力。不断追求权力的目标、维护权力的心理状态和外在言行,是权力动机的核心。权力既有追求良好政治秩序和核心价值的高尚情操,也有为了个人私利而不断扩张的政治本能。构建良好的政治秩序和政治伦理,是权力追求文明、走向文明、构建文明的价值追求。但动机不等于过程和结果,动机难以有效规制权力运行的过程和结果。而绝对权力具有滥用和腐败的趋向,良好的政治动机一开始也有可能埋下了恶的种子。所以,权力动机既具有高尚的动机,也具有低下、庸俗的动机。权力动机的好与坏,一方面受制于内在的政治伦理,另一方面受制于外在的制度与规则。让权力在阳光下运行,把权力关在制度的笼子里,才能有效地防止权力动机发生偏移和恶化。

(二)网络政治歧视的特征

网络政治动机是网络政治歧视的重要心理基础。无论何种政治动机,都会产生政治歧视,只要是个人与个人、个人与群体、群体与群体发生关联,就具有网络政治歧视的可能性与现实性。不平等渗透于网络政治情感之中,是网络政治歧视产生的根本原因。吊诡的是,网络技术利益和网民的平等性导致了网络过程与结果的不平等,这是网络平等的内在悖论。这与政治动机的高尚与低下、庸俗并无必然的联系,有时高尚的政治动机更易于导致网络政治歧视,因为高尚的政治动机更容易把道德和政治正确等级化、阶层化。处于道德和政治正确制高点的网络个体和群体,更容易对处于底层道德和政治正确的个人和群体产生歧视。网络政治动机的类型决定了网络政治歧视的特征,网络政治动机的复杂性造成了网络政治歧视的复杂性。①

第一,网络政治歧视虚拟化。网络虚拟性是指计算机网络所具有的空间虚拟化特征。网络的虚拟性带来网民权利的虚拟性、网络政治动机和网络政治歧视的虚拟性。网民在网络空间被销号、禁言、警告等与现实空间、现实公民权利并没有直接的关联。网络政治认同是网络政治动机的组成部分,是影响网络政治歧视的心理因素。网络政治歧视的虚拟性一方面激发了不平等的政治情感,另一方面也推动了网络政治歧视的最大化。网络政治歧视的虚拟性导致网络政治歧视的无边界化、无责任化、言行暴力极端化。

第二,网络政治歧视匿名化。网络的虚拟性带来了网络的匿名性。网络的匿名性加大了网络政治歧视的力度,加深了被歧视网民的受伤害程度,也造成了被歧视网民的反伤害动机。匿名性使得网民失去了规范,甚至无视规范、制度和规则,任意对他人进行言语侮辱和伤害。匿名性使得网络传播信息单一化,强化了个体和群体接收信息的意愿,加重了网络政治歧视的砝码,网络政治歧视是网络阴谋论、政治谣言产生的温床,并通过阴谋论和谣言强化对其他网民群体妖魔化的政治歧视。

第三,网络政治歧视极端化。网络政治歧视主要体现在极化的攻击性、自由的极端性、平等的极端性三个方面。网络政治歧视在个体和群体内部具有极端性,在个体与群体外部具有攻击性,攻击是因为个体与个体、个体与群体、群体与群体之间的歧视。个体和群体极端与网络政治极化有着密切关联。网络政治极化使得网络政治歧视极端化,并具有攻击性。自由与法治、自由与秩序密不可分,自由的极端性一方面表现为网络言行不受任何约束,法制和秩序被视若无物;另一方面表现为对他人政治歧视的极端性,严重地践踏他人的自由和尊严,甚至以消灭其他网民的言论为目的。自由与平等不可分,每一个人都具有平等的言论自由。平等的极端性导致蔑视和侮辱其他网民的平等言论,视其他网民为"弱智""猪""走狗""奴才"等。

第四,网络政治歧视变异化。任何网络政治动机都具有变异性,网络政治动机的变异导致了网络政治歧视的变异。网络政治信息、政治价值、政治意识形态、政治态度、政治观念、政治情感都受到网民不同程度的解构与重构,从而致使网络政治动机发生变异。一方面是因为网民的政治经验、政治阅历、政治知识等使得政治微观化和个体化,在形成多元异化的网络政治动机的同时,也形成了网络政治动机的变异。另一方面是外在的灌输和政

---

① 参见张爱军:《网络政治歧视:动机、表现及纠偏》,《江汉论坛》,2021 年第 6 期。

治压力,使得网络政治动机扭曲。"政治表演"、伪忠诚、正话反说、反话正说、政治隐喻、表情包和图片的反用等都是政治动机变异的基本表现方式。

第五,网络政治歧视碎片化。网络政治动机碎片化是由于网民接收信息的碎片性所导致的,这种网络政治动机的碎片化体现在群体与个体之间的言行矛盾与内在冲突上。网络政治动机影响着网络信息碎片性的组合方式,进而成为影响网络政治歧视的方式。网络政治动机的碎片化造成网络政治歧视碎片化,并使网络政治歧视不断发生位移。某个碎片化信息一旦过了时间节点就被新的碎片化信息所取代,网络政治情感和网络政治歧视也随之消退,并随着新的碎片化信息产生新的网络政治情感和网络政治歧视。当碎片信息反转时,网络政治情感和网络政治歧视或者随之反转,或者随之降维。

(三)网络政治歧视的基本表现形式

网络政治歧视有多种表现形式,其核心是不平等。从一般意义上来说,网络个体政治动机造成网络个体政治歧视,网络群体政治动机造成网络群体政治歧视,网络政治情感动机造成网络政治情感歧视,网络意识形态动机造成网络意识形态歧视,网络政治权力动机造成网络政治权力歧视,网络政治认知动机造成网络政治认知歧视。网络政治动机是复杂的,多种网络政治动机交织在一起,便造成了网络政治歧视的复杂性。

第一,网络个体政治歧视。网络政治歧视,首先来源于网络个体动机。没有网络个体动机,也就没有网络个体政治歧视。网络政治歧视发生在个体网民与群体网民之间,不同的个体网民之间,还包括网民自我矮化歧视,比如,自称"臣民""韭菜"等就是自我矮化政治歧视的表现。个体动机是以个体网民为核心形成的动机。个人主义是自由主义的前提和基础,没有个人就没有自由,也就没有自由主义。在自由主义者看来,群体化具体到个体之后就不可再化约。即便不从自由主义视角看,也仍然具有网民的个体动机。网民个体诉求、个体维权、个体网络行为在微博、微信、短视频中都有体现。网民个体行为或者对其他网民的反对、攻击、批评、污蔑、人肉等都是具有网络政治歧视特征的言行。网民的个体政治动机和非政治动机都会成为网络政治歧视的重要内容,比如,批评下跪维权的人为"跪族""奴才""汉奸""美奴""带路党""丢刀子"等。

第二,网络群体政治歧视。群体歧视是群体之间的歧视,主要发生在异质性群体之间。群体内部越极化,对群体外部歧视越明显。在群体内部,一旦涉及群体外部就会产生群体歧视,走向极端的过程就是对外部群体进行政治歧视的过程。在群体看来,群体内部的政治正确就意味着群体外部的政治不正确,甚至认为群体外部是邪恶的化身,网络暴力在所难免。网络政治动机在网络事件中得到不同程度的体现,尤其是在民族主义中体现得最为明显。

第三,网络政治情感歧视。网络中驱动网民言行的感官之维主要是政治情感之维。网络政治情感动机的爱与恨是网络政治情感歧视的驱动力。网络政治情感的困扰使得网络政治传播主体结构发生变化,推动网络政治歧视走向极端化。网络政治歧视与网络政治情感的"怨恨"具有极为密切的关系,"怨恨"成为网络政治歧视的直接推动力。"怨恨"使得网络政治歧视的目标方向不明,群体的外部处处是歧视的对象,却难以集中力量进行特定目标的攻击,但权力、意见领袖、媒体的介入和引导会使网络政治群体歧视具有极强的具体攻击指向性。

第四,网络意识形态歧视。网络意识形态动机决定和影响着网络意识形态歧视的过程、方向、目的和结果。意识形态歧视包括制度性歧视、主流意识形态对非主流意识形态的歧视、非主流意识形态之间的歧视。网络主流意识形态歧视体现在制度上就是制度性歧视,这种制度性歧视也是通过网民的言行形成的意识形态歧视。网络意识形态歧视表现为网民对不同个体和群体意识形态的歧视,比如,民族主义者、民粹主义者歧视自由主义者、左派歧视右派等。

第五,网络政治权力歧视。网络空间涉及虚拟公民权利与虚拟公共权力。虚拟公共权力的动机是维护好网络健康政治生态。当虚拟公共权力涉及现实权力、名誉、地位时,虚拟公共权力就可能偏离维护网络健康政治生态的轨道,侵害私人名誉、地位和权力,形成对公民权利的歧视,并将在法治轨道上正常行使权利的公民视为"刁民""敌对分子""麻烦制造者"等。

第六,网络政治认知歧视。网民的政治认知动机影响网络政治歧视的广度和深度,影响改造网络政治社会和现实政治社会的不同走向。不同性质的意识形态,其政治认知走向不同,改造政治社会的过程和目标也不尽相同,甚至会追求完全不同的网络政治社会。人们不仅要认识网络政治社会,而且还要改变网络政治社会。网民的政治认知动机不同,改变网络政治社会的能力也不同。自视为网络政治认知水平高的个人和群体,往往会歧视认知水平低的个人和群体,进而导致网络政治认知歧视。政治认知歧视主要表现在对个人与群体的认知定位上,即自我认知定位高的人对其他认知定位低的人的歧视。每一个独立的个体和群体都具有自我认知高的政治站位幻觉。

（四）网络政治歧视纠偏

网络政治动机与网络政治歧视互相推动，导致网络政治歧视的复杂性、脆弱性和易变性，这给治理网络政治歧视带来了巨大的困难。解决此治理难题需要在宏观、中观和微观层面建立并调整相应的网络治理结构。但需要注意的是，网络政治歧视纠偏只能使网络政治歧视强度减弱而不能完全消解网络政治歧视，并且网络政治歧视纠偏过程中极易产生新的治理问题。[①]

第一，建立公共交往理性。公共交往是构建理性的前提和基础。公共交往理性的形成，一方面需要现实交往，另一方面则需要网络交往。现实交往是网络交往的前提，只有网络交往而没有现实交往，不会形成网络的交往理性，且易于形成网络交往的非理性。网络交往的非理性形成网络政治的各种动机，网络政治的各种动机驱动网络政治歧视，网络政治歧视又反过来强化网络政治动机，并对现实政治动机和政治歧视产生影响。如果不增加现实交往，不形成现实交往的政治理性，网络社会和现实社会的政治风险极易相互叠加。交往理性的意义在于，一方面保持理性，另一方面强化理性，进而形塑网络的重叠共识。公共交往的目的在于说理，而不在于辩解，说理才符合理性，才能防止非理性。交往主要是现实的交往，通过现实交往才能不断强化理性，而现实交往需要逻辑和证据。

第二，建立公共交往规则。交往理性需要规则来保证，交往规则决定交往理性的性质、程度和发展方向。没有交往规则，交往理性易于转变为交往非理性，而交往非理性会导致政治歧视。交往规则是极其重要的。网络政治研究成果表明，微博缺少交往规则，因而其政治歧视明显。微信群由群主或群成员共同参与设定讨论的规范，即便微信群有网络政治歧视的动机，也难以显现出来，即通过群成员批评、被群主移出群聊等交往规则，使网络政治歧视的言行处于沉寂状态。

第三，建立平等规则。网络政治歧视的实质是不平等，消除政治、经济、社会、文化的不平等是消除网络政治歧视的基本路径。消除不平等，一方面需要改变人们的等级观念，树立平等的观念；另一方面则需要加快建设政治、经济、社会、文化的平等结构和规则，通过平等结构和规则保证人们认知方式、思维方式、观念方式的平等。网络社会对网民的称呼是平等的，但网络受社会不平等结构的影响，才形成了圈层化、层级化的网络政治动机和网络政治歧视。

[①] 参见张爱军：《网络政治歧视：动机、表现及纠偏》，《江汉论坛》，2021 年第 6 期。

第四,树立宪法权威。树立宪法权威、维护宪法尊严仍然是防止网络政治歧视的重中之重。宪法一方面保障公共权力的公正行使,同时防止公共权力的滥用。公共权力的公正行使是防止网络政治歧视的基本保障。宪法规定了公民基本的政治权利,公民基本权利的行使不能超越宪法与法律。网络不是法外之地,宪法权威也必须体现在网络之中。公共权力滥用表现在网络"拉偏架"上,这会强化一部分网络政治动机,造成一部分群体对其他网络群体的政治歧视,或者会造成体制内群体对体制外群体的政治歧视。树立宪法权威就是树立宪法的意识形态认同,宪法权威既包括其自身的权威,也包括宪法内在规定的权威,宪法权威的这两个方面都要切实得到维护。

第五,加强技术跟踪。网络技术是一把双刃剑,它既可以推进网络的健康生态,也可以破坏网络的健康生态。例如,敏感词的技术设计,一方面能有效地化解网络政治风险,另一方面也可能导致"躺着中枪"的后果。网民为了回避敏感词,往往会用政治隐喻、拼音、谐音、表情包、"黑话"等方式把敏感词变成非敏感词,这既不利于识别网络政治动机和网络政治歧视,也不利于构建有效的预警机制,进而不利于达到防患于未然的目的。从这个意义上说,网络政治歧视也是网络技术带来的结果。应加强科技向善的建设,包括优化网络技术体系,加强防止网络政治歧视的技术建设。应通过人工智能、大数据、算法、人脸识别、区块链等技术对网络政治歧视进行提取、优化、推送,对具有网络政治歧视极端性的个人和群体进行介入、预警、干扰、规训。

网络政治动机是网络政治歧视的心理根源和内在动力。网络政治歧视带来的风险显而易见。应优化网络政治动机,不断强化高尚的网络政治动机,使网络政治动机成为网络政治歧视的消解因素,并防止高尚的网络政治动机发生异变转化成为网络政治歧视的源头。不断加强网络外部和内部的环境建设,核心是加强平等环境建设,只有平等环境才能从外部和内部促成网民个体与群体的平等观点和平等思维方式,限制网络政治歧视的滋生和蔓延。

四、网络政治焦虑分析

网络公共舆论空间既是培养网民理性心态的重要场所,也是网络政治焦虑产生的平台。个别国家公务人员公共权力滥用是产生政治焦虑的外在因素,政治价值相互激荡是网络政治焦虑产生的直接动因,而为避免持单独态度和信念而产生的"沉默的螺旋"是网络政治焦虑产生的内在因素。网络政治焦虑引发社会舆论并伴随其内容及传播而发生或增或减的变化。良性的社会舆论会化解政治焦虑,恶性的社会舆论会增加政治焦虑。

(一)网络政治焦虑的产生

第一,网络公共舆论空间是网络政治焦虑产生的平台。网络空间作为公共领域在为网民提供表达言论场所的同时,也使得政治焦虑汇集、繁衍、传播和扩散。这主要表现为网民在交流过程中政治价值感的迷失或多元政治价值的无从选择。

第二,个别国家公务人员行使公共权力滥用是网络政治焦虑产生的外在因素。在网络治理的过程中,个别国家公务人员行使公共权力,甚至超越宪法和法律的限制、破坏公共规则、违背公共善治价值等,就会引发网民政治焦虑的产生与扩散。

第三,政治价值相互激荡是网络政治焦虑产生的直接动因。政治价值相互激荡主要是由于不同的政治价值互相抢占网络政治价值空间而形成的紧张状态。政治价值相互激荡在外力引发下极易转变成政治焦虑。

第四,"沉默的螺旋"是网络政治焦虑产生的内在因素。网民作为政治个体需要在"政治盔甲"的强制性和无意识状态中做出选择时,产生政治焦虑在所难免。人天生既是一种政治动物,也是一种趋利避害的动物,当遇到伤害时,人们会选择有利于自己的"盔甲",而"政治盔甲""是政治张力的需求与社会的供给之间矛盾关系的产物,是政治群体在政治实践中所共同具有和必须遵守的政治无意识"。政治无意识状态有利于网民决定选择哪种"政治盔甲"更具有保护性。网民政治期望大于政治获得而产生政治落差时易于形成政治焦虑。政治认同是政治焦虑的对立面,网民只有具备政治认同,才能避免政治焦虑的产生。政治焦虑与政治期望呈正相关。政治期望越大,政治焦虑就越高;政治期望越小,政治焦虑就越低。政治期望过高或过低都会使政治焦虑处于不稳定状态,容易产生社会不安定因素。

(二)网络政治焦虑的基本特性

政治焦虑在网络上通常以非理性化、群体化、放大化的方式表现出来。

1.网络政治焦虑非理性化

网络政治焦虑非理性化主要表现在以下三个方面:

第一,网络政治焦虑使网民产生"信息懒汉"。使价值判断力简化为极端性教条,对其他不同于自己价值的个人或群体进行非理性攻击。

第二,网络政治焦虑使网民处于"非信"状态。政治焦虑会产生负面情绪、弱势心态和信任危机,这些因素导致网民轻信谣言。信任危机"弥散在整个社会的各个方面,不仅存在于不同人群、阶层和行业之间,也不同程度地存在于每个社会细胞内部"。

第三,网络政治焦虑使网民对理性的声音失去耐心。在"后真相"时代,网络政治焦虑让网民越发凭借自己的情感和信念去评判事情,对事实真相置若罔闻,淹没理性的声音。即便网民意识到理性声音的正确性,他们也不愿意去相信事实真相,认为理性的声音不但解决不了问题反而会成为羁绊他们的诉求实现。[①]

2.网络政治焦虑群体化

第一,网络政治焦虑群体化易于形成"小圈子文化"。具有相同政治焦虑的网民汇聚在一起,在微博上互相关注和转发,在微信中建立微信群互相分享经验和感受,在论坛中互相谈论和留言。不同政治焦虑的网民加入不同的网络群,形成各具特色的小圈子群体,形成"小圈子文化"。第二,网络政治焦虑易于形成乌合之众。由于政治焦虑而导致网民的心智低下,受他人蛊惑和影响的程度加深,极端者完全放弃自己的独立思考,从而导致斯德哥尔摩综合征的凸显。政治焦虑既容易让人形成群体化,也容易造成个人原子化。政治焦虑引发的社会原子化结果会导致网民道德整体水平的下降。

3.网络政治焦虑放大化

第一,网络政治焦虑自我保护的放大化。一方面,出于让自己免于危险和安全状态的自身保护心理,网民的恐慌心理使其政治焦虑被放大;另一方面,信息模糊、个人判断力低等客观情况的存在也会让政治焦虑不断扩张。第二,网络政治焦虑表达方式的放大化。网民通常通过发表言论表达政治焦虑,但发表温和的言论似乎不能完全表达网民的政治愤怒和情感,而发表激烈的言论容易逾越法律界限。因此一些网民采用具有夸张性的政治幽默、政治段子、政治表情包等发泄政治焦虑,这种方式既能生动形象地表达政治焦虑,又不具有强烈的政治攻击性,还具有隐蔽性,是一种"政治焦虑肥大症"。

---

① 参见张爱军、秦小琪:《网络政治焦虑与舆论传播失序及其矫治》,《行政论坛》,2018 年第
5 期。

(三)网络政治焦虑转化为社会舆论的基本类型

1.政治焦虑转化为群体性事件的舆论

公民权利是建立在理性与道德基础上的,缺乏理性与道德的公民权利容易引发群体性事件,并通过群体性事件在网络上传播引发社会舆论。政治焦虑让网民缺乏和失去理性与道德,让不满和怨恨转变为网络非理性传播,从而形成社会舆论并使社会舆论无限度地传播。当个体焦虑形成社会焦虑时,就会形成"明显辨识的行动"。

第一,政治焦虑通过维权事件表现出来的社会舆论。群体性维权事件主要体现在政治、经济、生态等维权事件中。当政治焦虑不能及时有效地排解和释放时,网民就会通过网络制造维权舆论捍卫自己的利益。

第二,网络政治焦虑通过泄愤事件表现出来的社会舆论。泄愤事件主要是网民对社会贫富不公、官员贪污腐败等事件表达出不满与愤怒。

第三,网络政治焦虑通过骚乱事件表现出来的社会舆论。政治骚乱事件是一些网民对群体性事件通过社会舆论的扩大事态。

2.网络政治焦虑转化为降低政府公信力的社会舆论

由于少数政府公务人员的不作为、乱作为、懒政等使网民政治焦虑加剧。"对公权力的不信任感呈现一种积累性,它并没有随着对一些违规、违法官员的惩罚而消除,而是在人们的心里储存、发酵,逐渐消解人们对于作为'整体'的政府或官员的好感和信任。"网民的质疑与选择不再相信政府,致使个别政府官员也陷入政治焦虑状态,采取非理性措施的手段,非但没有解决网民实际问题,反而让网民陷入困境,让部分网民对政府失去信心和信任。网民的政治焦虑发泄出来的行为有时是非法的,为了个人或群体的私利性诉求不惜抹黑、损毁政府形象,甚至以要挟的手段让政府解决自己不正当诉求。政府为了避免事态扩大,被迫接受并满足一些民众不合理的补偿和需要,从而形成"闹事—解决—再闹事—再解决"的恶性循环。不管合理合法与否,只要民众一闹事就会形成社会舆论的巨大压力,政府就不得不解决民众的合理甚至不合理要求,使政府合法性资源渐渐流失。

3.网络政治焦虑转化为"道德愤怒"的社会舆论

政治焦虑不断集聚和升级后会转化为"道德愤怒"的社会舆论。政治焦虑"无论从行为动机、行为体验以及行为结果方面来看,都在发生变化"。当政治焦虑主要转移到对"注意力经济"的追求时,会加剧民众的"道德愤怒",甚至可能加剧社会分化。"人们可以从网络上得到更多关于不道德行为的内容。据调查,仅有不到5%的人直接目睹或经历了不道德行为,而网络上关于不道德行为的消息铺天盖地。有研究数据表明,更多人从网络而非实际生活或传统媒介上了解不道德行为。当政治焦虑主要转移到对"注意力经济"的追求时,会加剧民众的"道德愤怒",甚至可能加剧社会分化。网络政治焦虑把人们从"注意力经济"转向"注意力政治",经济、社会、文化的道德愤怒转向"政治道德愤怒"。网络政治焦虑对"道德愤怒"具有推波助澜的作用。政治焦虑对"道德愤怒"进行无限夸张,在夸张的基础上迅速扩散,从而加剧社会撕裂的步伐。如果不及时处理,就有可能使政治和社会陷入失序状态。①

(四)网络政治焦虑的化解

1.维护宪法权威和尊严

只有用法治约束公权力,防止公权力在政治、经济、文化、社会、生态等方面给公民权益造成侵害,让网民直接表达自己的政治、经济、文化、社会、生态等方面的合理合法诉求,让权力在阳光下运行,维护公民的合法权益,把宪法保障的公民权利落到实处,才能真正从源头上化解网民的政治焦虑。

2.净化网络道德空间

用网络道德改善网络空间,特别是网络政治空间义不容辞。网络道德既包括公职人员在网上"围绕权力使用所形成的行政伦理和道德责任"的政治道德,也包括网民"政治权利维护及义务履行"的政治道德。网络道德的核心是平等和自由,网络道德需要自律与他律相结合。

3.提高网络技术治理水平

充分运用AI人工智能、大数据等科技手段确保网络政治舆论处于良性运行状态。比如,通过大数据进行舆情数据采集、数据获取与清洗数据描述、数据分析、趋势预测、舆情处置,在网络差序政治舆情进行语义分析、情感分析、模型建构等。"通过特定数据挖掘和信息处理技术,可检测和评估特定地区的公共议题关注热度、变化趋势及讨论角度、态度情感等问题,帮助社会治理参与主体更好地把握公众诉求,提升公众知情度和政策支持度。"

4.强化网民政治参与

政治参与的过程是强化网民政治意识、自觉主动参与政治的过程。增强网民政治参与意识是强化网民政治参与的思想基础,政治参与意识包括网民的主体意识、权利意识、民主意识和责任意识。消除个人政治孤独感,

---

① 参见张爱军、秦小琪:《网络政治焦虑与舆论传播失序及其矫治》,《行政论坛》,2018年第5期。

强化网民政治参与。具体在于:一是对政治孤独感的网民进行心理疏导,使其政治倾向融入主流价值观;二是化解政治冷淡主义,调动网民政治参与的主动性。

5.营造网络政治信息顺畅流通渠道

网上政治流通渠道缓解现实政治流通的阻塞局面,使政治流通渠道多样化,从而能够化解政治焦虑。一是从传播过程看,政治流通信息从生产的主体开始,要借助信息流通平台到达信息接收的主体。二是从传播形式看,政治流通顺畅既需要有自上而下的政治流通,也需要有自下而上的政治流通。三是从传播内容看,既要有弘扬社会主义核心价值观的主流内容,又要有非主流价值观的内容。

第五章 延伸与联动：
网络政治意识形态传播的现实作用机制

　　受多元文化相互激荡与融合、社会阶层重新分化与排列、信息传播模式的更迭与增益等客观环境因素的影响，网络政治意识形态传播效果作用于现实社会后，引起个体与群体行为与心理的应激与排斥反应，出现网络非主流意识形态下的差序谣言、网络极端民族主义舆情、网络民粹主义、网络群体性事件、网络民主的崩溃及基于抗日剧的网络民族主义的复杂现象。非主流意识形态谣言产生的外部因素主要是，西方国家利用经济优势推行非主流文化、边缘意识形态等言论混淆中国特色社会主义核心价值观内涵，造成公众政治价值观误读与错位；内部因素主要由于国内经济与互联网技术的发展，为多元文化、思想交织融合提供了机会与平台。当信息容量超出个体认知时，则由于认知的不确定性生成政治谣言；网络极端民族主义舆情是现实空间的极端民族主义舆情适应网络环境发生的变异，在网络空间通过利益捆绑、情绪煽动、正当性包装在网络空间发酵延伸。以个体为中心的舆情传播模式加速了网络极端民族主义舆情的扩张速度，多维度、多层次网络空间加速其变异过程；网络民粹主义试图通过原子化公众的话语力量聚合影响行政权力以期实现自身利益，更广范围地参与主体在二元对立的暴戾情绪和反智倾向下，其话语诉求主要集中在物质、政治权力和文化三个层面；网络群体性事件多以捍卫公众自身利益为出发点，它具有意识形态内涵，主导者为达到其目的将自身意识形态进行伪装与隐藏，使群体性事件呈扩大态势，甚至形成社会运动；网络民主的"崩溃"之处在于其并不具备民主的内核而实质是网络公众舆论，网络空间的特殊性导致网络民主面临着直接民主、巨型民主、民主程序和技术民主的逻辑困局和民主制度、民主文化、民主经济、民主社会的功能性困局，导致网络民主主体缺失成为"无头民主"，参与群体广泛且被隔断成为"无共识民主"，情感与信念主导认知形成"非理性民主"，参与个体的平等话语权与准入权形成"去中心化的民主"，最终导致民主在网络空间的崩溃。

一、网络非主流意识形态的差序谣言

网络非主流意识形态的差序谣言有其存在的客观性和必然性。在经济全球化的背景下,中国处于改革转型期并搭载全新的信息传播模式,文化交融互鉴、社会阶层分化和算法技术迭代升级成为虚拟社会中非主流意识形态谣言产生的背景因素,其中网络非主流意识形态怨恨成为非主流意识形态谣言产生的重要因素及心理动因。网络非主流意识形态谣言的差序性作为研究网络非主流意识形态的主要切入点具有创新性意义。厘清差序怨恨和差序谣言的类型和差序治理原则,有望化解差序怨恨和规范差序治理进而为建设新型和谐社会及维护社会秩序做出贡献。

(一)网络非主流意识形态谣言产生的客观因素

网络非主流意识形态谣言产生的客观因素包括外部环境的挑战、社会矛盾的交织和信息传播模式的迭代。全球化经济背景下各国文化交流互鉴成为时代发展的主旋律,价值体系的塑造和维护不可避免受到外部力量的干预,包括思想、心理、行为乃至生产方式、经济基础、政治认同、价值秩序通过文艺、科技、意识形态等各方面受到程度不一的渗透,外来势力散布非主流意识形态的价值观导致主流意识形态主体地位被淡化催生非主流意识形态的谣言和怨恨的大范围滋生。中国改革发展转型时期的社会阶层流动分化是必然趋势,利益格局、生态保护、制度管理等的不均衡、不规范、不健全进一步存在社会不公平、生态破坏、法律滞后甚至一系列社会突发性公共危机事件的爆发和蔓延。在此背景下,社会心理不稳定因素致使社会矛盾不断升级且演化为内部结构的动荡进而不断刺激谣言的蔓延并在社会矛盾中生根发芽。信息传播模式和算法技术的迭代升级将不同政治环境、社会环境、经济环境、文化环境和制度环境的网络主体联系起来,但是技术非特权优势的一方反而失去信息传受的现实自由性,加上"把关人"的缺位及反权威的信息传播环境,承载政治目的、利益驱动和文化演变的非主流意识形态谣言大行其道,模糊主流意识形态的生存空间及传播的实效性。

(二)网络非主流意识形态谣言产生的主观因素

网络非主流意识形态谣言产生的主观因素表现在差序区分甚至怨恨。网络怨恨与现实怨恨之间既有联系又有区别,虚拟社区具有虚拟性、聚集性和广泛互动性等特性,现实社会具有现实性、底层区隔性和差异性,因此网络社会的心理机制是现实社会心理机制的反应、延伸和变异。此外网络社会的心理机制,尤其是网络怨恨更易在虚拟社区中形成差异格局。制度性怨恨在差异格局中与意识形态性怨恨相互联系,网络非主流意识形态怨恨是其对网络主流意识形态和内部之间的怨恨,表现为生理性和心理性的攻击和憎恶并在虚拟空间中表现出新特点。权威性人格在差异怨恨格局中也是重要因素,低权威人格与高权威人格之间存在不可避免的差异,高权威人格符合网络主流意识形态的基本架构并以此为基础维护自身权威,而低权威人格往往与高权威人格和网络主流意识形态存在差别,一方面与其一致,另一方面与其不一致,与其不一致之处将会滋生怨恨抑或怨恨沉默,无论是产生怨恨抑或怨恨沉默,都在表现和形成中加固差异怨恨格局。差异怨恨格局的形成和加固进一步为谣言的弥漫提供基础性架构,而差异怨恨则成为谣言产生的主观因素,其中承载差异怨恨的网络非主流意识形态的谣言或将更加广泛而聚集。

(三)网络非主流意识形态谣言的基本类型

从政治、制度、人格类型、网络非主流意识形态的性质、网络非主流意识形态的危害性、网络非主流意识形态的变迁等方面进行类型划分,政治科学、经济学、社会学和心理学都是区分谣言类型的方法。具体地说,从公权、民权、历史制度主义、自由主义、高权威人格、低权威人格类型、伪权威人格类型、民族主义、民粹主义、自由主义与新自由主义、保守主义与新保守主义的危害程度来看,网络非主流意识形态风险防控,涉及范围、对象、民粹、自由与新自由主义、保守主义与新保守主义的危害程度。实际上,网络上的非主流意识形态的谣言要比上面的复杂得多。网络上非主流意识形态谣言会聚集个体,激发普通网民的意识形态需求,突出和传播显性或隐性的意识形态需求,形成差异化谣言。

(四)网络非主流意识形态谣言的差序治理

治理网络非主流意识形态谣言的异化理论和实践并存。互联网主流意识形态必须对网络非主流意识形态具有控制、威慑、引导和影响的作用。但是网络非主流意识形态伴随网络非主流意识形态的谣言,是一种社会不良心理和消极心理的反映。以"差序治理"为核心的网络非主流意识形态谣言的"差序治理",构建政府监管、社会监督和个人自律的三位一体协调配合,把法制建设、技术领域、网络文化三个层面进行整合,形成"差序治理"模式。在政府、社会平台、自媒体用户等方面,政府主导、引进和协调各类谣言相关主体,探索治理主体差异秩序模式,强化社会主义核心价值培育、公共权力的制度约束,并界定技术利用的实践性、适度性原则,核心治理原则和理性原则。

二、网络极端民族主义舆论

互联网极端民族主义舆论是极端民族主义在网络空间的映射与延伸。对网络环境的适应是极端民族主义舆论在现实空间的变异,根据网络空间的结构与逻辑发生裂变。网络极端民族主义舆情是现实空间的极端民族主义舆情适应网络环境发生的变异,在网络空间通过利益捆绑、情绪煽动、正当性包装在网络空间发酵延伸。以个体为中心的舆情传播模式加速了网络极端民族主义舆情的扩张速度,多维度、多层次网络空间加速其变异过程;互联网极端民族主义舆论的产生与演变是一个多维度的运动,包括裂变、聚集、异化等过程,通过利益约束机制、情感动员机制和合法性保障机制在网络空间发生变异。人工智能时代极端民族主义舆情发生了新变化,同时也具有新的特点,相应的舆情应对和所实施的对策应当更具有时效性和针对性。

(一)极端民族主义舆论走向网络空间的延伸

在特定的时空背景下,极端民族主义舆论的存在与传播。媒体时代,极端民族主义舆论的产生与演变突破了现实空间的局限, 延伸到网络空间。极端民族主义在现实社会中滋生是不争的事实,而网络虚拟社会则成为网络极端民族主义快速蔓延的空间。极端民族主义怨恨和民族主义情绪通过萌芽和积累在虚拟社会中集中爆发,并具有精神传染性具备了现实性和可能性。极端民族主义舆论在互联网中和现实中存在着某种关系。互联网极端民族主义舆论离不开现实的极端民族主义舆论。现实极端民族主义是网络极端民族主义产生的基础和前提,并与之互动、共鸣与融合。极端主义情绪能量聚集于网络空间,通过在线与离线互动在现实空间引发极端民族主义舆论事件。

(二)网络极端民族主义舆论的变化过程和机制

民意反映必须综合考虑新媒体时代舆论传播模式的新特征,以及网络极端民族主义舆论的要素、过程和环境。极端主义舆论的变异主要有过程、机制和作用。提高舆论应对效果的关键在于网络极端民族主义舆论的变异机制。

1.舆论传播模式的新特征

伴随着新媒体,尤其是社交媒体的普及,个人已成为舆论传播体系中的基本要素和单位,并逐渐占据着重要的位置;个人成了互联网上民族主义舆论形成和传播的节点,任何节点发布的信息都可能吸引广泛的受众。互联网极端民族主义的舆论传播模式不再是单向线性传播的"传播主体"→"受众",而是由全民参与的交叉交流。在微博、微信、抖音、XML、HTML等媒体平台的支持下,极端民族主义有多种来源,包括多重图像、图像、音频、TikTok、XML、HTML 等。网络社会具有隐蔽性,网络极端主义舆情在网络中依赖数据隐蔽性生存繁衍,甚至利用日益依赖智能技术的信息传播模式跨越国界引发全球性的极端舆情蔓延,使得不同民族、不同文化、不同组织的不同意识形态交叉渗透,从而降低数据的价值密度。

2.改变舆论进程

互联网极端民族主义舆论的产生与演变是现实极端民族主义舆论对网络环境的适应。这是一种多维运动,包括分裂、聚集、变化等。真实世界中的极端民族主义也会在加速向网络空间映射的过程中扩散和分裂。新媒体技术与网络空间构成了一个多节点、多维叠加的复杂关系网络,以"用户粉丝"为基本的传播关系单元和关系结构。人工智能视域下的社会网络关系面临重新解构,关系紧密的社交网络中的任何信息都可能发生核裂变传播和指数增长。网上舆论主体对现实空间中极端民族主义中介事件的看法和态度发生碰撞和聚集,通过张贴、跟踪等投票机制,实现了群体意见分化和媒体资源聚集。网上极端主义的群体舆论分为权威和非权威的非主流两类。主流权威观点支配非主流观点而非主流观点不断对抗修正主流观点,二者之间的相互关系推动网络极端民族主义舆情的发展与蔓延。极端主义舆论的蔓延在价值多元化、利益分化的社会转型时期,尤其是极端民族主义势力对事件真相的扭曲或模糊不清时,社会判断极端民族主义舆情事件价值的集体意识和态度出现分裂,极端民族主义舆论在网络空间突然间出现变化,呈现多维面貌。

3.改变舆论机制

极端民族主义舆论因素作为一个复杂的整体,其趋同与变异的过程离不开具体的机制。极端民族主义民意在网络空间中的变异主要有利益约束机制、情感动员机制和合法性包装机制。效率制约机制网络极端民族主义舆论产生和发展的根本动力是利益诉求。从权力和社会资源配置维度来说,个体利益是网络极端主义舆情传播的核心,在网络空间中,只有极端的民族主义与个人利益的需要相联系,才能为特定的受众所接受和在网络空间传播。后真相时代的情绪化传播强化了极端民族主义情感动员能力,网络极端民族主义舆情传播更加强调价值先于事实、真相让位于情感的秩序逻辑。[①]在网络空间中,极端的民族主义情绪和信仰迅速聚集了大量信息领域的舆论主体,形成了情感能量的聚集和调动,加速了非理性共识的形成,加剧了民族意识的两极化效应。一旦极端民族主义舆情能够表达舆情主体或舆情接受者心中的价值企盼,并赋予舆情主体或舆情接受者的价值企盼以合法性、合理性,舆情主体和舆情接受者就愿意接受极端民族主义舆情的观念和主张。[②]网络极端民族主义的支持和传播是其价值基础。通过个体为中心的舆论传播网络,引发价值共鸣是选择、接受和传播极端民族主义意识形态的充分条件。网络极端民族主义往往以隐蔽性或显性的形式出现,"其表现形式包括在表达'人权'和公民权利要求的过程中隐匿极端民族主义的意识形态要求,通过强化利益诉求,隐藏极端民族主义的意识形态诉求。通过民族情绪的泛化和极端化,隐藏极端民族主义意识形态。其合法性是通过'民族权利'、'民族自治'、'民主协商'等主流意识形态表现和话语体系进行合法、合法地包装"[③]。

4.舆论变化的消极影响

网络空间中极端民族主义舆论的变异,将引发全面危机,威胁国家安全,破坏中华民族命运共同体乃至人类命运共同体。引起全民危机。极端主义舆论在网络空间的变异具有不可控制的系统危害性,容易引发二次危机和总体风险。在社交媒体主导的网络空间和新媒体环境下,极端民族主义舆论的不可预测和不可控制因素增多,传播渠道多、方向多、范围广,容易造成整体风险和整体风险。无关紧要的事件很容易被看作关联事件,而关联事件则被塑造为内部统一、完整的事件。极端民族主义忽略中国多民族国家的现实国情和现代民族国家发展的历史趋势,妄图将"国家主义"等同于"民族主义",并因此要求与现有国家分离,对多民族国家政治安全和国际秩序稳定构成了严峻威胁。[④]在网络空间中,它们之间的相互联系和共鸣

---

① 参见庞金友:《网络时代"后真相"政治的动因、逻辑与应对》,《探索》,2018 年第 3 期。

② 参见朱兆中:《意识形态的传播与接受问题研究——兼论中国马克思主义的传播与接受》,《上海行政学院学报》,2007 年第 4 期。

③ 张爱军、魏毅娜:《网络空间极端民族主义舆情的延伸、变异及其应对》,《中南民族大学学报》(人文社会科学版),2020 年第 2 期。

④ 参加王建娥:《民族分离主义的解读与治理——多民族国家化解民族矛盾、解决分离困窘的一个思路》,《民族研究》,2010 年第 2 期。

被放大,不仅损害了一国的内部安全,而且影响了地区和国际安全,威胁到世界和平与国际政治生态环境的稳定。第一,"和平、发展、公平、正义、民主、自由"是民族国家公认的价值观念和准则。在高度重视自身文化的极端民族主义中,极端民族主义与其他民族文化背道而驰,这有悖于全人类公认的和平、发展、公平、正义、民主和自由等共同价值观念,阻碍了人类文明的进步。第二,共同利益是构建人类命运共同体的基础,经济利益是人类共同利益的基石。为此,应推进新的经济全球化,实现全球开放与合作。构建人类命运共同体,必须促进全球共同发展。作为反全球化的重要力量,极端民族主义破坏了多边合作机制,阻碍了区域一体化和全球化的发展,与恐怖主义和宗教极端主义相互关联,破坏了国际环境的稳定,阻碍了全球经济的共同发展和经济治理体系的完善。

(三)网络极端民族主义舆论应对策略体系的调整

为提高舆情应对的有效性和针对性,应对网络极端民族主义舆情的新变化、新特点,应针对新媒体时代的网络极端民族主义舆论应对策略进行系统调整。

1.回应原则:"封堵结合"

对于网络极端民族主义舆论的反应源于已有的社会结构。在社会转型、社会空间、新媒体技术的发展下,网络极端民族主义舆论的应对原则有所重构。总而言之,应对网络极端民族主义舆论也应该遵循"堵堵疏堵"的原则,既要有效消除网络极端民族主义舆论的影响,又要维护少数民族的合法权益,长期保持民族团结。对网络极端民族主义的舆论进行封锁和控制,是维护人权、国家安全和公众利益的需要。强制性应对策略,如封锁与控制,从应对效率和效果两个方面,可以迅速应对网络极端民族主义舆论,预防或减缓网络极端民族主义舆情的传播及其负面影响,并在短期内取得显著效果。但是应对网络极端民族主义舆论是一个需要考虑到当前和长期利益的复杂而系统的问题。对某些问题,采取短期行动,可以在短期内取得明显成效,但也可能埋下长远和全局的隐患。"网络意识形态安全风险问题值得高度重视。网络已是当前意识形态斗争的最前沿。掌控网络意识形态主导权,就是守护国家的主权和政权。"①小心疏导网络极端民族主义的舆论。在充分认识和把握网络极端民族主义舆论的内在规律和特征的基础

---

① 中共中央文献研究室:《习近平关于社会主义文化建设论述摘编》,中央文献出版社,,2017年,第36页。

上，应释放、引导和协调极端民族情绪，增强各族人民对伟大祖国、中华民族、中华文化的认同感。

2.回应目标：维持和平衡三维系统

应对网络极端民族主义舆情的策略目标要求回答"什么时候、什么层次、什么方面、达到什么结果和层次"这一问题，这一问题涵盖了该过程的时间目标序列、层次的空间目标序列、层次的空间目标序列及字段的水平目标序列。

第一，在时间目标序列上，根据网络极端民族主义舆情的威胁程度、演化速度和可控性，将战略目标划分为应急和总目标，并将舆论反应与国家安全及中华民族社区的长远目标相结合。互联网极端民族主义舆情是一个潜伏、伴生与消解的过程，舆情应对的外部环境也在不断变化。在网络极端民族主义中，舆论应充分考虑时限和效率因素，注意把握民意反应的时间和速度。

第二，从国家安全战略目标、中华民族共同体建设、国家治理体系与能力现代化、国家舆论治理的总体目标等方面，逐层分解，确立了网络极端民族主义舆情应对策略的总体目标和多层次目标。按照舆情应对的具体领域，将总体目标划分为舆情事件发生和扩大，消除不良影响，迅速恢复正常。从结果上看，网络极端民族主义舆情应对的战略目标应该是积极、迅速、有力、高效，即应对态度是积极的，注重全面、及时、快速、准确地应对，采取有效措施控制舆论传播，恢复真相，消除不良影响。以确定的行政资源投入为前提，减少危机与损失，实现利益平衡，取得一定的经济、社会、政治效益。在网络极端民族主义舆情反应的多维目标系统中，各目标序列相互交织，以复合的方式运作。时标、层次感和层次感目标序列都是围绕内容的目标，在不同的序列目标间连锁运作，这服从于网络极端民族主义舆论反应的总体目标和国家治理能力的总体目标。

3.工具整合：完善"四全媒体"

全媒体与媒体的整合既是媒体发展的趋势，也为应对网络极端民族主义舆论提供了新思路。在新媒体时代，应对极端民族主义的网络舆论必须做到四点。

第一，在网络极端民族主义舆情生命周期中实施全程跟踪、追踪和深度干预。利用传统媒体、网络媒体或自媒体追踪极端民族主义舆论事件的历史、现状和未来发展。采用信息披露制度，对舆情事件的全过程进行披露，确保舆论的全过程参与、避免和消除误解。"和语言一样，每一种媒介都为思考、表达思想和抒发情感的方式提供了新的定位，从而创造出独特的话语符号。"①

第二,网络极端民族主义舆情信息以不同形式的三维呈现方式改变了舆论主体对舆论事件的认知能力和认知结构。由于某种形式会偏爱某一特定内容,最终会在无形中影响人们对民族主义和极端民族主义事件的认识。当前,新媒体的自我表达话语体系还没有建立,还需要依靠传统媒体来提供借鉴。

第三,继续发挥主流媒体的主动性和主导性。网络时代的到来,意味着社会政治结构的调整和民主政治建设的推进。新型媒体是社会利益表达渠道的创新,有利于传播机会的平等发展、传播权与话语权的平等,为个人意志自由的实现提供条件和保障。但是"没有义务就没有权利,没有权利就没有义务"。在实现传播权利和自由的同时,舆论传播主体必须承担相应的或同等的义务,受到一定的约束。当前,新媒体舆论产生与传播的规则体系尚未建立,需要继续依靠传统媒体提供规则参考。主流媒体在新媒体与其互动的过程中,要抓住舆论领域的主动性和主导性,扩大主流意识形态的影响力。

第四,营造合理的舆论生态环境。其关键在于如何找到最有效的转型路径,消除网络极端民族主义舆论的非理性甚至虚假传播,化解极端民族主义舆论的危机和负面影响,是全效媒体的关键。在新媒体时代,社会媒体与主流媒体、传统媒体、新媒体、传统媒体进行对话和功能整合,能够为真实信息和理性传播营造良好的生态环境,提高应对极端民族主义舆论的效率。

4.应对创新:大数据应对闭环

作为一种"顶层设计",网络极端民族主义舆论应对策略体系,不仅需要从制度和整体战略两个方面综合考虑和明确界定,而且要从抽象到具体、从理论到现实,从技术层面上进行准确建构。在新媒体时代,网络极端民族主义的舆情应对技术不仅是一种理性规则,而且是一种新的思维方式和社会行为。网络极端民族主义舆论反映是一个社会复杂度很高的治理问题。单一化、传统的舆论应对工具已不能有效应对。面对新媒体时代,大数据的思维和方法符合极端民族主义的网络舆情特征,能为舆情监测、判断、预警、报道提供技术支持和准确信息。大数据法在网络极端民族主义舆情应对中的应用可以分为三个模块:舆情数据采集、舆情数据存储和舆情数据分析,涵盖舆情监测、舆情研究、舆情判断三个功能模块。哪些人在撰写、发表、阅读、评论、搜索网络极端民族主义舆情敏感信息;网络极端民族主

---

① ［美］尼尔·波兹曼:《娱乐至死》,章艳译,广西师范大学出版社,1990年,第13页。

义舆情信息如何分布;网络极端民族主义舆情信息如何传播;网络极端民族主义舆情应对的时机和节奏;网络极端民族主义舆情会产生何种社会影响。①采用网络爬虫和系统日志采集方法,全面、有效地获取网络极端民族主义舆情的多维数据,通过数据压缩、冗余裁减和数据清理技术对原始极端民族主义情势数据进行预处理,为基于云计算的网络极端民族主义情势数据的收集、筛选和分析,并通过数据压缩、冗余裁减和数据清理技术对原始极端民族主义情势数据进行预处理,为基于云计算的网络极端民族主义舆情数据的收集、筛选和分析,形成民意报告。

三、基于抗日戏剧的网络民族主义

学界关于"抗日战争"的研究成果丰硕。其中包括对抗日战争的历史地位、价值和作用的研究、抗日战争与社会文化、经济发展的关系、抗日战争与当代文学艺术的关系的研究。如何把"抗战史"和"形象"联系起来,在综合媒体不断发展的基础上,也成为学术界关注的焦点之一。英国民族学家安东尼·D.史密斯认为:"作为一种意识形态,民族主义认为世界是分成民族的,每个民族都有自己的特点和命运。"②凯杜里认为,"民族主义"是一种"新形式的政治","如果世界上所有的人选定一个共同的政府,他们将组成一个民族"。③但是目前还缺乏从"民族主义"视角对日本戏剧进行意识形态分析的研究。本节以国家主义为视角,梳理和研究抗战戏剧的发展脉络,以民族主义为理论框架,深入研究抗战戏剧的发展趋势,并对抗战电视剧文本进行分析,对研究民族主义在大众传媒中的渗透和影响具有重要的借鉴意义。

(一)民族主义动机

思想决定了民族的观念,意识形态也是民族"精神"向民族"自然"转化的"典范"。国家本位、民族本位、集体本位三位一体,民族主义作为一种意识形态,是外在的、内在的、相互促进的。第一,抗日戏剧体现的是国家认同。第二,抗日戏剧的民族化与"外部刺激"的一致性。第三,"外部刺激"造成了历史的痛苦,抗日戏剧鲜明地体现了民族主义的"后天性"。历史的痛

① 参见李希光:《大数据时代的舆情研判和舆论引导》,《思想政治工作研究》,2014年第1期。

② [美]安东尼·D.史密斯:《全球化时代的民族与民族主义》,龚维斌、良警宇译,中央编译出版社,2002年,第63页。

③ 参见[美]埃里·凯杜里:《民族主义》,张明明译,中央编译出版社,2002年,第7页。

苦强化了爱国主义教育。民族主义者的"情感支撑"和"信仰支撑",都是以不可思议的魔力来表现的。社会现实引发一种"公共之爱","这种爱的情感基本上是灵魂的汇聚……爱可以是公共的,这是对祖国的爱和宗教的爱……为了公共之爱,人甚至可以牺牲私人之爱,为了爱他的祖国,或者为了一种支配他的崇高的思想,他可以牺牲他的利益和他的孩子"①。正如剧中人物的"胆量""战无不胜""无所不知""丑",都使人联想到样板戏时期的情感美学。超越自我与超越的阶级情感,使抗日戏剧成为一种虚幻的"想象共同体"。

(二)社会变革和思想改造

20 世纪 90 年代,中国处在一个丰富且模糊的社会转型背景下,民族主义思潮兴起。在党的十一届三中全会之后,中国现代化建设进入了一个新的历史时期。这是一个不确定的时代。第一,社会转型迫切需要民族认同的重建。在文化领域,整个社会有着明显的分水岭。"集体认同感"是人们迫切需要的文化价值观。在抗战戏剧中,一直强调"国家""民族""集体"三位一体,在革命历史形象的再现上,意识形态达到了高度统一。第二,民族身份的重建需要民族主义意识形态的转型。以主流意识形态为依托的价值观塑造国家记忆和集体记忆,以形象的方式描述和表达革命历史,以形象的方式表现革命英雄主义和集体主义的崇高革命精神,帮助党领导人民取得最后胜利。"情绪"是人的一大突破。怎样引导这一民族情感的释放,也是抗日戏剧需要不断关注的问题。第三,娱乐化是民族主义思想转变的标志。抗日戏剧是最"安全"、最稳定的政治娱乐产品,几乎已经成为全民的"爱国想象集"。在"语言"与"自觉"的视角下,"失掉民族理想和爱国之锚的四海漫游者多么不值得尊敬;仅仅依赖个人气质和秉性相同而不依赖对一个人可以为之贡献生命的更大的共同的、整体的那种友谊是多么愚蠢;最大的骄傲之源怎么被女人丧失,以致感觉不到她同样要为她的祖国生儿育女,并为她的祖国培养他们,以及她的家庭和占据她大部分时间的这些小东西们属于一个更大的整体和在她的民族联合体中占据着空间!②"抗日戏剧具有浓厚的意识形态色彩。其用超人的方式满足了这种形而上学的欲望,正义感在角色设置上有主观性和个性化。

民族性在抗日剧作中的利与弊并存,需要趋利避害。在利益的视角下,

---

① [英]埃里·凯杜里:《民族主义》,张明明译,中央编译出版社,2002 年,第 2 页。

② [英]埃里·凯杜里:《民族主义》,张明明译,中央编译出版社,2002 年,第 67 页。

其核心是增强和强化集体标准意识。"国家本位"与"民族本位"，在民族主义的特征上是"集体本位"的表现，它们始终存在并根植于民族主义的骨髓。国家主义是指每个人的权利和愿望。集中而密集的抗日戏剧主题表达强调了国家主义的至高无上性，将具体普通的个人意志和愿望带入虚幻的"假想"中。基于民族主义的抗日剧作是一种形象记忆，它既强调中国人民对自己历史的定位和认识，也体现了当代人对社会情感的历史投影。与此同时，抗日戏剧在传播民族性方面也存在着一些弊端，这主要表现在对民族主义的误导。形象上高度集中的民族主义表达，易导致民族情绪的蔓延，激烈的民族情绪容易"误导"人们的意识形态，"怨恨"的民族情绪会产生抵制外来价值观的创造性冲动，并可能导致新的"价值重估"，即对原有价值标准的转变。在本体论的基础上，人们忽略了传统的崇高价值，代之以"去精与粗""去真与假"。由于民族的"自尊心"和"自怜"，这种"怨恨"导致了本土传统价值与外来价值的对峙。这种"激进民族主义"在抗日戏剧中表现得十分明显。积极民族主义的发展在很大程度上是受外部因素的刺激。作为一种形象文本，抗战戏剧在消费社会的深刻影响下呈现出多元化的特征。

（三）改善民族主义表达方式

建立在民族主义基础上的抗日戏剧既要追求思想上的全面集中，又要努力适应社会转型期的文化环境，创造出一种现代、多元的历史形象文本。人民对于战争史的集体记忆也需要加强和改进。第一，民众希望抗日戏剧具有"包容性"。不应将广义的"民族主义"定义为"狭隘的民族主义"，不能被看作某些民族寻求霸权的途径，更不能被看作战争引起的民族迫害。第二，抗日戏剧要做样板戏。对于正义与邪恶的天真表达，分割了民族主义深刻的历史内涵。这一"极端"与"失衡"既无法客观地再现历史，又模糊了深刻的历史反思，造成了大众视野和思想的双重盲目。第三，抗日戏剧要回归人性。抗战戏剧的兴盛并非偶然。这体现了民族性格在社会发展过程中的自觉演化与调整。国家主义还追求一种"战争美学"。在具体的影像成为镜头之后，呈现出一种"宏大"和"历史感"。

民族性的发展与抗日戏剧的繁荣有着十分明显的变化轨迹。而在我国，民族主义的讨论集中地体现在"国家""民族""集体"和"个人"上，如何发挥其作用，并体现在大众传媒中。历史的记忆和叙述是真实的存在与虚无的想象。看抗日戏剧，目的在于在繁荣与和平中寻找永恒的"警钟"，追求"民族共同体"的和平与和谐。最后一种意识形态表达方式追求的是对未来民族进步的历史反思与美好愿景。其表现主题是基于民族主义的理性思维与现实知觉。如此,国内抗日战争题材系列剧作才能得到更大的发展。

四、网络民粹主义

在互联网技术赋权背景之下,社会底层被赋予一定的话语权参与话语策略生产和公共政策的博弈,公共事件舆论和社会运动中体现网络民粹主义和"行政权力"的集体聚合。网络民粹主义试图通过原子化公众的话语力量聚合影响行政权力以期实现自身利益,更广范围的参与主体在二元对立的暴戾情绪和反智倾向下,其话语诉求主要集中在物质、政治权力和文化三个层面;网络群体性事件多以捍卫公众自身利益为出发点,它具有意识形态内涵,主导者为达到目的将自身意识形态进行伪装与隐藏,使群体性事件呈扩大态势甚至形成社会运动。在本质上,网络民粹主义仍然是民粹主义,它具有反抗精英、推崇人民、批判、暴力性、非理性等基本特征。通过对网络民粹主义反话语表征的分析,可以发现其内在机制和背后反映了当今社会的发展弊端。"改善民生、阶层融合、话语融合、阶层均衡、网络法律法规建设、网络社会组织的赋权、提高公众参与网络舆论表达的实践能力等方式可以消解网络民粹主义的泛滥,从而使公共政策能够真正回归公共利益诉求。"①

(一)网络民粹主义的特点

保罗·塔格特总结道:"民粹主义要求政治上的简洁性和直接性,认为人民利益是一切诉求表达的中心,其核心要素是'极端平民化的倾向',是一种对社会严重危机的强烈反应。"②即有意地强化事件双方的对立性,带有鲜明的批判色彩,使事件的双方非黑即白。另外,"反情报"是网络民粹主义的一大特点。一方面,它是非理性下的广义主体。"作为一种社会思潮,民粹主义的基本含义是它的极端平民化倾向,即极端强调平民群众的价值和理想,把平民化和大众化作为所有政治运动和政治制度合法性的最终来源,以此来评判社会历史的发展";"作为一种政治运动,民粹主义主张依靠平民大众对社会进行激进改革,并把普通群众当作政治改革的唯一决定性力量,而从根本上否定政治精英在社会政治变迁中的重要作用";"作为一

---

① 张爱军、王富田:《网络民粹主义:反话语表征与消解策略》,《理论与改革》,2020 年第 1 期。
② [英]保罗·塔格特:《民粹主义》,袁明旭译,吉林人民出版社,2005 年,第 1 页。

种政治策略，它指的是动员平民大众参与政治进程的方式"。①当前，民粹主义在中国已经形成了一种普遍的社会不满，占主导地位。"罗伯特·考克斯认为，当社会中的某种话语得到普遍的社会接受和认同，并形成一种顺理成章的潜意识文化，或者此类话语有足够的驱动力使既有的意识和实践普适、合法时，主导性话语便应运而生。"②网络民粹主义是不允许人们持不同立场和观点的，这也是推动网络民粹主义形成和发展的重要因素。由于中国网民的特殊结构和群体心理，造成强烈的盲从和明显的"羊群效应"，网民中的大部分人都会追随"领导"的脚步，即网络舆论领袖的观点。

（二）网络民粹主义话语权诉求

语篇的产生策略和社会背景，以及复杂的权力关系，主要基于以下几个方面的需求。一是基于材料的话语需求。网络民粹主义在现实生活中的"官场"话语与普通民众的物质追求发生冲突时，其话语模式的对抗性日益明显，随着网络公共事件的爆发，其负面效应不断显现。政治权力基础上的话语需求。网络民粹主义在传统话语权威与民间话语权威的碰撞中，常常以"人"为遮掩，以使其吸引力最大化。二是基于文化层面的话语需求。网络民粹主义通过微博、论坛等形式否认传统和历史，挑战主流媒体的政治宣传思想，设置话题，断章取义，欺骗和攻击革命先烈、共产党领导人，否定革命英雄主义，为历史"翻案"。

（三）网络民粹主义的反话语表现

主导性话语是一个话语系统，它对整个社会的重大决策具有重要的影响和指导作用。"反话语"是伴随着话语的主导。民粹主义者更好地利用颠覆和"民粹主义"的视角对话语进行解构。它的主要目标是以最快的速度，在更广泛的范围内传播观点。首先，它崇拜平民、厌恶精英。"由于参与渠道不畅通，互联网成了弱势群体表达利益诉求的几乎唯一顺畅通道，一人爆料维权，众人'围观'，互联网成为弱势群体展示伤痕和互相取暖的地方，也经常变成倾泻'仇官''仇富'等负面情绪的'垃圾箱'。"③民粹主义反话语是民粹主义的主要表现，并在互联网上得到了进一步发展。民粹主义普遍持

①　俞可平：《现代化进程中的民粹主义》，《战略与管理》，1997 年第 1 期。

②　Cox, R., Nature's "Crisis Disciplines": Does Environ mental Communication Have an Ethical Duty?, *Environmental Communication: A Journal of Nature and Culture*, 2007, 1(1).

③　祝华新等：《2011 年中国互联网舆情分析报告》，http://yuqing.people.com.cn/GB/16698341.h 人民网，2012 年 1 月 7 日。

有"富人原罪"的观点,憎恨精英,推崇网络民粹主义的平民价值,这种观点在互联网上随处可见。同时,它加强了刑事责任。网络世界已经成为巴赫金构建的"第二世界"。罗尔斯在《正义论》的开篇中明确提出:"正义是社会制度的首要价值……每个人都拥有一种基于正义的不可侵犯性,这种不可侵犯性即使以社会整体利益之名也不可逾越。"①民粹主义反对穷人的言论在穷人中盛行。"穷人无罪,富人犯罪加一等"在网络民粹主义的舆论审判中经常出现。

(四)消除网络民粹主义的策略

网络民粹主义给社会带来了巨大的危害,必须事先加以防范,并及时消除。在引导话语权方面,政府和网络社会组织要积极参与。只能由多个主体共同参与才能有效。一是建立民生流动机制。人民生活是中国网络民粹主义的重灾区。"要解决网络民粹主义问题,必须从源头着手,大力改善民生,使人民群众有更高的满意度和幸福感,挖掘民粹主义产生的现实根源。二是构建话语传播体系。网上的精英改革可以满足大多数民众的需要,从而消除网络民粹主义中的阶级矛盾、误解、敌意等因素。三是健全网络法律法规。应根据互联网的特点和发展情况,制定新的法律规定,做到有法可依、分类管理,加强原有网络法律法规的可执行性和有效性。四是赋予网络社会组织权。"②网络化社会组织要处理好政府部门与网民之间的协调沟通,维护利益冲突和利益关系,加强政府与网民之间的桥梁,提高政府公信力,制定明确的政策、任务和计划,合理划分职责,使网络社会组织达到透明、公开、学习的标准。提高公众参与网络舆情表达的实践能力。重视大众媒介素养的培养,加强网络舆论意识的培养,有序引导公民参与网络舆论。

五、网络群体性事件

网络群体事件有不同的性质和类型。各种性质和类型的网络群体性事件要么有其意识形态内涵,要么将其解构为"意识形态"事件。在网络群体性事件中,人们为维护自身的利益或信仰,对意识形态采取不同的态度,即表现或隐藏。"其表现与隐匿具有机会主义、极端主义和犬儒主义的特点,其核心是自我保护。落实违宪审查公民权利,平衡程序公正与实体公正的

---

① [美]罗尔斯:《正义论》,何怀宏等译,中国社会科学出版社,1988年,第108页。
② 张爱军、王富田:《网络民粹主义:反话语表征与消解策略》,《理论与改革》,2020年第1期。

关系，维护网络主流意识形态的开放性，运用技术手段提高网络意识形态的治理能力，采取政治策略平衡网络意识形态舆论场，培养理性共鸣是提高网络群体实践意识形态的重要措施。"①

（一）网络群体性事件的思想隐蔽

网络群体性事件的思想隐蔽性主要体现在以下五个方面。一是通过宪法隐藏意识形态。把意识形态隐藏在宪法中，网上群体性事件要么只是表达民众对公民权利的诉求，刻意回避宪法的主流意识形态，要么通过民权手段淡化主流意识形态。二是通过利益隐藏意识形态。网上群体性事件要从追求利益到满足利益。习近平总书记在党的十九大报告中指出："中国特色社会主义进入新时代，我国社会主要矛盾已经转化为人民日益增长的美好生活需要和不平衡不充分的发展之间的矛盾。我国稳定解决了十几亿人的温饱问题，总体上实现小康，不久将全面建成小康社会，人民美好生活需要日益广泛，不仅对物质文化生活提出了更高要求，而且在民主、法治、公平、正义、安全、环境等方面的要求日益增长。"②即便意识形态导向明确的网络群体性事件，也会为机会主义或自身的意识形态安全而主动隐藏意识形态，通过强化利益诉求来削弱意识形态诉求。三是通过价值观隐藏意识形态。价值观念的解构方法是将思想体系分解成特定的语言系统，解决意识形态的整合能力，通过价值观来表现意识形态本身的问题，既能避免违背主流意识形态的风险，又能达到道德诉求的目的。四是通过情感隐藏意识形态。在网络群体性事件中，正义感被极端化、泛化，意识形态被正义感的泡沫淹没，使意识形态，特别是互联网的主流意识形态难以发挥应有的作用。五是政治无动于衷隐藏意识形态。网络群体事件都发生在消费领域。"后政治冷漠"对意识形态的遮蔽反映了民间意识形态对网络政治意识形态的抵制。

（二）网络群体性事件的意识形态表现

网络群体事件既可以隐藏意识形态，也可以通过意识形态表现出来。互联网群体性事件的意识形态表现通过主流与非主流意识形态表现。网络

---

① 张爱军：《网络群体性事件的意识形态隐藏、表演与改进》，《治理现代化研究》，2019 年第 1 期。

② 习近平：《决胜全面建成小康社会 夺取新时代中国特色社会主义伟大胜利——在中国共产党第十九次全国代表大会上的报告》，《人民日报》，2017 年 10 月 28 日。

群体性事件的意识形态体现出网络的碎片化特征。它通过分裂的意识形态，增强了网络群体活动的核心吸引力。同意识形态隐蔽的网络群体事件一样，它具有典型的机会主义、犬儒主义和极端主义的特征。马克思说过，"他们不能代表自己，一定要别人来代表他们。他们的代表一定要同时是他们的主宰，是高高站在他们上面的权威，是不受限制的政府权力，这种权力保护他们不受其他阶级侵犯，并从上面赐给他们雨水和阳光。所以，归根到底，小农的政治影响表现为行政权支配社会"①。第一，网络群体性事件是意识形态的主流表现。网上群体性事件的主流意识形态表现是以有利于网络群体性事件需求的词语追求群体利益。第二，网络群体性事件的意识形态交叉。互联网思想的虚拟化、碎片化、大众化和网民群体化的结合，使得网络群体事件的意识形态交叉表达不可避免，不以人的意志为转移。第三，网络群体事件的意识形态表现为对"后真相"的解读，即对其进行解释。任何事情都在于解释，而不是事实，"后真相"是情感主义和个人信念的产物。若真理与个人情感和信念不符，则可能被忽视，甚至直接取代真理。其意识形态表现是以情感和信仰为基础的。思想上的隐蔽性和表现性是网络群体性事件共同的基本特征。网上群体性事件的隐蔽性和表征，主要表现为机会主义、极端主义和愤世嫉俗。通过不断地传播和扩展，网络群体性事件可以更好地保护自身，甚至形成群体性事件引发的社会运动。网络群体性事件形成的心理基础是法律责任的缺失。

(三)改善网络群体性事件的意识形态

　　无论何种性质、意识形态表现形式及网络群体事件的隐蔽性，都是网络意识形态的反常与不健康的反映。它的本质是在现实与网络中对公权及主流意识形态的挑战。只有通过切实有效地实施网络群体性事件，才能提高其意识形态的隐蔽性和表现性。美国政治学家罗伯特·达尔认为："领导人其实不能专断地造出和操纵一套统治的意识形态。因为，政治意识形态一旦在政治体系中被广泛接受，领导人本身也就成了它的囚徒。如果他们违反其准则，就会冒毁坏自己的合法性的风险。"②一是对公民权利的违宪审查。为维护宪法的权威与尊严，必须对公权、民权的意识形态言论，尤其是其意识形态言论进行违宪审查，以保障公民的宪法意识形态权利。二是程序公正与实体公正的关系。通过实体公正强制程序公正，可以有效地减

---

① 《马克思恩格斯选集》(第一卷)，人民出版社，2012 年，第 762 页。

② [美]罗伯特·达尔：《现代政治分析》，王沪宁等译，上海译文出版社，1987 年，第 79~80 页。

少隐匿和实施网络群体事件的概率,还原网络群体事件真实、合理的诉求,有助于防止网络群体事件的意识形态异化或变异。三是保持网络主流意识形态的开放。只有开放性、包容性的主流意识形态才能不断地吸收网络非主流意识形态的合理因素,防止网络主流意识形态的自我封闭和僵化。四是利用技术手段提高网络意识形态治理能力。网上非主流意识形态的治理包括宪政治理、制度治理、意识形态治理和技术治理。对于如何平衡网络群体性事件的意识形态分布,促进网络主流意识形态的发展,将网络群体性事件的发展推向良性的轨道,无疑具有重大的理论和现实意义,对推动社会进步,具有重大的理论和现实意义。

六、网络民主的崩溃

对于网络民主,学界一直持乐观与悲观的看法。目前,网络民主面临着难以解决的逻辑困境和功能困境。它面临的逻辑困境包括直接民主逻辑、巨型民主逻辑、民主程序逻辑、技术民主逻辑。它存在着民主制度、民主文化、民主经济、民主社会等功能困境。因为时代、社会、决策和选举等原因,真正的民主面临一系列挑战。网络民主的"崩溃"之处在于其并不具备民主的内核而实质是网络公众舆论,网络空间的特殊性导致网络民主面临着直接民主、巨型民主、民主程序和技术民主的逻辑困局和民主制度、民主文化、民主经济、民主社会的功能性困局,导致网络民主主体缺失成为"无头民主",参与群体广泛且被隔断成为"无共识民主",情感与信念主导认知形成"非理性民主",参与个体的平等话语权与准入权形成"去中心化的民主",最终导致民主在网络空间的崩溃。互联网技术增加了新平台、新形式、新内容,实现真正的民主。网络民主的运作,必然导致民主的崩溃。网络民主有三种形式,即"无头民主""无脚民主"和"共识自由民主",即民主在运作。网络民主既非现实民主在网络民主中的延伸,也非现实民主在网络中的变异。没有真正的投票权,是网络民主的本质和核心。网络民主的本质是网络舆论。把网络民意测验和网络民主相提并论,就是在偷窃这个概念。

(一)网络民主的逻辑困境

网络民主首先面临民主的逻辑困境。若不能解决逻辑困境,网络民主能否在实践中发挥作用将是个大问题。因为时代和社会的原因,真正的民主面临着一系列挑战。互联网技术增加了新平台、新形式、新内容。

直接民主逻辑的困境。网络民主是一种横向民主,一种已经失去了纵向性质的民主。水平民主体现了直接民主的逻辑。网上民主就是直接民主。假如在古希腊,网络民主就是直接民主,那么网络就会成为暴民,网民的意见就会变得混乱,很容易被网络大人物或意见领袖的思想所左右。网络民主也是直接民主而非间接民主。直接性的民主更容易产生网络和网络暴力。就网络政治参与形式而言,它没有体现民主的核心,即投票。网络政治参与不是集中的,而是分散的,难以体现多数和少数的意志。

巨型民主逻辑的困境。巨型民主的逻辑是代议制间接民主的逻辑,它把直接民主的规则变为间接民主的规则。现代化的民主只能是主导的民主,而非被统治的民主。毫无疑问,网络民主就是大民主。这种网络民主的实施,即使以民主的质量为代价,也无法改变多少民主。在网络民主中,实现了多数人对少数人的"完美暴虐",没有人愿意这样做。庞大的民主制是一种类似于公民投票,有时是负和游戏的零和民主,通过网络民主投票,在瞬间消失了真正的民主。

民主程序逻辑的困境。民主制包括许多程序,每一个国家都有相同和不同的选举程序。但是不管程序如何,少数服从多数,保护少数人的权利是真正民主的核心。程序的逻辑依赖于投票。若网络民主仅仅复制了真正的民主过程,就不能起作用。少数服从多数的网络民主很难实现。少数群体和多数群体从宏观到微观都有很大的不确定性。多数派常常难以形成,即便美国的网络民主实行赢家通吃的选举票制度,即使少数人赢得了多数,也偏离了现实的民主进程。网上投票体现了民主程序逻辑,但无法有效过滤民主泡沫。

技术民主的逻辑困境。技术性的逻辑也难以保证民主的质量。民主性来源于交流、辩论、讨论、协商和妥协。民主制是教育选民、教育自己的过程。网络民主使得这个过程消失了。不经过大脑的投票,就不会在消耗更少成本的过程中获得预期的巨大收益。网络民主以低成本低收益走向破产。网上投票不是技术问题。选举之后的计票工作将在瞬间完成,节省时间、能源和折中费用。但是在线投票技术仍然存在安全风险,因为没有任何网络系统是绝对完全的,维护系统的成本非常高,甚至比离线操作更高。科技的发达和内容的传播造成了数字不平等,而大数据、人工智能和算法等技术则产生了数字鸿沟和信息茧房。互联网技术一旦失去科技的规范和法律约束,就容易被资金和技术滥用。

(二)网络民主的运作困境

持有网络民主观点的人们认为,网络民主可以促进经济发展、社会进步、政治文明和政治文化繁荣。当然,研究者也对网络民主的功能缺陷保持警觉。虽然看到了网络民主的积极作用,但也指出了其消极作用。但问题是,没有建立网络民主理念,网络民主功能是否依然存在,是否具有研究价值。最起码,在网络民主理念确立的情况下,网络民主的功能也难以发挥。民主的运作困境。现实的民主体制无法移植到网络民主中,即使是真正的协商民主也无法移植到网络民主中。当网络民主概念确立时,它也是"草根民主",而"草根民主"由于缺乏制度支持,将成为可有可无的民主。无保障的民主根本就不民主。这只是个假名,没有实质内容。网上协商民主,也是名义上的民主。一个真正的民主体制不能代替网络民主,更不能促进网络民主。在网络民主中,真正的民主制度几乎不能实现。

民主文化运作的困境。多元化既是民主政治的特点,也是对民主的挑战。实际民主框架不断受到各种支持的冲击,使现实民主面临着危机与挑战。它既吸收了多元文化主义,又从不同的方向分化了多元文化主义,形成了文化分裂。在分化的网络文化中,由于谣言和阴谋论的困扰,第四种新闻权力成为资本、权力的工具,在新闻职业化的基础上丧失了客观、中立和公正。网上民主使现实的多元文化主义得以出现,但它无法控制多元主义的两极分化,无法在多元主义的基础上形成重叠的共识和理性的一致性。民主经济面临实际困难。推动经济发展的网络民主,必须面对现实的经济困境。网络民主对经济没有任何促进作用。由于其自身的逻辑,网络民主不能促进经济发展。民主主义与经济发展之间存在正相关、相互促进的关系,也存在负相关、相互抵消的关系。正相关和相互促进是发达国家普遍存在的问题。网络民主本身没有纠正错误的机制。因为网络民主不仅是"无头政治",而且是"无脚政治"。"无头政治"和"无脚政治"的结合只会产生不可纠正的政治怪兽。不可纠正的政治怪兽不能促进中期和长期的经济繁荣,更不用说短期的经济发展。按照亨廷顿的解释和观察,民主化经历了三次浪潮,每一次浪潮之后都有复苏。任何一次民主化的兴起与复兴,都具有不同国情下的民主特征。民主主义的复兴导致社会的退化,民主的发展并不必然导致社会的进步。互联网是网络民主社会的组成部分。它的发展并不必然带来网络社会的进步。网络民主的发展导致了民族主义、民粹主义等的极化,并导致网络社会的撕裂。而所谓的网络民主也成了撕裂网络的重要导火索。

(三)网络民主转向的困境

在现实生活中,网络民主并不是民主在网络上的延伸,也非变异。网络民主若存在,则是一种特殊的民主形式,或一种有别于现实的新民主。其原因在于它不具备现实民主的体制框架和基本特征,无法在网络民主中实行政党制度、议会制度和选举制度。公众舆论阻碍了民主程序、民主决策、民主结果。民主价值观念被其他非民主价值观念所干扰,从而侵蚀和破坏了民主多元价值观念。网络民主与现实民主在本质和特征上没有什么联系。网络民主并非现实民主的前提和条件。关于网络民主是否是唯一的新民主仍有争议。

网络民主是缺乏政治拉票主体的民主。真正的民主首先是政治民主,是其他民主制度的前提和保障。政体民主是一种选举民主。不投票,就不会有政治民主。网络民主并非政治民主,而是非政治民主。非政治性民主的社会民主就是拉票民主。在投票规则下,投票者不是一人一票,而是一人多票,可以重复投票。有的人将网络民主转变为网络协商民主。在网络协商民主理念确立后,网络协商民主也并非政治民主,而是非政治民主。其中存在非民主协商、非政治民主协商。网络协商民主若非政治化,只是一种形式或概念符号,并无民主内容。网络民主是"无头民主"。卢梭的民主向民主与独裁两个对立的维度发展,因为前者强调契约,后者强调一致性。连贯性要求代表人代表人民,代表来自社会,超越社会,无拘无束,为民主的逻辑铺路。网上意见领袖或网络大 V 没有当选,失去选举支持。他们来自意识形态市场或舆论市场,受到意识形态市场或舆论市场的考验。这在意识形态市场或舆论市场上,是一个优胜劣汰的过程。也就是说,网络民主观是多元的,其根源在于意识形态市场而非选举。网络民主与选举无关,或已失去对象。这种民主是"无头政治"。网络民主是"没有共识的民主"。由于网络的循环和信息僵化,使得网络民主不能达成共识,只能形成一个断裂。民主制度就是共识民主,就是对民主最终价值的共识,就是程序的共识,就是在不同观点上达成一致。

网络民主缺乏终极价值信仰。假如网络民主确实存在,那么网络民主也不过是一种物质的民主。同样的群体只有相同的价值观、意识形态和政治偏好。不然的话,将发生一场残酷的敌对战争。各种圈子具有不同的话语权。这种话语权在圈内表达,圈外的人们彼此之间几乎难以交流。圈层话语共识可能是圈外分裂的原因。网络民主是"不合理的民主"。民主制度需要理性共识。理性认识民主就是要实现自由、平等的民主,包括思想观点和行动。合理民主就是自由和平等之间的民主关系。自由通过自由体现平等,通过平等体现自由。网络民主并非理性而是非理性。网络民主不是理性民主,而是以非理性情感为内在动力的民主。互联网的信息量过大,网络资源的渠道和质量参差不齐。互联网民主是没有法律和道德的民主。它不仅侵犯个人的隐私权和个人权利,还会导致个体的"社会死亡"。网络民主是一种自由民主,是对自由权利的滥用,是一种缺乏平等的民主。不合理的民主是社会、经济、政治、文化焦虑的反映,难以形成合理的共识。网络民主是分散民主。互联网的政治舆论和政治参与呈现出分散的趋势。这样既有"无头民主"的分权,又有"无脚民主"的分权。在权力解构和重构过程中,网络民主使政治选民更难集中。随着权力分散,谣言和阴谋理论的泛滥,分散了选民的意见和投票行为。

在产生、传播、扩散的过程中,网络虚拟舆论不断膨胀。网络民主的内涵是为人民所有权的实现提供新的平台,但从管理和控制的角度,民主决定了公共权力来源的合法性和执政合法性,网络民主并不具备公共权力来源的合法性或执政合法性,而公共权力不是通过网络民主选举产生的,其来源的合法性就无法联系起来。监督的合法性不可能来自网络民主,而是来自真正的民主。诚然,网络民主虽然是一种民主形式,但监督不符合民主逻辑。它的本质是一种新型的舆论监督,而非一种新型的民主。对网络上真正的民主的思考,是舍本逐末、张冠李戴,这样会扭曲真正的民主,使之似是而非。

第六章 引导与平衡：
网络政治意识形态的传播生态形塑原则

网络政治意识形态的传播生态有宏观与微观两个部分,对网络政治意识形态的传播生态的形塑也需要从宏观与微观两个方面展开。"后时代"是网络政治意识形态传播的宏观时代背景,网络空间中的政治行为、政治心理、政治舆论、政治治理及政治意识形态都是在"后真相"时代、"后微博"时代与"后政治传播"时代共筑的时代背景下产生、变化与发展的。网络技术是网络政治意识形态传播的微观结构,不同的网络技术都能承载主体的权力意志与意识形态立场,但是不同网络主体对网络技术的使用导致了网络政治意识形态传播的复杂性。在网络政治意识形态传播生态的形塑中需要坚持对宏观环境的良性建构与规训引导,需要对微观技术使用主体的利益关系、权力关系进行平衡,在宏观与微观、外束与内约相结合的过程中才能有效促进网络政治意识形态的有序传播。

一、对网络政治传播环境的引导

"后真相时代""后微博时代"与"后政治传播时代"的相互交织是网络政治意识形态传播的时代背景与宏观结构,对网络政治意识形态传播环境的引导,旨在通过对"后时代"政治传播中的非理性情感进行规制、对复杂的利益诉求进行协调,以及对变化了的社会政治心理进行优化来建构有秩序的、理性的、宽容和谐的政治传播环境,让政治意识形态在良善的空间中传播。

(一)对"后真相时代"政治传播环境的引导

1.构建适应网络政治意识形态传播特性的实现机制

网络政治意识形态传播要在遵循政治规律的基础上遵循网络自身内在的发展规律。既要落实宪法和法律权利以完善网络政治意识形态传播的动态平衡制约机制,还要构建网络政治意识形态传播立体复合干预模式。

(1)落实宪法和法律权利

新时代,政治意识形态传播要根据习近平总书记的相关讲话精神和新发展理念,以宪法作为行动实践的根本,健全相关网络法律治理体系。一要以宪法为根本。以宪法为根本,达成宪法共识是网络政治意识形态传播的首要准则,而以宪法为根本就必然要对政治意识形态进行依宪治理,并做到有宪可依、有宪必依、执宪必严、违宪必究,维护宪法权威。在宪法和法律范围内展开意识形态治理,宪法和法律边界是不能逾越的红线。无论是对主流政治意识形态进行治理,还是对非主流政治意识形态进行治理,都必须以宪法和法律为根本和准绳。要依据法律对一些危害主流意识形态的极端性言论进行约束,使宪法的权威性得以维持;对于违反宪法和法律行为的意识形态言论,要及时予以制止和惩处;对那些具有社会威胁性的意识形态言论,要及时进行法治约束和严厉制裁。

二要把法治原则落到实处。在法治社会,网络空间虽具有明显的虚拟化特征,但其绝不是不受法律约束的法外之地,网络意识形态的传播必须在相关的法律框架下进行,贯彻法治原则。对良好意识形态传播环境的营造,既要用法律维护公权力,也要保护公民合法权利。一方面,公职人员作为公权力的主要代表和主要执行者,要在正确行使公权力的基础上对各种非主流意识形态加强监管,确保主流意识形态的中心地位和主导地位。公职人员还要以多种方式和借助多种传播载体对习近平新时代中国特色社会主义思想进行有力的宣传,不断扩大其影响,使其内化为网民的坚定信仰。另一方面,网民作为一个权责统一体要正确使用公民权利。网民要在"法无授权不可为,法无禁止即可行"原则的指导下,信仰法律、自觉遵守法律法规,约束个人网络行为。"在法律理性的支配下适当地行使自己权利,自觉抵制消极的非主流意识形态影响和西方意识形态渗透,维护网络秩序和国家意识形态安全。"①

三要以良法促发展、保善治。良法作为善治的前提是网络政治意识形态传播的基本保证。以良法维护网络政治意识形态传播,要在确保主流意识形态主导地位的基础上引导积极合理的非主流意识形态健康发展,让后者为前者注入新鲜血液,使主流意识形态不断丰富和完善,形成以主流意识形态为统领,多元意识形态健康发展的局面。在以良法促发展、保善治的治理逻辑下对非主流意识形态进行积极引导,要求政府在执法过程中要以

---

① 张爱军、秦小琪:《网络政治意识形态传播的动力、特性及其规制》,《湘潭大学学报》(哲学社会科学版),2019年第1期。

良法为出发点,及时回复和解决民众关心的热点问题和利益诉求,使善治的目的得以达成。

(2)完善网络政治意识形态传播的动态平衡制约机制。"制约网络政治意识形态传播动态平衡制约机制的因素既有显性因素,又有隐性因素,既是静态的,又是动态的。"①动态平衡的状态如何关系到网络政治意识形态传播是否顺畅。处于平衡状态,网络政治意识形态传播的良性循环就会得到加强;处于失衡状态,网络政治意识形态传播的恶性循环就会强化。在失衡状态下,需要及时调适以让其回到正确的传播轨道和路径上。巩固主流政治意识形态的主导地位,减少非主流政治意识形态的消极影响,弱化主流政治意识形态传播中的摩擦,是确保主流政治意识形态传播平衡的重要途径。

第一,加强网络政治主流意识形态主导地位。在互联网时代,网络已无可争议地成为不同意识形态交流碰撞的前沿阵地,掌握意识形态的领导权和主动权是夯实网络政治主流意识形态的关键手段,要做到"增强主动性、掌握主动权、打好主动仗"②。一要构建主流意识形态话语体系和增强主流意识形态的话语力量,让主流意识形态在各方力量博弈中始终处于舆论高地。具体做法是"要加强我国共产党执政下的网络意识形态语言建设,将马克思主义意识形态观与我国网络实际情况相结合,不讲官话、套话、空话、大话,学会用网络语言,形成网民喜闻乐见、易于接受的语言形式"③。二要重视和认清文化传播在意识形态传播中的引领性作用。要在弘扬中华优秀传统文化的过程中讲好中国故事。变革传统话语表达的方式方法,使网络意识形态的宣传内容、宣传方式和宣传文风更加符合新时代的信息环境要求,建立其独特的传播形式以占领新时代的意识形态前沿阵地。三要加强网络媒体作用。传统媒体要在新媒体和自媒体的"议程设置"冲击中第一时间抢占话语权,抢先报道权威信息和评论以占领舆论主阵地,避免网络谣言泛滥和网络空间浊化,威胁网络安全。要加强相关传播渠道建设,建立与民众互动平台,随时掌握网民思想动态。"同时要发挥网络大V和意见领袖的积极引导作用,与政府的权威发布相呼应,宣传主流意识形态,弘扬社会

---

① ③　张爱军、秦小琪:《网络政治意识形态传播的动力、特性及其规制》,《湘潭大学学报》(哲学社会科学版),2019年第1期。

②　习近平:《意识形态工作是党的一项极端重要的工作》,http://www.xinhuanet.com//politics/2013-08/20/c_117021464.htm。

主义核心价值观,引导网络舆情向积极态势发展。"①

第二,减少网络政治非主流意识形态消极影响。一是抵制和预防西方破坏性意识形态的渗透和侵蚀。面对西方分裂势力的文化渗透和意识形态入侵,我国必须高度警觉和保持足够的清醒定力,并采取一切积极措施提升我国的文化软实力与国际竞争力,维护我国网络意识形态安全。二是加强和推进舆论宣传工作。以往灌输式、说教式的工作方法已经不再适合当下的舆论宣传工作需要,因此必须改进既往工作方式,创新业务发展模式,在润物无声中引导和改造非主流意识形态以为主流意识形态背书,在宣传思想的指导下将宣传工作和各个领域相结合,构建以主流意识形态为中心的宣传格局,减少网络政治非主流意识形态对主流意识形态的消极影响。三是加强网络自我净化能力。"网络的自我净化能力让虚假的极端化的网络政治非主流意识形态传播失去土壤,自主恢复网络政治意识形态的良性秩序,使网络多样化的意识形态通过互相牵制趋向平衡状态。"②

第三,消减网络政治意识形态传播摩擦。公权力和网民的协同努力是化解网络政治意识形态传播摩擦的重要措施。一方面,要强化公权力对动态平衡制约机制的稳控。在网络政治意识形态的治理建设中,政府发挥着宏观稳控的重要作用,"其可以采取先进科学技术对网络政治意识形态传播进行全程监控,利用人工智能和大数据等技术平衡网络政治意识形态传播空间,对已经失衡的给予及时纠正和调节,对有失衡倾向的及时治理"③。另一方面,要加强网民心理的正确引导。网民心理是影响网络政治意识形态传播摩擦的重要因素之一。当网民的心理积极向上时,正能量的意识形态会得到广泛传播,这无疑会促进网络空间的平衡;当网民的心理消极、阴暗时,负能量的意识形态会肆虐整个网络空间,导致网络生态失去平衡。因此,"对网民心理给予正确引导是消减政治意识形态传播摩擦,完善网络政治意识形态传播的动态平衡机制的重要有效措施"④。

(3)构建网络政治意识形态传播立体复合干预模式。坚持党的领导、促进多媒体融合发展、加强人才队伍建设是构建网络意识形态传播立体复合干预模式的重要有效措施。

首先,坚持党的领导是构建网络意识形态传播立体复合干预模式的重要前提。既要打造主流意识形态新媒体传播矩阵,提高意识形态宣传网络的渗透力和覆盖面,也要不断推进网络政治意识形态传播治理主体治理能

①②③④　张爱军、秦小琪:《网络政治意识形态传播的动力、特性及其规制》,《湘潭大学学报》(哲学社会科学版),2019年第1期。

力的现代化建设,把握意识形态传播规律,增强网络主流政治意识形态的统摄力,维护网络意识形态的安全。

其次,促进新老媒体融合发展以拓展网络意识形态的传播空间,是构建网络政治意识形态传播立体复合干预模式的重要措施。新媒体在网络监督方面具有特殊优势,是推进网络意识形态良性互动的重要平台,其与传统媒体的融合发展能够促进网络意识形态的治理。主流媒体是主流意识形态传播的主导性力量,在与新媒体的融合发展过程中,需要对主流媒体进行内外两方面的综合性改革。在对内方面,要按照新时代宣传思想的指引构建主流媒体宣传阵地,加强我国新媒体主流意识形态重要渠道建设以巩固壮大主流思想舆论。在对外方面,主流媒体应对国际舆情保持密切关注,建立意识形态安全评估预警和风险防范机制,增强国际网络话语权。

最后,加强人才队伍建设是构建网络政治意识形态传播立体复合干预模式的重要依托。要"建设一支政治强、业务精、作风好的强大队伍"[1],提高网络政治意识形态传播影响力。

"网络政治意识形态传播具有自身的发展规律,只有按照网络政治意识形态传播规律办事,才能让网络政治主流意识形态传播具有实质性的控制力、引导力和影响力,才能让网络政治非主流意识形态在网络政治主流意识形态引领下发挥其积极的作用,自觉抵制网络政治非主流意识形态的消极作用,才能采取正确的富有成效的措施治理网络政治意识形态空间,营造网络政治意识形态的健康生态环境。"[2]

2."后真相"时代网络政治道德救治

(1)强化宪法共识。依宪治国作为依法治国的核心,其重要功能之一是把宪法内化为人们的道德行为和内在信仰。宪法作为国家的根本大法,一切言论和行为必须受到宪法的约束并以其为依归。"宪法在人之上、人在宪法之下应成为构建现实政治道德和网络政治道德的最高最大共识。"[3]

(2)强化政治道德共识。底线道德和高线道德是道德的两个不同的方向。高线道德是一种追求"修身、齐家、治国、平天下"的圣人理想式的积极道德。底线道德是一种要求不偷、不抢、不杀人、不害人、不造谣等的修己身式的消极道德。"网络政治道德是追求底线道德的共识,而不是追求高线的

---

① 习近平:《习近平谈治国理政》,外文出版社,2014 年,第 199 页。

② 张爱军、秦小琪:《网络政治意识形态传播的动力、特性及其规制》,《湘潭大学学报》(哲学社会科学版),2019 年第 1 期。

③ 张爱军、秦小琪:《网络政治道德的构建与"后真相"的救治》,《江淮论坛》,2018 年第 3 期。

道德共识。"①

（3）强化交往理性。交往理性含于人际交往中。在网络上,网络交往理性只有通过网络人际交往才能实现。通常来说,网络人际交往与人数成反比关系。微博和微信同为网络社交媒体平台,但与前者相比,后者的人际交往通常更具理性。因为微信"会客厅"的技术特质使得人与人之间能够在利益、价值和道德等方面成为一个共同体,容易在道德和政治道德方面形成共识。网络技术也是推动网络政治道德进步的重要因素之一。多元化的网络技术可以增强交往理性。网络技术对网络政治社会进行精细化分流会使政治道德形成的可能性增强。网络政治道德的稳定性在于网络技术的多样化和多元化。

（4）实现网络政治道德与现实政治道德建设的同步性。现实政治道德与网络政治道德具有同构性,但后者对前者具有依附性。建设现实政治道德的同时也要建设网络政治道德,两者的协同建设关系到它们的相互促进和共同发展。"发挥政治对政治道德的整合能力和宰制能力,对极端化的非主流政治道德进行技术处理、法治治理、政策治理、及时跟踪、定点关注,防止非主流政治道德对主流政治道德的侵犯、侵蚀、侵占。"②

总之,自因性网络政治道德、内生性网络政治道德、外生性网络政治道德、依存性网络政治道德是网络政治道德的四种主要道德类型。这些网络政治道德整合在一起会发挥集合式效应和总体功能。"要警惕'后真相'对网络政治道德的瓦解倾向,增强宪法、道德共识意识,通过网络技术维度进行多层面交流,实现现实政治道德与网络政治道德的同步建设,推动政治道德进而推动政治文明的进步。"③

（二）对"后微博时代"政治传播环境的引导

在后微博时代,主流意识形态发展面临着机遇与挑战的双重变奏。对主流意识形态来说,在机遇中迎接挑战是其发展的最佳理想状态,"但网络技术带来的虚拟性、复杂性、多变性、脆弱性、突发性、即时性等给意识形态治理带来了巨大的难题"④。在微博意识形态的治理措施上,无论是宏观和中观层面的治理,还是微观和个体层面的治理,各种治理措施之间难以做

---

① ② ③　张爱军、秦小琪,《网络政治道德的构建与"后真相"的救治》,《江淮论坛》,2018 年第 3 期。

④　张爱军:《后微博时代视域下主流意识形态发展的机遇、挑战与改进》,《天津行政学院学报》,2020 年第 4 期。

到相互协调和匹配,层层传导、层层加码、治理主体责任卸载和转移等的治理方式又会极大增加意识形态治理在法治、行政和风险等方面的成本。与此同时,微博的技术运载难以有效保障个体的基本自由和隐私,这会给微博网民增加社交成本和带来巨大的心理压力,从而影响依法治国、依宪治国、树立宪法尊严的步伐。因此,对后微博时代意识形态传播进行优化治理,显得尤其迫切和必要。

逐渐培育和形成依宪治国的思维方式。依宪治国是理论体系和实践体系双重共进的治理体系,两者可以互相转化,思维方式转变是两者互相转化的充要条件之一。"只有把传统权威治理的思维方式转化为依宪治国的思维方式,并进而转化为依宪治国的行为方式,才能实现国家治理体系和治理能力的现代化。"[1]"在后微博时代,依宪治理微博,依宪治理微博的非主流意识形态传播,依宪治理微博对主流意识形态的曲解和主流意识形态极化后的扩散,无疑具有典型的示范意义和引领作用,对于依宪治国具有强有力的推动作用。"[2]

1.建立道德自律机制

人兼具道德和理性。道德的人在保持自身人格自主的基础上会对其他社会个体之人格保持足够的尊重。在微博中,每一个微博用户都是自主独立且具有个人尊严的社会个体,微博用户之间必须互相给予对方足够的尊重。基于自身非理性的意识形态而仇视、攻击和谩骂其他微博用户是有违社会道德的不理性行为,"秀智商、站在道德制高点、站在政治正确制高点对其他自媒体进行意识形态式侮辱和诋毁,破坏了宪法平等和自媒体平等原则"[3]。人的理性具有局限性,其基本的底线判断和推理能力会受到非理性情感的影响。微博用户是理性有限的个体,在匿名化的微博空间中其德性和理性往往会被不断地削弱,虚假消息、意识形态谣言传播具有不可避免性。在此情况下,建立道德自律机制显得尤其必要。"具体措施有建立网络道德、微博道德审核机制,将违背网络道德、微博道德之人进行惩戒;构建网络道德、微博道德诚信体系,将违背网络道德、微博道德之人拉入黑名单;建立网络道德、微博道德准入制度,对违背网络道德、微博道德之人提高微博准入门槛。"[4]

2.按微博意识形态流动性规律进行治理

网络意识形态的基本规律之一是流动性。"就微博而言,流动性是指各

---

[1][2][3][4]　张爱军:《后微博时代视域下主流意识形态发展的机遇、挑战与改进》,《天津行政学院学报》,2020年第4期。

种意识形态交锋而产生的各种变化、变异。"①影响网络意识形态流动性的因素众多，网络意识形态交锋的范围和程度、网络事件和网络信息、公共权力等都会不同程度地改变着网络意识形态流动的方向、频率、速度、性质等。微博意识形态的流动在种种因素的影响下会发生强弱变化，既会由弱变强，也会由强变弱。微博意识形态无论流向哪个方向，最后都会形成一个基本的意识形态影响的边界。防止因微博意识形态的越界及其极化而影响微博意识形态传播的健康生态，是按照微博意识形态流动性来治理的核心，需要防止其破坏性效应的溢出。微博非理性的泛滥需要建立微博意识形态流动的理性机制对其进行防止；微博意识形态稳定机制的建立能够防止政治安全被破坏和保持社会稳定；微博意识形态传播的政治社会风险需要建立相应的预警机制及时进行研判。从一般意义上说，微博非主流意识形态虽然会给微博意识形态传播带来不可控风险，但如果其与微博主流意识形态传播缺少互动交流，也会带来类似于"黑天鹅"或"灰犀牛"的风险。

3.维护微博主流意识形态安全

法治、政治、道德、经济、技术等是维护微博主流意识形态安全可以采取的主要手段。在各种手段中，法治为主，道德为辅，两者是相辅相成的。政治手段只有在特定时期特定领域才能采用，且不可逾越法治的底线。"经济手段主要是指在对那些恶意破坏主流意识形态的微博自媒体人进行法治手段制裁的同时采取经济制裁手段。"②技术手段主要是以大数据、人工智能、云计算、算法等技术对那些破坏微博主流意识形态的内容进行删除、屏蔽。网络意见领袖的作用必须得到高度重视，必须"通过适当的方式对他们进行引导，帮助他们理解和掌握党和政府的方针政策，理解和掌握政府解决种种复杂问题的基本思路和实际操作方法，使他们思考问题多从政府的角度出发，多从和谐社会的大局出发，并让他们积极参与到微博群体中，借助他们的影响力对网络舆情进行引导，强化主流言论，孤立非主流言论"③。网民的思想往往会在意见领袖的言论"指挥棒"指挥下产生变化。意见领袖微博主流意识形态桥梁纽带的作用若利用得好，则有利于主流意识形态的传播，维护微博主流意识形态。习近平多次强调，"网络空间是亿万民众共同的精神家园。网络空间天朗气清、生态良好，符合人民利益。网络空间乌

①②　张爱军：《后微博时代视域下主流意识形态发展的机遇、挑战与改进》，《天津行政学院学报》，2020年第4期。

③　陈显中：《政务微博引导网络舆情的机制研究》，《宁夏社会科学》，2012年第3期。

烟瘴气、生态恶化,不符合人民利益"①。

4.实行多中心差序治理

在后微博时代,多中心化是微博意识形态的明显特征。"对微博非主流意识形态应该视其对主流意识形态危害的性质、程度、范围等层面而进行多中心差序治理。"②原则上,对主流意识形态危害较轻的微博非主流意识形态可以从轻治理,反之则从重治理,而对与微博其他非主流意识形态互相制约平衡并没有产生危害性的则可以顺其自然发展。对微博非主流意识形态的治理需要多中心和差序性共行并进,"即构建从宏观、中观、微观着眼的自上而下的垂直治理体系,对非主流意识形态进行立体式、全方位的治理,形成差序治理的格局和机制"③。

(三)对"后政治心理"传播环境的优化

"后政治心理"风险产生的心理基础是其生成特征,规避其风险需要对其心理基础进行有针对性的优化。"在法治的基础上,以理性优化为核心与旨归,实现负面心理转化稳定政治发展。"④

1.构建公平正义的社会环境

"后政治心理"的心理主体具有"底层化"特征,"底层化"心理主体要求利益诉求得到直接表达,这需要构建以公平正义为主基调的共享利益环境,以制度化政治参与消解底层政治心理的抗争性因素。

公平正义社会环境的建构打造,一要弱化"底层化"心理主体极端心理生成的基础,打造利益共享格局。"后政治心理"的特征生成和风险产生蕴含着经济利益分配不平等和政治身份不平等的核心逻辑。托克维尔认为:"平等造成的激情既是强烈的,又是普遍的,追求平等的激情是一个不可抗拒的力量,凡是想与它抗衡的人和权力,都必将被它摧毁和打倒。"⑤社会个体或群体对身份平等有着强烈的社会追求,这种追求往往能够推动社会不断向前发展。但在社会比较中,社会发展所造成的不公平却会强化民众的社会弱势心理,在对自身身份进行定位感知的基础上,民众这种社会弱势心理的强化会转变为一种对社会的愤懑和怨恨情绪,造成极端政治思潮等

---

① 裴勉:《自媒体平台,如何让监管部门"少上门"》,http://opinion.people.com.cn/n1/2017/0720/cl003-29417890.html,2017-07-20。

②③ 张爱军:《后微博时代视域下主流意识形态发展的机遇、挑战与改进》,《天津行政学院学报》,2020年第4期。

④⑤ 张爱军、孙玉寻:《社交媒体时代"后政治心理"的特征、风险与优化》,《现代传播》(中国传媒大学学报),2020年第12期。

风险的产生。打造共享开放、机会公平、互利共赢的利益分配格局对于优化"后政治心理"具有重要意义。罗尔斯在正义第二原则倡导机会的公正平等原则优先于差别原则,认为"社会和经济的不平等应该(1)在与正义的储存原则一致的情况下,适合于最少受惠者的最大利益(2)依系于在机会公平平等的条件下职务何地位向所有人开放"①。社会经济发展过程中公平公正的实现是打造利益共享格局的重要保证,需要以科学合理的制度安排和程序控制来保证公民平等地分享利益和实现权利。实现社会公平公正,以公平正义的制度和程序来排解民众的社会诉求与政治诉求,民众的幸福感和尊严感才能得到增强,社会心理才能趋向稳定和谐,避免秩序动荡的产生。

二要促进利益表达的制度化和程序化,改善"底层化"心理。卡罗尔·佩特曼与巴伯特指出:"民众参与公共生活不仅对民主制度的运行是件好事,对公民自身也是好事。"②政治参与是民众表达自身观点的重要方式之一,也是民众获得良好政治效能感的重要途径。政治参与具有激发民众潜能,并将这种潜能转化为实现目标的动力的重要作用。政治参与的有益性和正当效应的发挥需要建立有序的参与机制。民众的自我意识和权利意识虽然在社交媒介的赋权赋能下得到了极大增强,但是社交媒体上制度化的意见渠道却有待建立和完善。制度化利益诉求渠道缺位会降低底层民众的政治参与度,使其政治参与的不均衡感极大增强,"使利益分化下的负面情绪在媒介的作用下从局部的、个体化的风险公开化、扩大化、社会化和政治化"③。政治有效性的降低和社会公共利益的受损在于民众缺乏利益表达体制机制的保障。塞缪尔·亨廷顿指出:"政治制度软弱的社会缺乏能力去抑制过分的个人或地区性欲望……没有强有力的政治制度,社会便缺乏确定和实现自己共同利益的手段。"④加强民众利益表达渠道的制度化建设,需要通过科学合理的制度方式和制度安排将民众的政治参与诉求纳入合理的程序之中,保障民众政治参与的有序性,实现参与转化。"通过制度化的利益表达渠道在'程序正义'的规则共识中有效疏解民众情绪以平衡政治输入与政治输出,优化政治参与从而维护社会公共利益。"⑤

---

① [美]约翰·罗尔斯:《正义论》,何怀宏、何包钢、廖申白译,中国社会科学出版社,2009年,第37页。

② [美]安东尼·奥勒姆、约翰·戴尔:《政治社会学》,王军译,中国人民大学出版社,2018年,第317页。

③⑤ 张爱军、孙玉寻:《社交媒体时代"后政治心理"的特征、风险与优化》,《现代传播》(中国传媒大学学报),2020年第12期。

④ [美]塞缪尔·亨廷顿:《变动社会中的政治秩序》,王冠华译,上海人民出版社,2008年,第10、19页。

2.构建理性共识的信息环境

在良好有序的信息环境中培育民众的公共理性是优化"反理性"和"反权威"心理认同的关键。在汉娜·阿伦特看来,公共领域作为社会生活的自然组成部分势必会将人们卷入公共生活之中。换句话说,民众的公共意识与公共行为之所以会产生,是因为人们在日常生活中会受到特定社会和文化环境的影响。文化要素对民主社会运行发展的重要作用和重要意义也同样被托克维尔所强调,他认为,美国人的教育和习惯作为一种文化元素,是将美国建成有效运转的民主社会的重要条件之一。"后政治心理"认知基质的形成包含着"反理性"和"反权威"的心理因素,在其他心理特征与风险表征中也始终可以见到两者的影子。政治传播无序是导致"后政治心理"理性缺失、情绪极化、政治迷失的外因。

"打造有序的媒体环境旨在通过发挥媒体环境营造能力,从因果链中的政治传播无序的'因'着手重建公共理性的'果',从外部信息环境的有序化促进民众心理与行为的理性化。"①以社交媒体为平台建构良好有序的社会信息环境,其目的是为了推动理智公共讨论的展开和公共议题的合理呈现。这种公共意见的讨论是媒介理性引导下的民众在正确的时间,基于正确的思考而达到正确结论的过程。亚里士多德将这一过程与结果称为"好的考虑,它不是科学、不是判断也不是一种意见,而是一种理智的正确"②。主流媒体与非主流媒体以理性为合作基点共筑传播合力,是构建良好有序的媒体格局和信息环境的关键措施。面对杂乱无章的信息环境,主流媒体应积极在场并适时发声,发挥自身价值引领的龙头作用,做舆论的指向标和秩序的调节器,加大政治传播的理性权重,弱化迎合民众政治乐趣的倾向。非主流媒体应该坚守应有的媒介素养,在法律规制与道德约束下理性发声,不做情绪扩散的"发热器"和"鼓风机"。

3.建立及时有效的政治情绪疏解机制

民众网络政治情绪在网络空间中的大规模聚集、裂变式扩散及极端化演化是"后政治心理"的显著特征之一。在极化心理的催化下,各种情绪快速汇集形成一股具有巨大破坏性的"情绪流"在网络空间中肆虐扩散,这股"情绪流"往往会导致社会事态不断扩大化,使网络原生灾害和次生灾害被触发的可能性不断增强。建立及时有效的政治情绪疏解机制,及时发现民

---

① 张爱军、孙玉寻:《社交媒体时代"后政治心理"的特征、风险与优化》,《现代传播》(中国传媒大学学报),2020年第12期。

② [古希腊]亚里士多德:《尼各马可伦理学》,廖申白译,商务印书馆,2003年,第196~197页。

众政治情绪的异变并加以排解疏通，是优化社会极化心理的重要途径。

增强网络多元协同治理化解负面政治情绪。多元主体协同共治是治理网络政治情绪的必要选择。要在制度设计和法律允许的框架内夯实多元治理与协同治理的融合之基，化解网络负面情绪。在网络空间中，公权力意即政府的作用具有有限性，其他治理主体能够弥补政府在这方面的不足，其作用理应得到积极发挥。此外，多元治理的效用发挥有赖于各治理主体之间建立良好的协同关系，只有促进他治与自治各治理主体之间的上下相融，才能在内外规制中构建出有效的网络政治情绪疏解机制，防止负面政治情绪的"极端化"与暴力化的演化趋势。

加强技术治理预防和引导负面政治情绪。以技术对网络政治情绪进行治理，其治理方式具有明显的针对性和适用性。"技术治理旨在运用数据技术对网络民众的政治情绪演化趋势进行监测，在情绪聚集和极化的关键节点及时介入和积极引导。"[①]通过情绪监测和分析研判，主流媒体要适时发布权威性的话语，形成非理性民众的主心骨，稳定民众的非理性情绪。通过技术屏蔽的方式，对非理性、暴力性言论的传播扩散加以限制。在民众情绪尚具有可控性的时间阶段，要以民众习惯和能接受的方式对其政治情绪开展疏导与沟通，做到顺应民意、尊重民意和引导民意。

增强政治权威认同，降低社会群体认知分化。增强民众对政治权威的认同，其关键在于增加民众对政治的信任感，以共识凝聚对抗认知分化，降低其显在或潜在的政治风险。一是要务虚和务实相结合，在弘扬社会主流价值核心内容的过程中切实将其落到实处。"通过主流政治文化的宣传教育提高社会主流政治意识，在落实主流价值倡导的过程中增强民众的价值认同。"[②]二是立足当前政治传播环境的多元化与去中心化，建构相应的权威话语表达和传播机制，对民众的政治态度加以引导。权威话语机制的建构主要通过建构主流意识形态的话语表达、话语传播与话语主导，增强其话语控制力、传播力和引导力来实现。以政治权威认同对冲群体认知分化，民众因认知分化而产生的社会情绪能够在权威话语建构的过程中被极大消解。

4.构建宽容和谐的网络政治传播环境

关于政治的目的，唯物史观认为，政治的目的在于社会秩序而不在于政治本身。以此类推，网络治理的目的在于政治秩序而不在于政治宰制。

①② 张爱军、孙玉寻：《社交媒体时代"后政治心理"的特征、风险与优化》，《现代传播》（中国传媒大学学报），2020年第12期。

"后政治心理"的"主流化"与"去政治化"行为呈现是网络强势治理下政治主体的行为调适,这种行为是公共权力规制公民权利的外在表现。①民众行为调试的长期化和惯例化会让其对公权力产生恐惧心理并日益与政治相疏远,成为政治发展的隐忧。宽容和谐的网络政治传播环境的构建需要以法律为基石,通过程序正义使民众的心理诉求得到满足,自由与权利得到尊重和保障。

在政治和谐的基础上有效满足民众的政治心理诉求。"后政治心理"是在民众政治意识觉醒和政治价值诉求提高的过程中生成和演进的,民众的政治诉求得到满足是划定理性政治传播界限的重要条件,是防止民众的消极政治态度大面积、普遍性滋生的关键节点。在多元异质的社会中,网络政治治理需要以宽容和谐的传播环境作为一种普适化的调节机制。"政治宽容内含自由、平等、尊重、正义和协商等一系列价值追求和道德责任,是多元异质的利益主体在相互尊重、平等协商的基础上求同存异,达成共识,实现多元共存的方式和途径,要求行动者在维护自身权利的同时承担相应的道德责任。"②

在宪法范围内与民众平等协商,尊重各方自由与权利。无论是现实社会还是网络社会,价值多元均是整个社会的显著特征,而价值多元也可能意味着价值冲突。多元政治价值相互冲突,可能会引发民众政治迷失、政治焦虑与道德相对主义,进而引发秩序危机。"网络政治治理的程度化水平越高,民主的'主流化'与'去政治化'行为调适程度越高,政治意向与政治立场隐藏程度就越高。"③"在宪法范围内与民众平等协商,尊重各方自由与权利,不仅能规范民众的行为形成合理的理性的政治参与,也能消解因强势规制下的行为调适与不公平感的反抗心理所积压的消极情绪,对于引导民众的政治态度,激发政治兴趣,强化政治行为主体的道德责任意识,维护政治秩序,实现网络政治和谐与现实政治和谐都具有重要建构意义。"④

---

① 参见张爱军、孙玉寻:《社交媒体时代"后政治心理"的特征、风险与优化》,《现代传播》(中国传媒大学学报),2020 年第 12 期。

② 项继权、胡雪:《论政治宽容的道德责任》,《华中师范大学学报》(人文社会科学版),2017年第 5 期。

③④ 张爱军、孙玉寻:《社交媒体时代"后政治心理"的特征、风险与优化》,《现代传播》(中国传媒大学学报),2020 年第 12 期。

二、对网络技术治理的平衡

网络政治意识形态传播建基于自媒体、社交媒体、大数据、智能算法、人工智能等网络技术的使用，不同的网络技术在不同网络主体的使用下产生不同的技术效益。主流政治主体对网络技术的使用延伸了主流政治主体的权力意图和治理目的，非主流政治主体对网络技术的使用有各自的价值诉求，这些诉求或与主流政治主体的诉求保持一致或有所背离。主流政治主体的网络技术使用在产生积极作用的同时，也带来消极影响与政治风险。网络技术治理所带来的消极影响与政治风险有碍于网络主流意识形态的传播与社会化，不利于主流政治价值与政治共识的形成。网络技术治理应该采取平衡原则，这一原则要求对网络技术的使用与规范坚持自律与他律的平衡，坚持权力与权利的平衡、手段与目的的平衡、自由与秩序的平衡，以在微观技术使用的过程中规范不同网络主体的技术使用行为，从而建构良好的网络政治意识形态传播生态。

（一）对自媒体传播意识形态的内外平衡

1.自媒体内律

自媒体对意识形态的传播需要从外部控制和内部自律两个方面对其加以规制。只有内外结合，自媒体传播意识形态的积极效能才能得到发挥，消极效能才能被不断弱化或被控制在一定范围之内。传播意识形态，自媒体必须坚持以下五个原则。

（1）内化原则。自媒体作为一个完全的行为主体，必须把遵守国家的宪法和法律规范设置为传播意识形态的底线和红线，并将其内化为自身信仰。将外控之法内化为内律之法，自媒体传播意识形态才能具有合法性与正当性。将制度与规则内化为自觉的行动，自媒体传播意识形态才能产生良性的路径依赖，而不是恶性的路径依赖。规则内化是自媒体传播意识形态的重要原则，只有将他律内化为自律，自媒体才能不断地为政治经济文化和社会做出贡献、增加公信力，避免陷入"塔西佗陷阱"。

（2）自我设限原则。自媒体需要以自由、道德和理性作为自身传播意识形态的内在约束和限度。自由与秩序、责任与理性是一个统一体，自媒体具有自由性，但这种自由性必须建立在遵守秩序、承担责任和保持理性的基础之上。对秩序、责任和理性的坚守，是为了防止自媒体对自由的滥用，"社会责任是媒体和自媒体发布一条信息时应该首先考虑的责任"①。自媒体要具有传播主流意识形态的责任与担当,以维护政治稳定作为传播非主流意识形态的前提,成为主流意识形态传播的自觉者和非主流意识形态传播的自我限定者。"自媒体传播意识形态必须基于道德基础,不能通过意识形态的政治正确对他人和社会进行道德污化,更不能对政治、宪法和法律进行道德污化,制造和传播意识形态方面的谣言,成为情感发泄、互相攻击的场所。"②自媒体传播意识形态,要以公共理性而非个人理性作为事实价值判断的基础。在对多元化意识形态进行传播的过程中,自媒体必须以主流意识形态为主,以非主流意识形态为辅,并尽最大力量促进多元化意识形态的对话交流和相互融合。

(3)差序原则。自媒体传播意识形态的具体特性之一是形式具有平等性,而内容具有不平等性。所有自媒体在传播主流意识形态上一律平等,并没有高低贵贱之分,但其在传播能力和传播价值变现上具有不平等的差序性。其对非主流意识形态的传播也具有同样的特性,具有传播权利或形式上的平等性和传播价值与能力上的差序性。此外,自媒体对意识形态的传播要形成一定的主次格局,即其传播要以主流意识形态为主,以非主流意识形态为辅,且后者必须受到前者的控制和引导,始终处在前者的运行轨道之内。所有这些,都决定了自媒体在意识形态传播上必然会形成一定的差序状态和差序格局,造成其在传播上的形式平等和内容不平等。因此,"自媒体传播意识形态必须坚持差序原则,不能盲目追求形式上的平等而忽略了内容上的不平等,须自觉遵守因差序格局而形成的事实上的等级秩序,自觉定位,不能越位,从确定的位置上发挥自媒体的正向功能,自觉抵制自媒体传播意识形态的消极功能"③。

(4)底线原则。在传播意识形态的过程中,各个自媒体之间容易发生矛盾和冲突,因为不同自媒体在传播信息时往往会习惯性或主观性地把自身置于政治正确和道德正确的位置,并由此产生一种莫名正义感,对其他与己不同的意识形态表现出巨大的不宽容性。因此,各个自媒体传播意识形态只有以宪法和法律为底线原则,才能在宽容者和不宽容者之间划定一条明确的限度和界限。如果没有侵犯到其他自媒体传播意识形态的自由,没

---

① 李海权:《媒体责任的偏失与纠正———关于香港"幼童便溺"舆论事件的建构分析》,《江西师范大学学报》(哲学社会科学版),2015 年第 3 期。

②③ 张爱军:《自媒体传播意识形态的外控与内律》,《渤海大学学报》(哲学社会科学版),2019 年第 4 期。

有侵犯和破坏宪法和程序正义,就要宽容不宽容者,否则不予宽容。自由主义者伯林认为:"人所追求的价值不仅是多元的,而且有时是互不相容的;这不仅适用于整个文化即价值体系的层面,而且还适用于某一特殊文化或个体的价值。

(5)整合原则。在传播意识形态的过程中,自媒体要促进和推动主流价值观和主流意识形态对非主流价值观和非主流意识形态的改造与整合。主流价值观和主流意识形态对非主流价值观和非主流意识形态的整合是对公平正义原则的坚守而不是背离。社会主义核心价值观作为中国的主流价值观,与其他理性温和的价值观保持着共存共荣共生的关系,其能够不断吸取非主流价值观和意识形态中的合理因素以保持自身的开放性,避免自身走向僵化的教条主义。不同自媒体之间的价值观和意识形态也要相互整合、相互吸取合理因素。

2.自媒体外控

对自媒体传播非主流意识形态可能带来的消极后果和消极影响加以抑制和规制,关系到社会的和谐和政治的稳定。对自媒体传播意识形态的外控约束手段主要包括法治性外控、制度性外控、治理性外控和技术性外控四种。在四种外控约束手段中,法治控制由于能够决定自媒体当前与未来的发展状况而成为一种根本性手段,其控制具有形式性、稳定性、程序性和公平性等特点。"制度控制与法治控制具有一致性,法治是对制度配置的法治化;制度控制与法治控制亦具非一致性,制度控制还包括法治配置之外的规则与社会习惯。"[①]治理控制由法治控制和制度控制共同决定,是两者不断走向现代化的根本标志,其具有可操作性并以绩效为标志。技术控制具有灵活的可操作性和针对性,主要以大数据、算法、人工智能等先进智能技术为治理手段,在特殊时期能够发挥出特别的稳定性意义。

(1)法治性外控。依宪外控、程序外控、意识形态外控和对公共权力制约是法治性外控的四个主要方面。宪法是国家的根本大法,是自媒体传播意识形态不能逾越的高压红线,自媒体传播意识形态既不能破坏宪法和法律,也不能凌驾于宪法和法律之上。制约公共权力也是法治性外控的重要内容和必然要求,有效制约公共权力才能促进法治性外控发挥应有的功用,对公权力逾越宪法和法律而非正义性地干涉自媒体正常活动的行为应该受到制约,防止权力的滥用。

---

① 张爱军:《自媒体传播意识形态的外控与内律》,《渤海大学学报》(哲学社会科学版),2019年第4期。

（2）制度性外控。新制度主义认为，制度对人的行为和价值观具有一定的决定作用，自媒体作为一个社会行为体，其行为和发展走向也会受到制度的影响。"历史制度主义则从中观的角度强调正式和非正式规则、顺从程序、标准化惯例对人的决定意义，其中路径依赖、关键节点、情境、偶然性是其关注的重点，这对研究自媒体传播意识形态具有重要的启发意义。"①在传播意识形态的过程中，自媒体会产生特定的路径依赖，并在传播中不断强化这种路径依赖，其传播对制度的撼动影响较小，无论其传播什么样的意识形态，它的传播也是在中国特色社会主义制度之下的传播。自媒体对意识形态的传播会在某些关键节点上形成高潮，并随历史情境的变化而不断变化调整。情境呈现的突发性、偶然性和难以预测性特征决定了自媒体传播意识形态高潮也会具有偶然性。

（3）治理性外控。依宪对自媒体进行治理是治理体系和治理能力现代化的重要体现。依宪治理自媒体，对于违反宪法和法律的自媒体可利用技术手段对其进行删帖和屏蔽，必要时还可注销其自媒体账号；对于宣传极端主义、原教旨主义并危害主流意识形态安全和国家社会安全的自媒体则需要对其进行打击和压制。治理性外控自媒体，还要防止自媒体在传播意识形态时出现极端化倾向，传播极端化会使自媒体陷入混乱的无序状态。

（4）技术性外控。"基于大数据、云技术、人工智能等现代技术可以进行舆情数据采集与获取、数据描述与分析及舆情趋势预测与处置，对网络差序政治舆情进行语义分析、情感分析、模型建构等，大数据方法可以为社会科学研究提供更全面、客观和内涵丰富的研究素材，其数据模态具多元特征，是全量数据而非样本数据、是真实数据而非设计的数据。"②而大样本数据为小概率事件分析提供可能和数据蕴含。对意识形态的自媒体传播来说，"通过特定数据挖掘和信息处理技术，可检测和评估特定地区的公共议题关注热度、变化趋势以及讨论角度、态度情感等问题，帮助社会治理参与主体更好地把握公众诉求，提升公众知情度和政策支持度"③。意识形态问题作为技术治理的核心，对其进行技术矫治可以防止其向极端化和泡沫化演变，进而能将其控制在一定的范围内，保障政治社会的稳定性。

①②　张爱军：《自媒体传播意识形态的外控与内律》，《渤海大学学报》（哲学社会科学版），
　　　2019 年第 4 期。

③　孟天广、赵娟：《大数据驱动的智能化社会治理：理论建构与治理体系》，《电子政务》，2018
　　年第 8 期。

3.构建自媒体对网络主权发展的良性功能机制

自媒体能够促进网络主权的形成发展,其积极作用应得到充分发挥。但自媒体也会给网络主权带来种种不可预测的负面影响,必须对其加以规制,这既是现实之需,也是自媒体的发展逻辑使然。

(1)核心技术是自媒体对网络主权环境监测功能的关键机制。对网络主权的获得与捍卫需要网络强国的实力支撑。拥有相关核心技术是成为网络强国的重要标志,是否掌握核心技术关系到国家网络能力的建设和国家网络主权的捍卫。一方面要加强网络基础设施建设,另一方面要使网络主权技术的社会化功能得到不断强化。网络基础设施的健全完善与否关系到自媒体的发展。缺少网络基础设施的技术支撑和技术限制,自媒体不仅难以给政治经济文化和社会带来巨大发展效益,而且会带来种种不可预测的系统性或非系统性风险。目前,西方发达资本主义国家强势垄断着世界范围内的网络基础设施,凭借这种垄断优势,西方发达资本主义国家不断通过自媒体等网络平台对我国的网络主权进行不法侵害与破坏。因此加强中国的网络基础设施建设成为当务之急。

(2)法治是自媒体对网络主权解释与规定功能的保障机制。自媒体与网络主权的发展均需要有法治作为底线保障,若缺少法治的保障与规制,自媒体就会走向混乱无序并对网络主权产生不利影响。因此,必须对自媒体加强法治教育以保证其对网络主权的积极功能得以正向发挥。现代法治以主权为前提基要,没有主权,现代法治就无从谈起。在网络社会中,网络主权的拥有与否关系到对自媒体的法治治理,自媒体不是也不能成为破坏网络主权的法外之地。自媒体具有独立性,但这一独立性来源于网络主权的独立性,缺少网络主权独立的自媒体独立是不存在的,自媒体的独立永远存在于法治的设限范围之内。网络主权的拥有与保持意味着本国对国内的自媒体拥有管辖权和司法独立权,他国无权对本国的自媒体独立权和网络法治行为进行干涉;要通过自媒体不断强化网络主权法治教育的社会化功能;自媒体无政府主义的不良倾向必须受到严厉抵制。

(3)个人隐私法是自媒体对网络主权尊严的保障机制。国家主权有其自身尊严,自媒体也同样如此,两者之间的尊严关系需要得到正确处理。自媒体尊严是网络主权尊严之基石,网络国家主权尊严则是自媒体尊严的外在表现。"自媒体的无边疆性带来个人隐私的无边疆性,但同时因为国家主权与网络主权的客观存在,使国家主权尊严与自媒体尊严互相设定了限度。"①保障个人隐私是网络主权对内对外展开行动的前提;要以自媒体为平台在全社会开展广泛的个人隐私教育,预防和阻断个人隐私的非法泄露;建立个人隐私数据保护法也是防止隐私泄露的重要手段。在建立相关法律法规方面,欧盟国家的经验具有一定的参考借鉴意义。"欧盟及其成员国有严格的个人数据保护立法,对侵犯个人数据的行为处罚措施十分严格,包括禁令救济,对公司工作场所和数据处理设施进行稽查和调查,处以数额巨大的罚款,以及对于特大违法行为刑事责任处罚等。"②对那些侵犯个人隐私数据的公司,欧盟数据保护机构还会对其进行社会曝光以使其受到社会大众的严格监督。

(4)善治是自媒体对网络主权良性发展的运行机制。善治具有合法性、开放性、责任性等多种特征。"善者之治"是善治的题中之义,在主体、目的、过程及结果等善治的各个方面均有所体现。自媒体的安全需要善治作为坚实保障,才能使自媒体对网络主权的积极正向功能得以最大限度发挥。善治原则需要贯彻于网络管辖和网络保障的始终,以自媒体为平台渠道使网络主权善治教育的社会功能得到不断强化。以善治为底线原则,自媒体才能自觉向善行动,才能将捍卫网络主权作为自身的使命与责任,才能防止各种有害价值观和有害意识形态的广泛传播。善治与保障权在目的上具有一致性,但善治原则下的保障权才能真正地保障自媒体的权利、自由性和开放性,并促进全球公共治理的实现。网络主权原则、国别原则与善治原则三者间具有密切关系。"网络主权原则与国别原则是善治的基础和前提,善治原则对主权原则和国别原则起到推动作用。"③网络主权原则和国别原则的维护保障需要建立竞争与合作相互嵌合的善治治理体系对自媒体进行善治。要发挥公权力的引领控制作用构建以公权力为主体的善治体系;要建立自媒体市场化的多元竞争和制衡机制,促进自媒体对网络主权正向功能的发挥,抑制其负向作用;要建立相应的合作机制,促进公权力与自媒体、自媒体与自媒体之间的合作交流,共同维护网络主权。

(5)道德是自媒体对网络主权发展的自律机制。自媒体既要受到法治的外部约束,也要受到道德的内部自律,自媒体要把道德自律内化为一种理性行为。自觉捍卫本国网络主权、自觉接受本国相关部门的监管和管辖是自媒体道德自律的重要体现。道德自律有肯定性道德自律和否定性道德自律两种, 肯定性自律要求自媒体自觉承担保障网络主权的责任和义务;

①②③ 张爱军、秦小琪:《自媒体对网络主权的功能性扩张与规制》,《现代传播》(中国传媒大学学报),2018年第10期。

否定性自律要求自媒体不能传播对网络主权有害的言论。自媒体的权利只有在捍卫网络主权的前提下才能获得并行使。捍卫网络主权,就是在捍卫自媒体和广大网民的利益。自媒体作为新时代的新型信息传播平台,其责任和义务之一便是对社会进行网络安全宣传教育并自觉地捍卫网络自由主权。

4.自媒体"差序公平正义"传播的内外矫治

在传统媒体与新媒体融合发展的媒介环境中,自媒体因其内在特质和内在局限,既能给社会制度、社会观念、社会利益及社会公平正义等的发展带来积极正向的作用与影响,也能产生一些逻辑悖论以阻碍前者的实践发展。因此,通过内外矫治的方式手段,对自媒体进行治理以形成自媒体"差序公平正义"的良性互动并充分发挥其积极作用成为必要。

(1)加强和完善自媒体的治理体系现代化

手段服务于目的,本末不能倒置,对自媒体进行治理的手段必须有助于治理自媒体目的的实现, 治标和治本必须使前者服从和服务于后者,避免自媒体治理威权主义陷阱的出现。与此同时,对自媒体的治理需要始终坚持并落实到公平正义的基本理念和基本原则。

第一,公平治理自媒体。宪法与制度是治理自媒体的根本保障。国家治理现代化在自媒体治理上的体现表现为对自媒体进行依宪治理。具体表现为对按照宪法和法律活动的自媒体进行推荐和宣传,反之则以技术手段对其删帖、屏蔽和注销账号;对传播危害主流意识形态安全言论和破坏社会公平正义的自媒体,要坚决予以打击和抵制。"在法治社会下,宪法和制度的公平公正是实现公平公正的基本形式,对违宪自媒体的'公正'就是对宪法和制度公正的破坏,就是对其他合法自媒体的不公正。"[1]宪法稳定与制度稳定关系到社会的稳定,如果宪法和制度的稳定性遭到破坏,社会稳定将会变成一个虚假的命题。因此,无论是在态度上还是在行动上,对待违反宪法和法律的自媒体都应坚决予以反对、制止和打击。

第二,界定自媒体边界。宪法和法律规定了自媒体活动的边界范围,公共权力是治理自媒体的主体。公共权力与自媒体各有其行事边界,两者各自恪守自身边界底线是最基本的公平正义。自媒体作为一种独特的"权力的剃刀"与公共权力保持着制衡关系,两者在互相监督和互相制约中共同得到发展。在自媒体与公共权力的互动过程中,公共权力因自媒体的监督而变得文明,自媒体因公共权力的制约而具有操守。自媒体"权力的剃刀"

---

① 张爱军、魏毅娜:《自媒体"差序公平正义"传播的双重性及其治理》,《社会主义研究》,2020年第5期。

功效的发挥是为了将公共权力的非理性和私理剃除以使其回归理性和公理,但其必须把握尺度,绝不能把公共权力作为发泄私愤和嘲弄的对象。在宪法和法律的框架下,自媒体推进"差序公平正义"的积极作用才能得到有效发挥,弘扬正能量,从"差序公平正义"的破坏者转变为公平正义的坚持者、守护者。"离开制度和依宪治理的约束,自媒体很有可能会蔑视制度公平正义、无视制度尊严、挑战制度权威,视治理为强权,并在追求自身利益最大化和传播公平正义过程中反噬公平正义。"①

（2）加强和完善自媒体的自我净化能力

自媒体需要有一定的自我净化能力,而这一能力的获得需要在各自媒体之间建立公平的竞争机制。公平的竞争机制能够促进自媒体的自我净化和相互净化,并以此达到自我矫治的目的。无论是自我净化还是自我矫治,自媒体的活动都是在特定的制度机制下进行的。自媒体自我净化与自我矫治能力的加强完善需要对自媒体进行内部治理,这一内部治理须遵循以下原则。

第一,社会主义原则。自媒体作为一个具有完全行为能力的社会主体践行和传播着社会主义核心价值观和宪法。自媒体的传播与发展需要社会主义自由的支持,离开了后者,其就会受到限制。社会主义的平等也是自媒体不会被资本和权力挟持以沦为其工具的重要保证。社会主义的宪法和法律排斥资本与权力对自媒体绑架,只能以社会主义的自由和平等对其进行约束。若资本与权力僭越社会主义的宪法和法律成为自媒体的宰制者,自媒体的本性特质、道德人格和伦理底线就会沦丧,成为变相的他媒体。

第二,自由与责任相统一原则。自媒体的自由是自律性与责任性相统一的自由,其自由既要内在自律,也要以责任加以限制。自由与责任密不可分,自媒体有多大的自由就要承担多大的责任,没有责任的自由和没有自由的责任都是不存在的。"只强调自由而无责任,或者自由与责任不匹配,都是对自媒体自由的滥用,自媒体自由必须与自媒体责任相对应,并做到自由与责任相当。"②每一个自媒体都能自由地传播和言说,但其传播和言说不能逾越道德和法律的底线,其更不能成为有害意识形态言论的宣扬者和谣言攻击、情绪发泄的助推者。

第三,平等原则。社会主义的宪法和法律赋予了每一个自媒体同样的平等性,超越宪法和法律的特权之于任何自媒体来说都是没有的。平等对

①②　张爱军、魏毅娜:《自媒体"差序公平正义"传播的双重性及其治理》,《社会主义研究》,2020 年第 5 期。

待其他自媒体是自媒体之间合作交流的基本原则,任何自媒体既不能以智商、道德、价值观和意识形态等作为攻击点对其他自媒体进行智商上、道德上、价值观上和意识形态上的霸凌,也不能剥夺或侵犯其他自媒体的合法权利和利益。发展机会均等适用于任何一个自媒体,以特权或权力为依仗打压、限制其他自媒体发展的行为必须加以整治。自媒体若以特权谋发展,不仅会违背社会主义的平等原则,还会破坏社会主义的公平与公正。

第四,宽容原则。自媒体是捍卫平等和落实言论自由的践行者。自媒体的自由是自媒体或社会多元化发展的助推器,但多元化内蕴着矛盾冲突的可能性,而宽容作为一种关系处理的重要原则,能够有效化解自媒体之间的矛盾冲突。在宽容原则之下,"我不同意你的观点,但我誓死捍卫你说话的权利"应成为自媒体奉行的重要准则。自媒体对宽容原则的悬置容易使各个自媒体陷入"所有人对所有人的战争"的混乱状态,破坏自媒体的良性发展。各自媒体之间相互宽容是自媒体自由的内在要求和外在体现。相互宽容的自媒体才能实现自身的可持续发展,才能有效发挥自身对社会发展的积极作用。互不宽容的自媒体不仅会破坏自媒体发展的可持续性,还会为社会主义和谐社会的发展带来巨大的不确定性。

第五,开放原则。通过自媒体传播,主流意识形态与非主流意识形态之间不断进行价值观的沟通和交流,但前者对后者表现出吸收整合的倾向。主流意识形态在价值观上对非主流意识形态进行整合并未背离社会主义公平公正的原则,而是对其深化和坚守。主流意识形态具有开放性,其通过对非主流意识形态进行整合、吸收来防止自身的僵化,以持续开放的态度博采众长,保证自身的吸引力、引导力和公信力,永远充满活力。在价值层面和意识形态层面,不同自媒体之间也要以开放的态度相互汲取彼此价值观上的合理之处,避免极端性倾向的出现。

"需要指出的是,自媒体与制度形态、观念形态、利益形态的'差序公平正义'间的良性互动是一种理想化的状态和关系,现实中自媒体与这三种形态'差序公平正义'的互动过程和关系具有复杂性。"①在现实社会各方面发展不完全、不完善的情况下,自媒体寻求良性发展的诉求就会受到掣肘。具体可体现为在自媒体与公共权力互动博弈的过程中,公共权力由于处于绝对的主导地位而容易出现权力滥用的现象;受外在现实或内在不足的影响,自媒体发展的合法性与正当性仍然面临着巨大挑战,其在"差序公平正

① 张爱军、魏毅娜:《自媒体"差序公平正义"传播的双重性及其治理》,《社会主义研究》,2020年第5期。

义"上诉求范围过窄的现实也极大制约着它发展的丰富性。当前,中国"差序公平正义"的实现主要以优先发展经济和实现经济的"差序公平正义"为核心。"因此,自媒体在追求公平正义的同时,应该把视角和视野重点放在经济的'差序公平正义'上,通过追求经济的'公平正义'来实现政治、社会的公平正义。"①

(二)对社交媒体传播政治意识形态的价值平衡

1.社交媒体政治伦理边界的主体责任建构

社交媒体传播政治意识形态需要对社交媒体空间进行主体性分析,从行政、平台及公众三个维度建构相应的主体责任伦理,调节规范各方之政治关系以达到价值平衡。

(1)构建行政伦理以规范政治治理。技术伦理作为社交媒体治理的伦理手段之一,其核心构成要素分别是公共利益、公共责任和公平正义,三者既是技术伦理的构成核心,也是驱动其发挥应有效用的关键动力。"其中,公共利益是社交媒体政治治理的公共'善'的目的,公共责任是平衡公共权力与公众权利的价值基础,而公平正义则构成了应对政治伦理风险的制度伦理的核心。"②构建行政伦理以对社交媒体进行政治治理,一要以公共"善"作为政治治理的目标。无论是哪种方式、哪种类型的政治治理,其最终目的指向在于政治共同体的全面发展和共同幸福。公共"善"是一种追求政治共同体全面发展和共同幸福的"善",这种"善"不仅是政治治理的目的,也是评价社交媒体技术治理是否具有目的正当性和价值合理性的根本标准。二要将公共责任作为政治治理的合法性基础。政治治理取得合法性的来源众多,承担公共责任是其中之一,而公共责任则内置着治理主体和治理行为要对公众负责的要求。公共"善"作为政治治理的最终依归是一种目的之"善",但目的之"善"并不能代替过程之"善"和手段之"善",对社交媒体的技术治理若是一味追求公共之"善"而忽视过程之"善"和手段之"善",是对公众不负责任的一种行为表现,这种行为表现可能导致治理意图悖论的出现,可能使公众走向政治治理主体的对立面。三要将公平正义作为政治治理的制度伦理规范。制度是维护政治伦理的最大依仗。制度是否公平正义,关系到政治治理公共"善"目的的实现和政治发展是否以人为本。只有公平

---

① 张爱军、魏毅娜:《自媒体"差序公平正义"传播的双重性及其治理》,《社会主义研究》,2020年第5期。

② 张爱军、孙玉寻:《社交媒体的政治伦理边界》,《理论与改革》,2020年第6期。

正义的治理制度和制度伦理才能维护个人的尊严与人格。

(2)构建平台伦理以规范社交平台信息流通。风险向政治维度演化与向社会维度延伸的时代现实要求构建社交媒体平台伦理以规范其信息流通。公共利益是社交媒体平台伦理建构的价值取向所在,需要一以贯之的坚持。首先,社交媒体平台伦理的建构需要以媒介伦理为基础,从中汲取合理的价值养分。坚守职业精神、维护职业道德、促进程序正义是社交媒体平台伦理建构的应有之义。其次,社交媒体平台伦理的建构需要对信息的制作、发布、流通和传播加强管理。对信息加强管理是社交媒体平台伦理建构的责任要求。需要社交媒体平台在信息的准入、审核、发布与监管等方面建立一套规范完整的信息流动机制。最后,社交媒体平台伦理的建构还需要建立相应的平台互动责任承担机制。各社交媒体平台之间可以依照相关规定彼此交互验证与核查信息,对可能产生政治风险和社会风险的信息进行提前预防和提前处理。

(3)构建公众伦理规范公众的传播行为。公众伦理作用的对象是公共空间中的社会个体。在公共空间中,社会个体的行为具有公共性,其行为是否与公众伦理相符关系到公共秩序的稳定。网络社交媒体是一个公共空间,公众的公共社交行为需要受到公众伦理的约束与规范。公众的社交媒体行为需要坚持公众利益至上的价值取向。"公共空间存在公共利益,对公共利益维护直接影响着公共空间的道德取向与精神建构。"①公共理性是公众伦理的伦理基础,要求公众理性通过社交媒体参与公共生活,自觉维护公共秩序的稳定。在网络公共空间中,公众拥有言论自由的权利,可以自由地表达自己的所思所想。但言论自由并不代表自由的滥用,滥用的自由是对自由本身的最大破坏。因此,在社交媒体公共空间中,公众应该以道德和法律为基准,以责任为指向,理性地开展公共社交。此外,社交媒体公众伦理的构建需要遵循"二元统合"的社交公众行为准则。社交媒体的公众伦理是自由与责任或自由与秩序二元统一的伦理。在哈耶克看来,自发秩序与建构秩序是社会秩序的两种类型。自发秩序与建构秩序共同构成了社交媒体公共伦理的价值秩序。社交媒体空间虽然具有虚拟性,但其仍然是现实发展的产物,脱胎于现实社会并与之高度关联。与私人空间中的私人行为不同,公共空间中的个人行为因为具有公共性和公开性而容易对他人产生影响。"因此,公众的社交媒体活动应该坚持传播与责任,言论自由与遵守规范的统一,在行使权利的过程中具备公共精神,尊重自身,尊重规则,尊

---

①　张爱军、孙玉寻:《社交媒体的政治伦理边界》,《理论与改革》,2020年第6期。

重普遍的道德共识。"①

2.微信朋友圈意识形态传播的选择性表达矫正

（1）技术设置。技术的作用具有正与负的双重面向。正向的技术作用对微信政治朋友圈政治信息的传播具有促进和便利作用,负向的技术作用则对微信政治朋友圈政治信息的传播具有阻碍和限制作用。技术的正向作用需要得到积极发挥,负向作用则需要加以规避限制。技术的问题需要以技术加以解决。在网络数字化时代,现实政治向网络政治延伸发展,技术成为影响现实政治和网络政治发展变化的关键变量。一般来说,技术对政治的影响有直接与间接两种方式。技术对政治直接的影响是技术直接嵌入政治运行发展的过程中,成为服务政治的工具。技术对政治间接的影响需要借助舆论的力量来完成,以技术操控舆论,进而操控政治。微信政治朋友圈意识形态信息的传播是政治舆论或社会舆论产生的源头之一,容易受到技术的影响,对其加以规制成为必要。首先,以技术手段建立微信政治朋友圈的舆情监测机制,把握微信政治舆情,及时反馈、及时应对;其次,利用大数据、算法等技术强大的抓取、检索功能对微信政治朋友圈的政治信息进行筛查,过滤、限制或屏蔽不良政治信息;再次,利用人工智能,以人机协同的方式生产高逻辑、纯理性的政治内容,对微信政治朋友圈的信息进行中和;最后,建立和完善网络实名认证制度,打造微信用户的个人信息数据库,设置微信政治朋友圈政治内容生产和传播的黑、白名单,对可能产生的政治舆情进行提前预防和善后处理,防止政治舆论病毒在微信朋友圈的扩散。

（2）法律规制。法律作为一种行为约束的手段为所有社会行为体的社会活动设置了范围与底线,一切社会个体、群体和组织都必须在宪法和法律的框架下进行活动。微信作为一个拥有庞大用户群体的社交媒体平台绝不是法外之地,微信及其用户的行为活动和行为选择必须受到法律的规制。对微信及其用户的行为活动进行规制需要采取放管结合的策略。具体来说,微信作为一个体量巨大的信息流通平台容易成为非正常舆论舆情生发的策源地,其信息的传播和扩散理应受到法律限制。但与此同时,对微信信息传播的限制并不代表遏制人们的言论自由,法律需要明确对微信进行治理的边界,避免侵犯人们的言论自由权。

（3）多中心治理。社会发展多元化时代,仅靠公共权力对社会进行单一维度的治理面临着治理成本与治理收益不匹配、治理效率较低、公权力滥用、"塔西佗陷阱"等困境,因此对微信政治传播进行多中心治理是促进微

---

① 张爱军、孙玉寻:《社交媒体的政治伦理边界》,《理论与改革》,2020 年第 6 期。

信良性发展的必然选择。应构建相应的合作机制以加强公共权力与其他社会主体的合作,为其他社会主体参与微信政治传播治理或社会治理提供保障,实现不同主体间的协同治理。"多中心治理可以相互补充和推进,多中心治理的原则是法治与善治,要坚持法治与善治的统一,防止法治与善治的背离,离开法治的善治和离开善治的法治都具有内在的不足和缺欠。"①

(三)对大数据治理的规制与平衡

1.对大数据传播异化的规制

对大数据技术的政治意识形态传播异化风险的规制进路的开展应该从以下三个方面进行。

(1)人工引导与技术制约相结合。技术与人之间存在着主体边界不明确的问题。大数据技术被创造设计的目的是服务于人,但随着大数据技术在实践中的应用,人却对大数据技术产生了依赖性,导致人的主观能动性和价值理性被削弱。为此,在开发和利用大数据技术的过程中,要增加人为参与的比例权重,始终秉持人为本、技术为辅的技术观,实现技术的客观性与人的主观性的相互制约。一方面,要以人的主观在场对大数据存在的技术漏洞进行及时纠偏。政治传播主体应立足现实情况对大数据技术开展定时定期的观察测试,对大数据技术可能存在的逻辑缺陷等问题及时发现,提早优化;引入第三方数据评测机构,对大数据的数据处理结果进行抽样复检,以减少数据偏差;建立基于大数据技术信息的及时反馈机制,随时动态了解受众的观点态度,有针对性地对现有政治传播信息进行调节,防止技术和政治传播的僵化,避免技术控制。另一方面,要以技术的客观存在性对政治传播中人的主观随意性加以限制。人的理性具有有限性,容易受到情感的支配,同时也容易产生独断的思想。"应以大数据技术的客观性和科学性规避政治传播主体的独断思想,促使其按照客观事实从事政治传播。"②

(2)技术优化与多元留存相统一。以大数据对政治传播进行技术性把关,有助于实现政治传播的标准化与程序化。技术把关能有效提高政治传播的质量与效率,但线性技术难以对政治传播中的复杂人性进行准确把握,造成政治传播的灵活性不足与纯粹化。对此,需要从顶层设计和技术逻

---

① 张爱军、江飞亚:《微信政治朋友圈传播信息的表象及其解构》,《广东行政学院学报》,2019年第4期。

② 张爱军、梁赛:《大数据对政治传播的异化及消解理路》,《湖北社会科学》,2020年第11期。

辑上对大数据技术进行优化,以多元政治内容的生产来满足受众多元复杂的心理认知。政治内容的多元化生产与多元化传播可以丰富受众的信息获取渠道,避免受众政治思想的单一化和极化,提高其自主辨识的能力和对虚假有害信息的防御能力。

(3)权力规范与思想并轨相一致。首先,要按照以政府为主导、供求相统一、使用要灵活的管理原则为政治传播主体配置专属的数据服务商,"要求各政治传播主体只能与统一的数据服务商建立合作关系,保证各政治传播主体享有平等的数据资源获取能力和数据资源获取范围,强化各政治传播主体按照传播活动需要进行自主选择、自主加工的意识"①。其次,要对政治传播主体加强教育,深化其党性和人民性,提高其道德自律能力,使其在政治传播过程中时刻将政治利益和人民利益放在首位,避免利益追求的片面性和规避技术利用的可能性陷阱。再次,要加强技术教育,提高政治传播主体对技术的认知与使用能力。确立人本位的技术观,克服技术崇拜和技术恐惧两种狭隘的思想观念,注重人的因素与技术因素相结合,淡化各政治传播主体的数据依赖心理。最后,要建立权责划分机制,"明确政治传播流程中各负责人的数据职责和数据利用边界,建立数据权力内部清单,形成谁负责、谁管理、谁承担的数据利用机制,规避数据责任推卸等问题的出现"②。

2.对大数据传播媒介功能的规制

大数据负面政治媒介功能的消解需要以政治伦理作为大数据技术的应用边界加以规制。

(1)要构建以公平正义为准绳的制度伦理。公平正义制度伦理的建构需要防止或打破大数据被垄断的现实。数据的垄断必然会带来数据权力的滥用,为此,必须把数据权力关进数据制度的笼子里。以制度制约和规范权力,"能够以制度当中的'善'规制人性当中的'恶',以制度的'公平'与'正义'对抗权力的'不公'与'邪恶'"③。一方面,要建立健全大数据相关立法,明确大数据的合理发展之路。2018年,全国第一部大数据安全管理地方性法规在贵阳市颁布,该法规分别从监测预警、应急处置与安全保障等多个方面对大数据的应用管理做出明确规定,迈出了大数据监管的第一步,使得大数据的利用"有法可依"。另一方面,要建设全方位、多层次的大数据质

①②　张爱军、梁赛:《大数据对政治传播的异化及消解理路》,《湖北社会科学》,2020年第11期。

③　张爱军、梁赛:《大数据的政治媒介功能及其伦理边控》,《学术界》,2019年第12期。

量评估制度。对大数据采集、分析、管理和运用的各个环节进行整体有效的评估,建立质量监督机制,对数据的垄断者,要利用其"怕担责"心理促使其在整个数据运转流程当中坚守职责,及时发现和解决问题,确保"数据红利"在各阶层中的平等分配,提升大数据的伦理价值和人文关怀。

(2)要培育以民主平等为基石的观念伦理。政治伦理是结合体,由制度伦理和观念伦理结合而成,前者外在于政治环境,后者内在于个人内心。制度伦理具有基础性和强制性,观念伦理具有引领性和约束性。权利与义务是成正比的,权利有多大责任就有多大。大数据资源垄断者掌握着绝大部分的数据权力,其也应该担负起更多的责任,而要想让大数据垄断者能自觉地承担责任,需要对其加诸政治伦理上的"自律"。高尚德行的形成需要道德自律作为支撑,加强对大数据垄断者的政治伦理教育,能够在一定程度上塑造和约束其行为,"使其预判数据权力滥用造成的不良结果和严重后果,主动将数据权力带来的快感内化为责任感和理想信念,自设头脑中的禁地,进而形成韦伯所提出的责任伦理"①。观念伦理的形成是内外因素合力的结果,对内需要强固大数据垄断者或利用者的政治伦理观念,舆论监督是对其观念加以强固的利器。对外要培养和提高数据生产者的现代政治文明观,包括隐私意识、平等意识、数据权利意识等。大数据生产者现代政治文明观的形成和提高,能够促进其监督精神的觉醒,对大数据资源垄断者和利用者形成有效制约。

3.对大数据网络草根民主的风险规制

(1)以现实政治作为大数据对网络草根民主治理的依托。网络草根民主的发展需要得到民主制度与现实政治的保障支持,否则便会受到阻碍。现实社会,人们在数据拥有与数据运用上存在着不平衡性,人们并不缺少数据,但缺少精准化运用数据的能力。对大数据的利用需要发挥人的具象化思维,以这种思维驱动大数据应用于网络草根民主,有利于促进两者的结合,推进网络草根的民主化进程。网络草根民主与大数据之间存在着一定的主从关系,前者是后者的根本,后者是促进前者发展的工具。换言之,草根民主以大数据为器用,其目的是推动自身发展。大数据作为一种信息技术被更多强调的是它的工具价值,于政治而言,大数据只是一种政治发展自身的手段,它改变不了政治的实质,就算其效用价值再大,如若现实政治问题产生的根源不解决,民主也只能是水中月、镜中花。现实政治是大数据的工具价值得以有效发挥的最大依托,作为一种技术手段,大数据的功

---

① 张爱军、梁赛:《大数据的政治媒介功能及其伦理边控》,《学术界》,2019年第12期。

用是为网络草根民主的实现提供技术上的驱动力,却无法取代现实的政治。

（2）以法治作为大数据技术对网络草根民主治理的保障。以大数据助推社会法治进程有利于促进网络草根民主的发展。在利用大数据驱动网络草根民主进程的过程中,无论是现实社会中的法律法规还是网络社会中的法律法规都是必须遵守和不可触碰的底线。对法律法规的坚守是为了保障网络草根阶层的民主权利,防止大数据垄断者和利用者对数据权力的滥用。网络草根民主的发展既需要民主,也需要法治。法治为网络草根民主的发展奠定了坚实的基础,可以说,没有法治就没有网络草根民主。法治对网络草根民主的保障推进,需要对大数据技术的现实运用加以调整和规制,并使具体行动落实到立法、执法和司法上。

（3）以伦理治理作为大数据对网络草根民主治理的原则。大数据技术的利用主体归结到一点是兼具理性与非理性因素的个人。非理性因素的存在决定了个人在运用大数据技术时总会产生这样或那样的矛盾冲突,而这些矛盾冲突的存在必然会使大数据技术对网络草根民主的效益大打折扣。因此,有必要引进伦理因素,以伦理道德约束人们非理性行为的产生。大数据技术的垄断或利用者与网络草根是伦理道德作用的两个主要对象。对前者来说,"利用大数据技术应该以不危及草根民众为原则,并在此基础上引导网络草根民众向善"①。对后者来说,相关专业知识和认知的缺乏容易使其对大数据技术产生恐惧心理或崇拜心理,并受此种心理支配做出种种非理性行为。因此,对网络草根加强技术教育和伦理道德教育,也是发挥大数据技术的积极效用以促进网络草根民主化进程的必要举措。

（4）以权力建构作为大数据技术对网络草根民主治理的基础。"网络草根民主的实现不能缺少对草根民众权力的赋予,将权力下放给草根民众就是最大的民主。"②一方面,对网络草根权力的赋予需要提高其技术素养和技术能力。网络草根的技术素养和技术能力关系到其是否能正确合理地使用被赋予的权力,因此要建立相应的培育机制培养和发展网络草根的素养和能力。另一方面,网络草根民众权力的构建需要对公权力形成一定的限制。对公权力的限制是为了防止公权力滥用以破坏网络草根权力的正当性与合理性。要以大数据为手段调控、整合网络草根的传统权力,更新网络草根的权力谱系,赋予其更多的数据资源优势;要以数据权力变革打破数据权力垄断,为网络草根民主的发展提供更多的数据支持空间和权力支持空间。

①②   张爱军、张媛:《大数据与网络草根民主》,《广东行政学院学报》,2018 年第 6 期。

4.对大数据边缘计算的政治风险规制

(1)设立第三方协调主体。对各个边缘计算利用者进行协调整合与科学管理,有助于边缘计算政府治理效能的最大化实现。在边缘计算分布式的运作模式下,不同的边缘结点上分布着不同的政治数据资源,这些政治数据资源被不同的管理主体所控制。由于资源分散和主体众多,对各主体进行高效协调与科学管理变得极为重要。"这需要在云计算中心的中心化和边缘计算的去中心化之间找到平衡点,设立集中统一的第三方协调主体,这对于消解边缘计算的政府治理风险意义重大。"①一方面,第三方协调主体能够成为云计算中心与边缘计算、边缘计算结点与边缘计算结点之间强大的"黏合剂",避免其分离和离散;能够对它们各自的数据权责范围进行明确界定与划分,避免因数据权责不明而产生数据责任推诿的问题;"能够建立'数据权力清单',明确各个边缘计算结点的自主管理范围和自我控制边界;能够明确云计算中心的中枢地位,使边缘计算在保持相对自主性的同时,又能以云计算中心的数据处理任务为先,强化协同意识"②。另一方面,第三方协调主体会依据计算负荷、数据任务等现实情况对各个边缘计算结点进行适当调整,使之相互配合以促进特定政治目标的实现。

(2)搭建性能评测体系。权威可靠的性能评测体系的搭建有助于保障边缘计算政府治理效能的实现。要使政治数据可靠、可用和准确,避免"数据侵入""数据特权"等问题发生,需要搭建综合性的性能评测标准不断调试和完善边缘计算的技术模型。"技术是人的影子,为摆脱政治人的政治幽暗意识和经济人心理等的影响,在对边缘计算的性能进行评测时应减少人为参与,以预设逻辑的方式嵌入性能评测标准,减少数据误判和数据失真等问题。"③在此过程中,大数据"全量数据"的优势需要得到显现与发挥,对各边缘计算设备来说,在任何情况下均需要大量抓取数据以保证样本的全面性和可靠性。考虑到"敏感数据""冗余数据"等问题因素,按统一标准预处理数据是每个边缘计算结点必须遵照执行的定则,这意味着只有符合相关标准的数据才能进入边缘计算结点的存储环节和计算环节。而在此定则之下,"脱敏"政治隐私和"降噪"政治数据的目的才能得以实现,这是第一层"把关"。云计算中心也要依据一定标准对各个边缘计算结点上传的政治数据和政治结论进行质量评测,排除其中价值模糊、特征不明的数据及标识算力不足的边缘设备,尽可能减少干扰因素的影响,实现对政治数据的

---

①②③　张爱军、梁赛:《边缘计算对政府治理的影响及其风险消解》,《国外社会科学》,2021年第2期。

第二层"把关"。对各个边缘计算结点上传的政治数据,云计算中心还要进行整体性的存储计算,并使用随机法与部分边缘计算结点的数据进行相互验证,同时,云计算中心还要不断优化自身性能,提高自身的科学性与准确性,实现对政治数据的第三层"把关"。通过三层"把关",能有效构建出一套切实高效的性能评测体系。

（3）构建数据保护和共享机制。构建数据共享和保护机制,有助于边缘计算政府治理效能的平稳实现。一方面,由于分布式的运作模式会使数据权力下沉至各个边缘计算结点,容易导致"数据壁垒"现象在各个边缘计算结点之间产生,阻碍政治数据在各结点之间的流动互通。云计算中心数据任务的完成、各边缘计算结点之间的数据处理均要求各方计算主体要形成高效的协同运作关系,部分边缘计算利用者若出于私利阻隔数据通道,云计算中心的技术优势便不能得到有效发挥。另一方面,"边缘计算虽能够有效对政治隐私进行'脱敏'处理,保护政治数据的安全,但边缘计算设备在地理上的离散和性能上的差异也使其更容易产生风险,如气象灾害、人为破坏等物理攻击和网络病毒、带宽故障等虚拟影响,造成边缘计算设备损耗和边缘计算功能紊乱"[①]。数据的时新性对边缘计算的有效运作也至关重要,边缘计算处理的是大量临时数据,但在其自身存储空间和计算能力有限的情况下,边缘计算需要不断对旧数据进行删除以维持自身性能,不利于数据的长期存储和执行周期性的计算任务。

（四）对算法权力的治理规制

1.对资本主体的算法权力规制

对资本主体下的算法风险进行规制应该从四点展开：

（1）以政府干预弱化资本依赖。对现实的传统权力来说,商业逻辑驱动下的智能企业是否有挑战其权力地位的意图并不能对其构成主要威胁,对其构成威胁的是智能企业是否具有发起这种挑战的能力。算法权力的维持存续建立在技术创新和研发的基础之上,政府对资本主体算法权力的规制干预,需要削弱资本与技术之间的黏附关系,避免算法权力沦为商业资本攫取利益的"手术刀"。要以政府为主体建立算法透明运行的行业机制,制定算法研发设计的技术标准,以对公共利益的价值追求平衡算法权力的私利选择;要建立政府性质的算法研究设计中心,提升政府对算法的控制和

[①]　张爱军、梁赛:《边缘计算对政府治理的影响及其风险消解》,《国外社会科学》,2021 年第 2 期。

利用能力,以确保国家的技术优势和技术安全。

(2)以法律规制限制算法偏好。算法权力运行具有偏好性,容易导致算法歧视、算法"黑箱"、算法壁垒等问题产生,破坏社会的公平正义。要以法律实践对算法权力的偏好运行加以规制,建立相关法律法规,将法之价值内化为算法权力运行的底线、红线,对其进行驯化。以法律规制算法权力,要兼顾成本与效益的问题,以预防为主、惩处为辅为实践原则,在保证法律作用的同时又不阻滞算法技术的正常发展。

(3)以算法伦理保障人的价值。算法技术以巨量数据为运行资源,需要对个人数据和社会数据进行大规模抓取,这一运作模式容易导致人的主体价值和主体权利(如隐私权)遭到贬损。应当构建相应算法伦理以规范算法技术的运作,维护个人的主体价值尊严和主体正当权利。"算法伦理要将人视为重要的、有权利的并且有价值的个体,体现技术关怀和以人为本的理念,尊重人的自由和人格;要保证信息的完整性,对重要信息进行保密。"[1]在算法伦理的实践环节,既要加强算法技能和算法伦理培训以提升算法相关人员的道德水平和自律水平,也要制定行业标准,加强算法行业的伦理道德制度建设,以保证算法伦理实践运行。

(4)以外督内审显化权力运行。数据是算法运作的基础,外督内审的核心在于盘活多边的监察资源对数据进行合理地规制。企业是数据利用的最大需求者和数据分析的主导者,其运营发展需要大量数据作为决策支撑。但长期以来,受利益驱动和迫于市场压力,企业在收集数据和利用数据的过程中出现了种种乱象,不规范、不节制甚至是非法收集和利用数据等行为已然成为行业的常态现象,严重侵犯了社会的公共利益和私人利益。对此,"要建立具体的标准,确立数据收集的知情同意原则;要提升对数据使用的授权程度,做到用户和平台的二元授权,消除灰色地带和算法阴影"[2]。此外,监管部门要加大执法的力度与强度,对企业的不法行为实行严密监管和严厉打击,使企业预知违法乱纪可能造成的严重后果,主动承担责任和义务。

2.对"算法利维坦"的规制

规制"算法利维坦"的风险,需要从技术、舆论与权利三个维度入手并突出边界剃刀原则,在双向平衡、横向平衡与纵向平衡中实现算法治理和防止技术越位。

---

① ②　张爱军、李圆:《人工智能时代的算法权力:逻辑、风险及规制》,《河海大学学报》(哲学社会科学版),2019 年第 6 期。

（1）以算法对抗算法

问题的解决需要回归到问题本身，技术问题需要用技术解决。"以算法对抗算法是借助算法从技术之维来实现算法治理的程序化牵制，防止算法失控对社会的异化与吞噬。"①要实现以算法对抗算法，一要在算法设计始发阶段对其进行正确的价值导引。将正确的社会价值观念根植于其设计源头，防止价值失偏失序。二要在数据抓取阶段对其进行及时的价值纠偏，维护算法数据的价值平等与数据正义。三要在推荐审核阶段对其进行价值过滤，将与政治和社会发展不利的有害信息过滤，防止算法对社会的异化与侵蚀。四要建构算法数据反馈阶段的信息多元化整合机制，防止算法单向治理导致的决策失真与合法性消解。

（2）以舆论制衡舆论

对算法话语的权力治理表现为对舆论话语的引导治理，算法权力对私人权利的掣肘主要是主流算法话语对非主流算法话语的权力收编。而在算法治理之下，舆论功能发生了明显转化，"即以公民权利为基础的社会舆论对权力运行的监督功能，转化为以权力意志为引导的算法舆论对社会舆论的监控"②。以舆论监督舆论就是要以社会舆论监督算法舆论，两者必须达到横向的监督平衡。社会舆论对算法舆论的制衡主要是对其失偏之处进行修正消解或重构取代。公共话语的去价值化是算法舆论的基本属性。可推演、可预测及可防控是算法对舆论话语进行治理的基本原则，一切舆论偏向皆可数据量化。舆论数据量化伴随着其公共话语的去价值化。社会舆论既是公开的，也是公共的。修正算法舆论就是重新赋予其公共价值，实现舆论数据量化反制。算法舆论缺少公正性、主体性迷失是社会舆论对算法舆论进行制衡具有正当性的基础所在。算法舆论站在权力主体的立场为其背书且话语带有偏见色彩，社会公民的社会诉求难以通过算法舆论得到实现。与算法舆论不同，社会舆论以服务社会公众、维护社会公益为价值取向，通过社会合意的方式对算法舆论进行制衡，纠正其舆论偏见。社会舆论对算法舆论的制衡还在于后者的舆论话语是非独立和非自由的。社会是社会舆论的培养皿，社会舆论具有内生性，是人们情感信念的体现，因而对算法治理的非人格化话语具有平衡性。个性化推荐机制使算法舆论具有伪公共性的特质，因而算法舆论不是公共舆论。"社会舆论从社会公民诉求出发，以社会公民为主体，在公民中传播，以公共性推动算法去伪公共性，让

---

①②　张爱军：《"算法利维坦"的风险及其规制》，《探索与争鸣》，2021 年第 1 期。

社会舆论成为监督和制约公共权力的话语力量。"①

（3）以社会权利约束公共权力

以社会权利对公共权力形成约束，无论是在学理上还是价值上均具有合理性。公权力的形成是在权利让渡的基础上由私权利转化而来，公共权力以维护和保障社会权利为主要职能，社会权利则对公共权力形成约束力量。社会公民的自由神圣不可侵犯，不干涉他人的自由和生活是国家与社会对每一个社会主体提出的共同要求。"人是目的"应该成为算法运用的价值依归，治理社会要以人的发展为目的在维护社会权利的基础上进行。以社会权利约束算法权力需要坚持算法正义，在算法运作的全流程和各阶段均做到公平正义，消减算法偏见和算法歧视，维护算法公民的基本权利。以算法正义实现社会权利对算法权力的约束，一要在可解释和透明化的原则下抑制算法"黑箱"问题的产生，保障社会公民的隐私权、知情权和平等权；二要坚持以法律治理为主，限定算法权力，落实社会权利；三要建立算法究责机制，保障公民数据安全。

（4）以边界剃刀约束边界剃刀

剃刀阐释边界，卡尔·波普尔的自由主义原则认为，国家干预与自由主义之间并不具有天然的对立关系，前者以保护公民自由为主要职能，但也要防止权力越界对公共利益造成侵害。因此，波普尔认为："国家是一种必要的罪恶：如无必要，它的权力不应增加。"②在波普尔看来，完善健全的民主制度是保障社会自由与制衡权力干预的最佳方式。诺齐克"自由至上主义"思想是对波普尔"自由主义剃刀"原则的继承与发展，他进而提出了"最小国家"理论。诺齐克认为，只有"最小国家"才不会侵犯个人自由。从以上理论的发展演变可以看出，权利具有优先性，权利是对权力的有效制衡。但事实上，权利与权力在行使过程中都要有明确的边界，任何一方都不能越界而给对方造成干扰。"权力过大，干预社会过多，则会侵害私人权利，破坏民主基础，权力过小，干预社会不足，则无法保障权利的正常行使，有可能让权利行使陷入霍布斯所说的自然状态。"③因此，在权利与权力的关系问题上双方应处于一种边界平衡状态。"与以社会权利约束公共权力不同，以边界剃刀制约边界剃刀是指算法权力干预应以公民权利为界，算法权利行使应遵守群己权界，实现算法治理公共权力与公民自由权利的边界限度与平

---

①③　张爱军：《"算法利维坦"的风险及其规制》，《探索与争鸣》，2021 年第 1 期。

②　[英]卡尔·波普尔：《猜想与反驳——科学知识的增长》，傅季重等译，上海译文出版社，2005 年，第 501 页。

衡。"①权利让渡是权力产生的源头,算法权力作为公共权力在技术领域的延伸,其行使必须以权利为界。算法治理对公民主体正当权利的侵害导致公共利益受损。尊重和维护社会公共利益与个人利益是算法权力行使的应有边界,要通过制度建设避免算法权力滥用和充分保障公民权利,使算法治理具有正当性与合法性。

3.对算法深度伪造风险的规制

对算法深度伪造风险进行规制,需要从技术、政治、经济三个维度构建算法深度伪造的伦理边界,明确技术治理过程中的秩序与规则。

(1)技术伦理边界

以溯源技术、核查技术与标签技术对算法深度伪造进行治理,可以对具有伪造深度的信息进行有效规制。深度伪造是主体自主意识和价值判断对技术的让渡,而治理深度伪造的技术的工作原理是按照一定标准和技术原理对信息进行检测以判断其伪造深度。技术的生产研发以人为价值取向、服务性为基本属性,但技术服务容易转变为技术控制,使人的主体性和价值性遭到削弱。对此,需要构建技术伦理以规范技术行使的边界,平衡工具理性与价值理性,使人的主体价值得以彰显。工具理性与价值理性关系的平衡程度决定了技术伦理效用的边界。工具理性以技术效用最大化为价值追求,以工具理性思维驱动技术发展对深度伪造形成反向技术控制,在制约其伪造深度的同时也会造成技术反噬,加剧人类主体对技术的依赖性。价值理性从人本主义立场出发具有强烈的人文关怀,但其对人文价值的过分强调却忽视了工具理性的技术对现实世界发展的正向作用,进而阻碍技术在深度伪造领域发挥治理的作用。因此,平衡价值理性与工具理性之关系,可以工具理性为驱动,以价值理性为牵引,在技术伦理的边界内实现人类主体与技术的双向发展,促进对深度伪造的反向技术控制。

(2)政治伦理边界

"技术与政治共同处于社会系统之中,技术影响政治系统运作,在对政治认知、政治沟通和政治共识的形成带来阻碍的同时,政治也内嵌于技术的运作与应用中,利用技术巩固既定的政治体系。"②数字技术嵌入政府治理能有效提升其治理效能,推动治理变革。以技术反向控制深度伪造的伪造深度,本质是国家社会治理能力在技术领域的显现。在政治伦理的边界

---

① 张爱军:《"算法利维坦"的风险及其规制》,《探索与争鸣》,2021年第1期。

② 张爱军、曹慧雅:《深度伪造与伪造深度:技术治理的边界与限度》,《黑龙江社会科学》,2021年第3期。

内,作为权力主体的政府可以通过数字技术等新兴治理技术对社会进行有效控制。在对深度伪造的技术治理上,政府主体可以通过标签技术对那些危害主流意识形态和主流价值观的伪造信息进行溯源、标识、删帖,甚至是封禁以限制其传播,具体表现为技术删帖和限制访问等信息屏蔽行为。政府利用技术治理深度伪造,是将技术作为社会治理的工具和手段。政府对社会进行治理时需要在政治伦理的边界内行使权力,以避免将技术治理转变为技术控制。

权力和权利关系的平衡构成了政治伦理边界。"政治伦理学作为一门研究政治正当性及其操作规范和方法论的学问,它规定了权力主体在行使政治权力时应具有的价值正当性。"[1]政府主体对深度伪造的技术治理会涉及对公民信息的收集利用,在此过程中,政府需要平衡自身权力与公民权利的关系,不以舆论监督的名义技术性侵犯公民的私人权利,不以维护公共空间秩序的要求技术限制公民的政治参与,不以让渡个人权利、侵蚀个体隐私与尊严的情况下延伸权力的范围。同时,政府主体要在相应的伦理道德边界内对公民主体的权利实施保护,避免因过度保障私人权利而限制公共权力的运作,使权利与权力关系陷入另一个极端。

(3)经济伦理边界

"治理深度伪造的技术设计研发和应用由科技公司执行,为防止治理技术被恶意修改和应用,甚至被深度伪造技术用做技术升级的参考,治理技术往往不公之于众,这也造成治理技术处于"黑箱"之中。"[2]资本具有天然的逐利性和扩张性,其利用技术优势对公民数据资源进行不规范、不节制甚至是非法的抓取利用,严重侵犯了公民的私人权利和社会公共利益。对此,需要把资本主体的商业行为限制在一定的经济伦理边界内。资本平台利益与公民权益的关系构成了经济伦理边界。经济伦理既是激发经济行为的精神动力,又是评价人们经济活动是否合乎道义的标尺,并以此影响人们对经济体制和经济行为的选择。在经济伦理边界内,企业获得经济效益不以损害公民的权益为前提和交换,在以技术治理的形式服务社会时应尊重个体权益。

4.对算法数字媒体的传播风险规制

对算法数字媒体传播风险进行规制的核心在于构建民主保护层,因而

---

① 戴木才、彭隆辉:《论现代政治伦理的发展潮流》,《伦理学研究》,2019 年第 5 期。

② 张爱军、曹慧雅:《深度伪造与伪造深度:技术治理的边界与限度》,《黑龙江社会科学》,2021 年第 3 期。

需要做到三个方面。

（1）坚持主体性与智能性相统一，完善媒体把关。在智能媒体时代，算法成为信息内容的智能生产者和分发者，并在信息传播过程中取代人工而成为信息内容的把关者。"算法的合理性外衣和日常化呈现更便于对个体领域进行精准渗透，算法在个性化定制和定向性传播的过程中，数据分析和算法过滤打造了一种个体的信息茧房，使个体生活在一个数字化的拟态环境中，人们接受着喜好的投食，算法框定了人们观察外部世界的视野，影响着人们的思维方式和价值选择。"①与此同时，在算法筛选与屏蔽的技术机制下，个人认知结构不平衡、不充分之处会被遮蔽与掩盖，导致其价值的偏见与固化。

在算法推荐的信息传播机制下，主流意识形态"整体效果"的实现会遭到贬损。算法过滤会造成群体视野分化、圈层化现象，导致传播效果弱化。算法所带来的信息茧房更能够使用户的社群走向区隔和价值分化。数字媒体的信息把关人应使用户脱离自身信息或价值的茧房而不是沉陷其中，因此要保证用户的信息茧房始终处于通透和开阔的状态。要加大数字媒体信息传播过程中人工把关的比例权重，实现信息把关的人机协同，从而更好地进行价值判断，降低算法工具理性的潜在威胁。维持和保障信息把关中的人工把关占比，可以多元化用户信息获取的渠道，使用户自身的价值选择不再局限在一个狭小范围之内，扩大信息格局和视野，打造"多元新知"和"已有认知"之间的一种契合点，打破个体圈层化认知结构。

数字媒体对信息内容进行把关，在保证人工把关占比的同时还要保证把关人把关行为的理性。数字社交媒体作为社会总系统的一个信息子系统具有强烈的公共属性，其能否对社会信息进行理性把关，关系到社会公共利益的实现。对此，需要对数字媒体的把关人员加强职业素养教育、伦理道德教育以及责任教育，规范其信息把关行为。数字媒体的信息把关要在恪守公共利益的基础上进行，促进主流意识形态对公共议题的整合传播，防止公众认知偏颇。在人工议程设置中，数字媒体要增加公共议题的"流量"，促进社会对话和凝聚社会共识。"除此之外，在媒体管理层面应具备导向管理意识，建立相应的审核和问责机制，为提供优质信息内容、增强媒体信任打下良好基础，更好地维护公平、公正与民主。"②

（2）维持商业性与公共性的平衡，坚持政府导向管理。媒体平台是一个天然的数据信息集散中心，具有巨大的信息资源价值，但由于技术的"自动

---

①②　张爱军、王首航：《数字媒体在政治传播中的权力构建》，《河南社会科学》，2020年第4期。

生成"和法律监管漏洞,这种信息资源价值可能会被一些资本权势或平台利用,以成为其获取利益的工具,这种行为不仅与公共性建设背道而驰,还侵犯了公众的主体权利。"数字媒体通过利用数据评估用户行为和偏好,通过算法过滤技术来进行内容的个性化定制和精准化推送,平台能够利用数据和算法技术手段获取更大的商业价值变现,平台将用户的个人隐私信息转变为金钱,最终为平台或者企业带来效益。"①由于数字媒体的运行过程具有复杂性和难观察性,算法推荐可能成为资本权势或平台加强信息传播控制以实现精准说服的强大工具。由于技术操作存在不透明性和风险性,当非理性主体在利益或某种理念的驱使下对媒体进行干涉,媒体很容易沦为社会操纵的工具,对公众的思维方式和价值选择产生巨大影响,消磨民主社会的公平正义。以政府为主体对媒体采取导向式管理措施,是防止媒体及其算法技术被资本权势或平台操纵的重要手段。为人民服务、维护和实现人民利益是一切政治实践和政治行为的起点与归宿。因此,政府机构要加强制度和公共力量建设,监督和规范数字媒体传播,营造良性的传播环境;要构建和完善内容审查制度,规范数字媒体的行为,防止一些不合法或对主流意识形态有害的信息内容在网络空间和现实空间中裂变传播;要妥善处理好公共性建设与商业性管理之间的关系,通过协调好多元利益使各方的合法化诉求得到平衡来维护权力的合理性。

在数字媒体平台上,用户喜好和选择会带来无休止的同质化的信息推送,媒体不断迎合用户的口味,用户普遍的信息内容质量在降低。市场在中国特色社会主义经济体系中占据着重要地位,数字社交媒体作为生产意识形态产品的机构,如果意识形态产品以市场为主线进行传播,可能会导致主流意识形态的弱化和民众信息内容品位的低俗。数字媒体的不合理的商业行径也为主流价值观念带来一定的挑战。因此,媒体平台商业性行为要恪守意识形态的国界与合理性边界,以防数字媒体商业性行为可能带来的潜在威胁,数字媒体如何更好发挥作用引领主流意识形态观念显得十分重要。数字社交媒体作为"中介",政府在媒体导向管理的过程中,应以促进共同体的力量凝聚民众认同为公共利益原则,通过培育多元主体公共传播的能力和素养,促进多元主体之间的共识整合,将线下的弱关系转化为线上强关系,更好地维护国家民主根基。

(3)强调用户的能动选择性,保护用户隐私。"在数据驱动的商业模式下,平台为了换取非公开的个人数据从而增强用户的黏性,通过为用户所

---

①　张爱军、王首航:《数字媒体在政治传播中的权力构建》,《河南社会科学》,2020 年第 4 期。

提供的免费服务来进行不同数据来源的汇总,利用数据融合来丰富和建造自己的用户档案,平台对于用户的兴趣、爱好尽在掌握之中。"①由于社交媒体具有政治性与商业性的双重特性,因此,社交媒体中的个人领域容易成为政治权力和商业资本牟取利益和互相博弈的平台。福克斯认为,社会主义隐私政策是为了社会公正而斗争的一部分,奥斯卡·甘迪认为,正如污染方面,社会已经意识到"市场不会自行运作以确保维护健康和可持续的环境",并且已经"认同对污染以及其他对环境的威胁的规定,应被视为明确的和重要的公共政策目标",对于用户隐私信息的保护应被视为信息环境保护的一部分。②

在数字时代,数字技术的快速发展使"隐私权"保护成为一个至关重要的社会问题。在对个人隐私的保护上,欧洲国家走在世界前列。1983年,德国联邦宪法法院宣布《人口普查法案》,提出"保证个人在原则上拥有披露和使用个人资料的基本权利"。2018年,欧盟为保护数据隐私,制定了《通用数据保护条例》。海伦·尼森鲍姆认为:"隐私权既不是一种保密权也不是一种控制权,而是一种个人信息的合理流动。"③因此,数字媒体在提供信息服务的基础上,其还应赋予用户更多的能动选择权,使用户有自己可控制的数据节点,在个人领域与公共领域之间构建起一个隐私保护的"安全阀",捍卫个人正当主体权利。政府主体应充分发挥"有形的手"的控制作用,推动数字时代中用户数据的"去商品化",减少商业资本势力对用户的数据剥削。用户利益应高于平台经济利益,应对平台提供个人选择进行严格把关,发挥"隐私权"作为维护民主社会结构的功能。

(五)对人工智能的政治治理风险规制

对人工智能治理给国家治理和政治治理带来的风险进行规制,需要从以下四个方面协同推进:

1.加强人工智能设计应用人员的伦理建设

人工智能的前提是人工,是人赋予机器以智能,二者之间是一种主从关系。赋予机器以智能,首先要使赋予机器以智能的人,即人工智能的设计开发推广者具有良善伦理。"人工智能的伦理价值的实质是人的伦理价值,

---

① [英]扎拉奇、斯图克:《算法的陷阱》,余潇译,中信出版社,2018年,第33页。
② [英]福克斯:《社交媒体批判导言》,赵文丹译,中国传媒大学出版社,2018年,第253页。
③ [英]福克斯:《社交媒体批判导言》,赵文丹译,中国传媒大学出版社,2018年,第152页。

即人权伦理、责任伦理、道德伦理以及环境伦理等问题。"①人工智能的伦理问题在西方国家也受到广泛关注。美国强调"要改进公平性、透明度和设计责任机制"②;日本人工智能学会的伦理委员会强调"存在无关故意与否,有成为有害之物的可能性"。不但要在整个社会加强人工智能的伦理教育,而且更应该加强对人工智能的程序设计人员、推广人员、应用人员的伦理教育。

2.人工智能治理与国家治理相结合

人工智能是一种技术治理,具有非人性化的特点,国家治理是一种宏观的综合治理,具有人性化的特点,二者各有优缺点。人工智能治理与国家治理的结合是优化治理的应有之义。人工智能治理与国家治理在结合的过程中,处理好二者的关系至关重要。

一是主辅关系。人工智能与国家治理的优化组合,要以国家治理为主,以人工智能治理为辅,只有明确二者的主辅关系,共同治理的优势才能得以发挥。反之,如果以人工智能治理为主,以国家治理为辅,主辅换位,国家治理将会出现问题。

二是支配关系。国家治理与人工智能治理的关系具有支配性与被支配性,前者处于支配地位,后者处于被支配地位。人性化的国家治理决定控制着非人性化的人工智能治理。国家具有自主性,其自主性主要通过国家的权力结构、制度体系、运作机制来实现完成。作为国家自主性的重要内容,国家治理有自身的价值偏好和发展目标。人工智能产生于人,服务于人,听从人的指挥,因而缺少自主性。一般来说在弱人工智能阶段,国家治理与人工智能治理的关系不会产生质的变化。如果人被人工智能所支配,成为其工具和附属品,就会产生"异化"现象,如人的异化、政治的异化、社会关系的异化等。既然是人创造了人工智能,那么在支配逻辑上就应该是人支配人工智能,国家治理支配人工智能的管理。

三是助手关系。人工智能是人的附属,要服务于人,成为人的助手。同样,人工智能治理是国家治理附属,要服务于国家治理,成为国家治理的助手。人工智能的助手性质在社会的经济、法律、传媒等层面均有突出体现,但在国家治理层面,尤其是国家政治治理层面还缺少突出表现。社会其他方面的突出表现给国家治理、国家政治治理提供了示范。人工智能治理要以国家治理为核心,对社会的各个方面进行辅助性治理,但在此过程中也

①　张爱军:《人工智能:国家治理的契机、挑战与应对》,《哈尔滨工业大学学报》(社会科学版),2020 年第 1 期。

②　《美国国家人工智能研究与发展战略计划》,(2016 年 11 月 3 日) [2017 年 10 月 7 日],http://www. chinacloud. cn /show. aspx? cid = 16&id = 24328。

应防止国家治理的越位,即防止人工智能治理成为国家治理滥权的工具。

3.加强人工智能方面的隐私法治建设,树立宪法权威

发展人工智能,同样需要以宪法为基准,维护宪法尊严。一是严格遵循平等原则。艾瑞斯所说:"隐私问题部分不是大数据分析的问题,它是数字化过程的阴暗面。"①人工智能对这一阴暗面的利用,会使其成为侵犯个人隐私和社会隐私的非法工具。法律面前人人平等,隐私面前人人也是平等的,任何人都没有超越隐私平等的权利。在未经告知和未经同意的情况下,公司企业、公共权力部门不可以拿公民的隐私与效率、金钱、权力、名誉和特殊地位进行置换,否则就严重违背了社会主义的公平正义,使人的尊严荡然无存。

二是把宪法有关的隐私权利转化为具体的隐私权利。宪法权利是抽象的普遍性的权利,落实宪法权利,必须构建将宪法权利转化为具体权利的机制,加强立法程序建设、具体权利落实机制建设。只有把宪法权利转化为具体权利,才能切实保障每个人的权利平等。隐私权也同样如此,只有把现实隐私权、网络隐私权落实到具体的法律条文上,才能保障每一个人的尊严和平等。

三是抓紧人工智能隐私权方面的立法。在人工智能隐私权立法方面,西方国家的优秀经验可以为中国提供借鉴。例如,"欧盟《一般数据保护条例》涉及人工智能数据保护和隐私权利的所有方面。《一般数据保护条例》区分一般数据和敏感数据,对后者进行更为严格的保护。该条例第9条明确规定:除非各成员国立法授权,辨识种族或民族出身、政治观点、宗教哲学信仰、工会成员的个人数据以及以识别自然人为目的的基因数据、生物特征数据、健康数据、自然人的性生活或性取向的数据的处理应当禁止"②。有法律学者认为,中国已经有渊源层级的《中华人民共和国电子商务法》和规章层级的《数据安全管理办法》(征求意见稿),这些都对算法进行了相应的规制。"网络运营者利用大数据和人工智能等技术,通过算法自动合成的新闻信息、博文、帖子、评论等,应当以显著方式标明'合成'字样。"③

4.加强人工智能的风险预警系统建设

一是加强对人工智能的预警系统建设。目前的人工智能尚处在弱人工智能阶段,还缺少强人工智能或超强人工智能的能力。但即便如此,弱人工智能通过机器学习也渐渐有了人的简单感觉、认知、歧视的非理性因素,且

---

① [美]伊恩·艾瑞斯:《大数据: 思维与决策》,宫相真译,人民邮电出版社,2017年。

②③ 汪庆华:《人工智能的法律规制路径: 一个框架性讨论》,《现代法学》,2019年第2期。

弱人工智能的智能性、自我繁殖能力和环境适应能力还在不断增强。因此，要防止人工智能自身的"异化"，应加强对人工智能预警系统建设。

二是加强对人工系统设计推广应用人员风险评估系统体系建设。相关部门要对这些人员进行心理测试、行为观察、道德评估、价值评估、人生经历评估、人生背景评估，在此基础上预测其设计人工智能程序所带来的潜在风险。针对这一特殊群体建立特殊的制度、机制，使这一群体成为具有现实操守和负有使命感的群体。黑客是人工智能的主要威胁。

三是加强对人工智能运行过程的评估系统体系建设。人工智能即便按照程序设计运行，针对不同的环境也会出现不同的问题，甚至会出现难以预测到的风险，比如，根据敏感词封群封号会引起网民的不满，根据人脸识别来进行分类治理，根据算法进行歧视性治理，都具有引发次生舆论危机的可能性和现实性。

四是加强对人工智能利用结果的评估系统体系建设。人工智能的应用风险在其结果上得到明显体现。社会治理是国家治理的基础和目的。人工智能的大量应用，还会导致社会的结构性失衡和不稳定，使得国家治理呈现出难以预测的社会性危机，给国家治理带来新的难题。比如，在国家精准扶贫的情况下，人工智能排挤人导致现实特定人群陷入贫困状态，使国家精准扶贫具有失效的可能性与现实性。经济社会广泛应用人工智能，会导致大量相关人员失业，带来社会的不稳定，社会不稳定就会威胁到政治稳定和国家的安全。此外，要加强人工智能与国家治理的"人—机"风险预警体系建设。

参考文献

(一)著作

1.《马克思恩格斯选集》(第一卷),人民出版社,2016年。

2.《毛泽东著作专题摘编》(下),中共中央文献研究室,2003年。

3.《习近平谈治国理政》,外文出版社,2014年。

4.《习近平关于社会主义文化建设论述摘编》,中央文献出版社,2017年。

5.[美]阿尔温·托夫勒:《创造一个新的文明——第三次浪潮的政治》,陈峰译,生活·读书·新知三联书店,1996年。

6.[英]埃里·凯杜里:《民族主义》,张明明译,中央编译出版社,2002年。

7.[英]安德鲁·海伍德:《政治学核心概念》,吴勇译,中国人民大学出版社,2014年。

8.[英]安东尼·D.史密斯:《全球化时代的民族与民族主义》,龚维斌、良警宇译,中央编译出版社,2002年。

9.[美]安东尼·奥勒姆、约翰·戴尔:《政治社会学》,王军译,中国人民大学出版社,2018年。

10.[苏]巴赫金:《巴赫金全集》(第5卷),白春仁、顾亚铃译,河北教育出版社,1998年。

11.[英]保罗·塔格特:《民粹主义》,袁明旭译,吉林人民出版社,2005年。

12.本书编写组:《中国共产党第十九次全国代表大会文件汇编》,人民出版社,2017年。

13.[英]伯特兰·罗素:《权力论》,吴友三译,商务印书馆,2012年。

14.陈力丹:《舆论学——舆论导向研究》,中国广播电视出版社,1999年。

15.[英]福克斯:《社交媒体批判导言》,赵文丹译,中国传媒大学出版社,2018年。

16.[英]格雷厄姆·沃拉斯:《政治中的人性》,朱曾沛译,商务印书馆,1994年。

17.[法]古斯塔夫·勒庞:《乌合之众:大众心理研究》,冯克利译,中央编译出版社,2005年。

18.[美]赫伯特·马尔库塞:《单向度的人》,刘继译,上海译文出版社,

1989 年。

19.[法]吉尔·德勒兹:《福柯·褶子》,于奇智、杨洁译,湖南文艺出版社,2001 年。

20.[法]加布里埃尔·塔尔德:《模仿律》,何道宽译,中国人民大学出版社,2008 年。

21.[英]卡尔·波普尔:《猜想与反驳——科学知识的增长》,傅季重等译,上海译文出版社,2005 年。

22.[德]鲁道夫·冯·耶林:《为权利而斗争》,胡海宝译,中国法制出版社,2004 年。

23.[德]路德维希·安德列斯·费尔巴哈:《基督教的本质》,荣震华译,商务印书馆,1984 年。

24.[美]罗伯特·达尔:《现代政治分析》,王沪宁等译,上海译文出版社,1987 年。

25.[加]马歇尔·麦克卢汉:《理解媒介:论人的延伸》,何道宽译,译林出版社,2011 年。

26.[美]迈克尔·桑德尔:《公正:该如何做是好?》,朱慧玲译,中信出版社,2012 年。

27.[美]曼纽尔·卡斯特:《认同的力量》,曹荣湘译,社会科学文献出版社,2006 年。

28.[美]尼尔·波兹曼:《娱乐至死》,章艳译,广西师范大学出版社,1990 年。

29.[美]尼尔·波兹曼:《娱乐至死》,章燕译,广西师范大学出版社,2011 年。

30.彭兰:《新媒体用户研究:节点化、媒介化、赛博格化的人》,中国人民大学出版社,2020 年。

31.[法]皮埃尔·布迪厄、华康德:《实践与反思:反思社会学导引》,李猛、李康译,中央文献出版社,1998 年。

32.[美]乔万尼·萨托利:《民主新论》(上卷),冯克利、阎克文译,上海人民出版社,2015 年。

33.[美]乔治·莱考夫、马克·约翰逊:《我们赖以生存的隐喻》,何文忠译,浙江大学出版社,2015 年。

34.[法]让·鲍得里亚:《消费社会》,刘成富、全志刚译,南京大学出版社,2008 年。

35.[美]萨托利:《民主新论》,冯克利、阎克文译,21 世纪出版集团、上海人民出版社,2009 年。

36.[美]塞缪尔·亨廷顿:《变动社会中的政治秩序》,王冠华译,上海人民出版社,1996 年。

37.[法]雅克·卢梭:《社会契约论》,李阳译,作家出版社,2016 年。

38.[古希腊]亚里士多德:《尼各马可伦理学》,廖申白译,商务印书馆,2003 年。

39.[美]伊恩·艾瑞斯:《大数据:思维与决策》,宫相真译,人民邮电出版社,2017 年。

40.[英]以赛亚·伯林:《自由论》,胡传胜译,译林出版社,2011 年。

41.[德]尤尔根·哈贝马斯:《作为"意识形态"的技术和科学》,李黎、郭官义译,学林出版社,1999 年。

42.[美]约翰·罗尔斯:《正义论》,何怀宏、何包钢、廖申白译,中国社会科学出版社,2009 年。

43.[美]约翰·罗尔斯:《政治自由主义》,万俊人译,译林出版社,2011 年。

44.[英]扎拉奇、斯图克:《算法的陷阱》,余潇译,中信出版社,2018 年。

(二)期刊

1.卜长莉:《布尔迪厄对社会资本理论的先驱性研究》,《学习与探索》,2004 年第 6 期。

2.陈氚:《权力的隐身术——互联网时代的权力技术隐喻》,《福建论坛》(人文社会科学版),2015 年第 12 期。

3.陈剩勇、卢志朋:《信息技术革命、公共治理转型与治道变革》,《公共管理与政策评论》,2019 年第 1 期。

4.陈天莹、陈剑锋:《大数据环境下的智能数据脱敏系统》,《通信技术》,2016 年第 7 期。

5.陈显中:《政务微博引导网络舆情的机制研究》,《宁夏社会科学》,2012 年第 3 期。

6.崔靖梓:《算法歧视挑战下平等权保护的危机与应对》,《法律科学》(西北政法大学学报),2019 年第 3 期。

7.戴木才、彭隆辉:《论现代政治伦理的发展潮流》,《伦理学研究》,2019 年第 5 期。

8.高奇琦、陈建林:《中美网络主权观念的认知差异及竞合关系》,《国际论坛》,2016 年第 5 期。

9.郭小安:《公共舆论中的情绪、偏见及"聚合的奇迹"——从"后真相"

概念说起》，《国际新闻界》，2019 年第 1 期。

10.韩影、张爱军：《大数据与网络意识形态治理》，《理论与改革》，2019 第 1 期。

11.胡德良、本·塔尔诺夫：《数据：资本主义的新型生命线》，《世界科学》，2018 年第 4 期。

12.胡海娜：《后真相、党派斗争与信息战》，《读书》，2020 年第 10 期。

13.金太军、洪海军：《论政治行为的动因及其制约因素》，《江苏社会科学》，2000 年第 2 期。

14.荆学民：《微观政治传播论纲》，《现代传播》（中国传媒大学学报），2021 年第 7 期。

15.兰俏枝：《从审美意识系统理论看当代资本主义工具理性的作用机理及后果》，《湘潭大学学报》（哲学社会科学版），2019 年第 6 期。

16.李海权：《媒体责任的偏失与纠正——关于香港"幼童便溺"舆论事件的建构分析》，《江西师范大学学报》（哲学社会科学版），2015 年第 3 期。

17.李静：《政治利益、政治冲突与政治发展关系研究》，《哈尔滨工业大学学报》（社会科学版），2017 年第 2 期。

18.李希光：《大数据时代的舆情研判和舆论引导》，《思想政治工作研究》，2014 年第 1 期。

19.刘擎：《自由及其滥用：伯林自由论述的再考察》，《中国人民大学学报》，2015 年第 4 期。

20.刘迎新：《论政治话语通俗化修辞传播》，《社会科学战线》，2016 年第 9 期。

21.马川、孙妞：《从"政治萌化"到"反政治萌化"：当代青年政治主体性的建构、再构与重构》，《中国青年研究》，2020 年第 6 期。

22.马得勇、陆屹洲：《信息接触、威权人格、意识形态与网络民族主义——中国网民政治态度形成机制分析》，《清华大学学报》（哲学社会科学版），2019 年第 3 期。

23.孟飞、程榕：《如何理解数字劳动、数字剥削、数字资本？——当代数字资本主义的马克思主义政治经济学批判》，《教学与研究》，2021 年第 1 期。

24.孟天广、宁晶：《互联网"去政治化"的政治后果——基于广义倾向值匹配的实证研究》，《探索》，2018 年第 3 期。

25.孟天广、赵娟：《大数据驱动的智能化社会治理：理论建构与治理体系》，《电子政务》，2018 年第 8 期。

26.庞金友：《身份、差异与认同：当代多元文化主义的公民观》，《教学与研究》，2010 年第 2 期。

27.庞金友：《网络时代"后真相"政治的动因、逻辑与应对》，《探索》，2018 年第 3 期。

28.彭兰：《表情包：密码、标签与面具》，《西安交通大学学报》（社会科学版），2019 年第 1 期。

29.秦安：《论网络国防与国家大安全观》，《中国信息安全》，2014 年第 1 期。

30.任剑涛：《群体或阶层：中产的中国问题》，《中央社会主义学院学报》，2018 年第 2 期。

31.任剑涛：《在契约与身份之间：身份政治及其出路》，《当代美国评论》，2019 年第 2 期。

32.任丽萍：《从传统到现代：政治人格的塑造与政治稳定》，《求索》，2004 年第 1 期。

33.邵培仁、李梁：《媒介即意识形态——论法兰克福学派的媒介控制思想》，《浙江大学学报》（人文社会科学版），2001 年第 1 期。

34.苏曦凌：《政治认同的生成机制分析——基于政治心理学的研究路径》，《学术论坛》，2010 年第 2 期。

35.孙代尧：《现代化进程中的威权政治——政治社会学研究范式述评》，《华东理工大学学报》（社会科学版），2002 年第 3 期。

36.汪庆华：《人工智能的法律规制路径：一个框架性讨论》，《现代法学》，2019 年第 2 期。

37.王沪宁：《文化扩张与文化主权：对主权观念的挑战》，《复旦学报》（社会科学版），1994 年第 3 期。

38.王建娥：《民族分离主义的解读与治理——多民族国家化解民族矛盾、解决分离困窘的一个思路》，《民族研究》，2010 年第 2 期。

39.王浦劬：《国家治理、政府治理和社会治理的含义及其相互关系》，《国家行政学院学报》，2014 年第 3 期。

40.王天思：《大数据中的因果关系及其哲学内涵》，《中国社会科学》，2016 年第 5 期。

41.吴志远：《图像"武器"："表情包"的话语与意蕴》，《新闻界》，2018 年第 3 期。

42.项继权、胡雪：《论政治宽容的道德责任》，《华中师范大学学报》（人文社会科学版），2017 年第 5 期。

43.薛洁：《权力的支配倾向与社会结构地位》，《江苏社会科学》，2016 年第 6 期。

44.杨妍:《自媒体时代政府如何应对微博传播中的"塔西佗陷阱"》,《中国行政管理》,2012 年第 5 期。

45.俞可平:《权力与权威:新的解释》,《中国人民大学学报》,2016 年第 3 期。

46.俞可平:《现代化进程中的民粹主义》,《战略与管理》,1997 年第 1 期。

47.喻国明:《人工智能与算法推荐下的网络治理之道》,《新闻与写作》,2019 年第 1 期。

48.喻国明:《重拾信任:后疫情时代传播治理的难点、构建与关键》,《新闻界》,2020 年第 5 期。

49.张爱军,孙玉寻:《社交媒体时代"后政治心理"的特征、风险与优化》,《现代传播》(中国传媒大学学报),2020 年第 12 期。

50.张爱军、曹慧雅:《深度伪造与伪造深度:技术治理的边界与限度》,《黑龙江社会科学》,2021 年第 3 期。

51.张爱军、曹腾飞:《突发事件中网络政治次生舆情形成及纠偏研究》,《江苏大学学报》(社会科学版),2021 年第 5 期。

52.张爱军、侯瑞婷:《表情包传播的"政治萌化"及其调适》,《中共天津市委党校学报》,2021 年第 1 期。

53.张爱军、吉璇:《正与负:社交媒体政治传播功能的平衡与优化》,《行政论坛》,2021 年第 5 期。

54.张爱军、江飞亚:《微信政治朋友圈传播信息的表象及其解构》,《广东行政学院学报》,2019 年第 4 期。

55.张爱军、雷艳妮:《恐慌、谣言、谎言:重大突发疫情舆论传播的内在心理驱动与管控》,《河南社会科学》,2021 年第 12 期。

56.张爱军、李文娟:《"无根之根":网络政治社会的变异与矫治》,《河南师范大学学报》(哲学社会科学版),2018 年第 2 期。

57.张爱军、李圆:《人工智能时代的算法权力:逻辑、风险及规制》,《河海大学学报》(哲学社会科学版),2019 年第 6 期。

58.张爱军、梁赛:《边缘计算对政府治理的影响及其风险消解》,《国外社会科学》,2021 年第 2 期。

59.张爱军、梁赛:《大数据的政治媒介功能及其伦理边控》,《学术界》,2019 年第 12 期。

60.张爱军、梁赛:《大数据对政治传播的异化及消解理路》,《湖北社会科学》,2020 年第 11 期。

61.张爱军、刘姝红:《自媒体的政治传播功能研究》,《现代传播》(中国传媒大学学报），2017 年第 12 期。

62.张爱军、秦小琪：《网络意识形态去中心化及其治理》，《理论与改革》，2018 年第 1 期。

63.张爱军、秦小琪：《网络政治道德的构建与"后真相"的救治》，《江淮论坛》，2018 年第 3 期。

64.张爱军、秦小琪：《网络政治焦虑与舆论传播失序及其矫治》，《行政论坛》，2018 年第 5 期。

65.张爱军、秦小琪：《网络政治意识形态传播的动力、特性及其规制》，《湘潭大学学报》（哲学社会科学版），2019 年第 1 期。

66.张爱军、秦小琪：《网络政治隐喻的功能研究》，《学术界》，2018 年第 3 期。

67.张爱军、秦小琪：《微博与微信比较政治分析》，《湖南师范大学社会科学学报》，2019 年第 1 期。

68.张爱军、秦小琪：《自媒体传播与公平正义演化》，《党政研究》，2019 年第 1 期。

69.张爱军、秦小琪：《自媒体对网络主权的功能性扩张与规制》，《现代传播》（中国传媒大学学报），2018 年第 10 期。

70.张爱军、师琦：《人工智能与网络社会情绪的规制》，《理论与改革》，2019 年第 4 期。

71.张爱军、孙玉寻：《对微信"点赞"的政治心理分析》，《学术界》，2021 年第 2 期。

72.张爱军、孙玉寻：《社交媒体的政治伦理边界》，《理论与改革》，2020 年第 6 期。

73.张爱军、孙玉寻：《算法权力及其国家能力形塑的主体透视》，《学术月刊》，2021 年第 12 期。

74.张爱军、王芳：《"大数据杀熟"的政治安全风险》，《未来传播》，2021 年第 2 期。

75.张爱军、王芳：《人工智能视域下的深度伪造与政治舆论变异》，《河海大学学报》（哲学社会科学版），2021 年第 4 期。

76.张爱军、王富田：《网络民粹主义：反话语表征与消解策略》，《理论与改革》，2020 年第 1 期。

77.张爱军、王首航：《后真相时代的自我救赎：真相的再归与主流媒体话语权的重塑》，《河南社会科学》，2021 年第 6 期。

78.张爱军、王首航：《数字媒体在政治传播中的权力构建》，《河南社会科学》,2020 年第 4 期。

79.张爱军、王首航:《算法:一种新的权力形态》,《治理现代化研究》,2020 年第 1 期。

80.张爱军、王伟辰:《微博政治文化功能及共构建》,《湘潭大学学报》(哲学社会科学版),2013 年第 5 期。

81.张爱军、魏毅娜:《网络空间极端民族主义舆情的延伸、变异及其应对》,《中南民族大学学报》(人文社会科学版),2020 年第 2 期。

82.张爱军、魏毅娜:《自媒体"差序公平正义"传播的双重性及其治理》,《社会主义研究》,2020 年第 5 期。

83.张爱军、张梦可:《论大数据技术对网络政治空间的优化治理——基于空间正义的视角》,《云南行政学院学报》,2020 年第 3 期。

84.张爱军、张媛:《大数据与网络草根民主》,《广东行政学院学报》,2018 年第 6 期。

85.张爱军、朱欢:《"截屏"社交的权力异化:逻辑、风险及其规制》,《新视野》,2021 年第 4 期。

86.张爱军、朱欢:《聚合与割裂:社交媒体时代的政治认同》,《哈尔滨工业大学学报》(社会科学版),2022 年第 1 期。

87.张爱军:《"后真相"时代的网络意识形态诉求与纷争》,《学海》,2018 年第 2 期。

88.张爱军:《"算法利维坦"的风险及其规制》,《探索与争鸣》,2021 年第 1 期。

89.张爱军:《抖音微观政治的特性、功能与优化路径》,《社会科学文摘》,2021 年第 6 期。

90.张爱军:《短视频时代底层群体政治行为的特征、风险及优化》,《理论月刊》,2021 年第 5 期。

91.张爱军:《后微博时代视域下主流意识形态发展的机遇、挑战与改进》,《天津行政学院学报》,2020 年第 4 期。

92.张爱军:《后政治传播时代政治认同的特征、趋势与建构困境》,《湖南师范大学社会科学学报》,2021 年第 2 期。

93.张爱军:《人工智能:国家治理的契机、挑战与应对》,《哈尔滨工业大学学报》(社会科学版),2020 年第 1 期。

94.张爱军:《算法权力及其政治建构》,《阅江学刊》,2021 年第 1 期。

95.张爱军:《网络群体性事件的意识形态隐藏、表演与改进》,《治理现代化研究》,2019 年第 1 期。

96.张爱军：《网络政治歧视：动机、表现及纠偏》，《江汉论坛》，2021 年第 6 期。

97.张爱军：《网络政治认同异化归因及其优化》，《青岛科技大学学报》（社会科学版），2021 年第 1 期。

98.张爱军：《网络政治意识形态身份认同及其路径选择》，《治理现代化研究》，2021 年第 1 期。

99.张爱军：《微信红包政治社会学研究》，《社会科学研究》，2017 年第 5 期。

100.张爱军：《再治理：网络技术对敏感词的屏蔽及其政治语言转向》，《河南社会科学》，2019 年第 8 期。

101.张爱军：《自媒体传播意识形态的外控与内律》，《渤海大学学报》（哲学社会科学版），2019 年第 4 期。

102.张爱军：《自媒体视阈下国家形象的个性化建构》，《探索》，2022 年第 1 期。

103.张林：《中国国家文化主权及其战略构建论要》，《理论导刊》，2017 年第 9 期。

104.赵卓嘉：《面子理论研究述评》，《重庆大学学报》（社会科学版），2012 年第 5 期。

105.赵梓铭、刘芳、蔡志平、肖侬：《边缘计算：平台、应用与挑战》，《计算机研究与发展》，2018 年第 2 期。

106.朱兆中：《意识形态的传播与接受问题研究——兼论中国马克思主义的传播与接受》，《上海行政学院学报》，2007 年第 4 期。